KB140273

중국
고등교육사

고려대학교 교육문제연구소 연구총서 02

중국
고등교육사

이경자 지음

KSI 한국학술정보㈜

교육문제연구소 총서 간행사

본 연구소는 1972년 11월 1일 고려대학교 부설 연구기관으로 창립된 이래, 한국 교육문제 전반에 걸친 이론과 실제에 관한 연구를 통하여 한국 교육문제의 해결과 교육의 질 향상을 위해 노력해 왔습니다.

이러한 노력의 일환으로 본 연구소는 교육학의 학문적 발전을 도모함과 동시에 연구자들의 연구역량을 강화하기 위해 총서간행을 추진하게 되었습니다. 본 연구소 총서는 연구총서, 번역총서 및 한국교육학 총서의 3가지로 구분하여 발간됩니다.

연구총서는 비록 사회적 수요가 많지 않더라도 한국 교육학의 학문적 수준을 높이기 위하여 반드시 필요하다고 인정되는 연구물을 발행하며, 번역총서 역시 연구총서와 동일한 취지에서 외국어로 된 독창적이고 우수한 연구물을 번역하여 발행합니다.

한국교육학총서는 외국 교육학이론의 한국적 토착화를 시도한 연구물, 자생적 한국교육이론과 실제에 관한 연구물, 그리고 한국의 전통적 혹은 현대적 교육현상과 실제에 관한 연구물로써 독자들에게 보다 친근하게 읽힐 수 있는 분량으로 발행합니다.

이번에 발행된 총서들은 2006년도에 시행된 1차 총서사업의 결과물입니다. 그간 총서의 기획과 성공적인 시행을 위해 기울인 한용진

전임소장의 노고를 크게 치하하는 바입니다. 그리고 오늘의 알찬 결실이 있기까지 아낌없이 본 연구소를 지원해준 사범대학 강선보 학장을 비롯한 교육학과 교수 및 관계자 여러분께 감사드립니다. 특히 연구소 총간사 겸 총무기획부장 김영래 박사와 연구학술부장 정동화 박사, 그리고 저·역자들의 노고가 지대하였음을 밝힙니다.

2008년 2월 29일
고려대학교 교육문제연구소 소장 권 대 봉

서 문

중국 고등교육의 장구한 역사는 수많은 굴곡으로 점철되어 있다. 근·현대에 들어서도, 이러한 굴곡은 끊이지 않았다. 예를 들면 아편전쟁 이후 외국 세력의 진입, 서양 및 일본 교육의 모방, 중화인민공화국의 건국이념에 따른 변화, 소련교육의 답습, 문화대혁명시기의 교육적 혼란, 그리고 1978년에 시작한 개혁·개방과 2001년 11월 WTO 가입 이후의 교육의 다변화 등이다. 특히 1978년 개혁·개방 이후 사회주의 제도를 일부 수정하여 자본주의의 시장경제를 받아들이면서, 그동안 세계와 고립되었던 중국은 정치·경제·사회 등 다방면에 걸쳐 변하고 있다. 이것은 WTO 가입과 2008년 북경올림픽을 통해 가속화될 것이다. 이러한 변화는 교육계에도 새로운 자극제가 되어 고등교육에 대한 새로운 개혁의 바람을 일으키고 있다.

중국은 오래전부터 우리나라와 다양한 문물교류를 해왔는데, 특히 교육방면에서의 교류가 활발했다. 그러나 중화인민공화국이 건국된 후, 오랜 기간 지속되어오던 양국간의 교류는 이념적·정치적 이유로 한동안 중단되었다. 양국간의 수교가 단절되는 동안 중국에서는 많은 변화가 일어났으며 이러한 변화는 현재 중국의 교육에 새로운 개혁의 바람을 일으키고 있다.

1992년 8월 24일 북경에서 양국이 수교함으로써 한·중 관계, 한·중 교류에 새로운 움직임이 일어났다. 그 후 16년이 지난 지금까지 다양한 교류와 관계회복이 이루어졌지만, 여전히 우리는 현대 중국을 제대로 파악하지 못하고 있다. 특히 중국과의 교육교류가 날로 확대되는 현 시점에서, 중국 교육에 대한 이해는 아직도 초보적인 상태에서 벗어나지 못하고 있다. 본 연구는 이러한 문제를 해결하는 데 일조한다는 마음으로 시작하였다. 아직 미흡한 점이 많지만, 앞으로 지속될 연구조사와 분석에서 이러한 문제를 하나씩 해결해 나아갈 것이다.

　　본 연구에서는 원시시대부터 현대까지 중국 고등교육의 역사를 살펴보았다. 이처럼 중국 고등교육의 교육사적 흐름을 살펴보고, 최근의 중국 고등교육에 대한 동향이 어떠한지 살펴보는 작업이 선행되어야, 앞으로 한·중 고등교육 교류가 어떠한 방향으로 나아가야 할지, 그리고 이러한 추세에 비추어 한국교육은 어떠해야 할지를 보다 정확하게 판단할 수 있을 것이라 생각한다.

　　본 연구를 수행하면서 사실 몇 가지 어려움에 봉착하게 되었다. 기본적으로 중국 고등교육을 역사적으로 정리하는 차원에 목표를 두었지만, 부족한 부분이 많으리라 생각한다. 부족한 부분은 계속해서 보충·보완할 것을 거듭 다짐한다. 끝으로 본 연구서가 나올 수 있도록 뒷받침해준 고려대학교 교육문제연구소 및 관계자 선생님께 진심으로 감사드린다.

2008년 2월
저자 이경자

목 차

제 1 장

원시시대의 교육

1. 시대적 배경

홍적세(洪績世) 초기에 출현한 원인(猿人) 이후, 인류는 자바(java)와 북경(北京)에서 발견된 원인(原人)으로 이어져 내려왔다. 정확하게 말하기는 힘들지만, 중국의 원시사회는 백 수십만 년 전에 형성되었다. 중국에서 원시사회는 길게 잡아 구석기 전기까지로 볼 수 있다. 이 시대의 유물로 1965년에 운남성(雲南省) 상나치(上那峙)에서 발견된 원모인(元謨人)의 유골, 1963년과 1964년에 섬서성(陝西省) 남전현(藍田縣)에서 발견된 남전원인(藍田猿人), 그리고 1929년 북경(北京)의 주구점(周口店)에서 발견된 북경원인(北京猿人) 등이 있다.

중국에서 발견된 가장 오래된 인류는 원모인(元謨人)으로서, 이들은 기원전 약 170만 년에 생존했다고 추정되며, 석제도구와 불을 사용한 것으로 짐작된다. 그리고 남전원인(藍田猿人)은 60~80만 년 전에 과일과 곡식을 먹으면서 수렵생활을 했던 것으로 추정된다.

인류는 약 1만 년 전에서야 비로소 정착생활을 시작하게 되었다. 그전까지는 수렵과 채집생활을 하면서 유랑생활을 했다. 이들 원인(猿人)들은 혈연 가족을 이루며 사회조직을 구성하였다. 그리고 이들이 정착 생활을 하면서 지연(地緣)을 중심으로 한 사회가 조성되었다. 이때 비로소 보다 체계적인 교육시스템의 기초 환경이 구비되었다. 원시인류는 오랜 기간 축적한 경험을 전문적인 조직이나 형식 없이 그대로 후손에게 전수했다. 또한 원시인류는 자신이 만든 사회 속에서 노동을 통한 생산의 발전을 일구었고, 이러한 노동은 사람들의 생활환경과 인식 활동의 발전을 촉진시켰다.

원인들 가운데 외부에 가장 널리 알려진 것이 북경원인이다. 1923

년 북경의 서남방 48㎞ 지점에 있는 주구점(周口店)이라는 동굴에서 북경원인의 화석이 발견된 뒤, 1929년 배문중(裵文中)에 의해서 첫 번째 북경인 두개골이 발견되었다. 그리고 1936년 가란파(賈蘭波)에 의해서 다른 두개골이 추가적으로 발견되었다.

북경원인의 정식 학명은 북경직립인(Homo erectus pekinensis)이다. 북경원인은 전기 구석기시대, 약 50만~12만 년 전에 활동하였다. 이들은 원숭이의 특징을 일부 지니고 있었지만 도구를 만들고 사용할 줄 알았다 또한 수십 명이 무리를 지어 동굴에 살면서, 초기 원시사회의 형태를 이루며 생활했다. 북경원인의 신체구조는 현대인과 비슷하지만 원시적 형태와 특징이 일부 남아 있다. 이들이 오늘날 중국인의 직접적인 조상이라고 말할 수는 없지만, 중국인들은 이들을 자신들의 조종(祖宗)으로 생각하고 있다. 이들은 서서 다니거나 뛰어다닐 수 있었지만, 여전히 무릎은 굽어 있었다. 그리고 뇌막 가운데 언어와 관계있는 부분이 발달되어 있는 것으로 미루어 언어를 사용하였으리라 추측된다. 북경원인은 언어를 자신들의 교제 도구로 삼아 무리를 이루고, 힘을 합하여 함께 생활하였을 것이다. 이들의 대뇌(大腦)는 좌뇌(左腦)가 우뇌(右腦)보다 조금 더 큰데, 이것은 주로 오른손을 사용하였음을 의미한다. 또한 이들은 도구를 제작하여 사용하였다. 이들이 머물던 산동(山洞)에 남아 있던 숯 등으로 미루어 화식(火食)을 할 줄 알았다고 짐작할 수 있다.

인류는 오랫동안 지속된 생산과정을 통하여, 자연계에서 인과관계와 같은 간단한 법칙을 조금씩 깨닫게 되었다. 예를 들면 사냥과 수렵생활을 통해 이에 필요한 도구를 만들거나, 축적된 경험을 바탕으로 이를 활용하는 방법을 발전시켰다. 인류는 척박한 외부 자연환경과의 투쟁을 통하여 나름의 생존 방법을 터득했고, 이러한 경험을 후세에 전했다. 예를 들어 자연의 불을 보존하고, 이를 이용하여 화식을 하는 것이나, 무리를 지어 살면서 외부 자연계와의 대립에 지혜롭게 대처하는 것, 그리고 그 속에서 다양한 타제석기를 만들어 사용하는 것 등이다. 여기서 교육의 가장 기본적이고 본질적인 형태와 모습을 발견할 수 있다. 즉 인류는 보다 발전된 삶을 위해, 시행착오를 통해 축적된 경험과 기술, 발견과 발명을 후대에 전달한 것이다.

중국 역사에서 볼 수 있는 원인은 북경원인만이 아니다. 약 20만 년 전, 구석기 중기에는 타제석기를 가공하여 만든 마제석기(磨製石器)와 다변형 석기를 사용한 정촌인(丁村人)이 살았다. 일부에서 이들을 호모사피엔스로 보기도 하지만, 이들은 원인(原人)과 호모사피엔스의 중간에 해당하는 인류로서 산서성(山西省) 양분현(襄汾縣)에서 발견되었다. 정촌인은 북경원인보다 체질과 골격이 진화되어 있었다. 물론 사용하는 도구와 가공 기술도 보다 세련되었다.

약 5만 년 전에는 호모사피엔스사피엔스가 살았다. 이들은 현대 인류와 거의 비슷한 신체 조건을 가지고 있었다. 특히, 북경 주구점(周口店) 용골산(龍骨山)에서 발견된 1만 8천여 년 전에 살았던 산정동인(山頂洞人), 상동인(上洞人 Upper Cave Man)은 더욱 그러하다. 이들은 뼈바늘을 사용하여 가죽옷을 만들어 입었으며, 뼈와 돌 등을 이용한 장신구를 만들어 착용했다. 이는 당시로서는 복잡한 공정을 거쳐야 할 뿐만 아니라 수준 높은 기술을 요하는 것이었다. 이들은 이러한 물건들을 통하여 자신의 권위나 아름다움을 나타내고자 하였다. 사냥과 채집생활로 생명을 유지했고, 인공적으로 불씨를 얻는 방법을 알았다. 이것은 과거 단순히 불씨를 보존하던 것에서 진일보하여 자신들이 불씨를 관리하고 만드는 방법을 경험 속에서 배우고, 다시 후세에 전해 주었다. 이렇게 선진 기술을 후손에게 전달하고 교육시키는 과정을 통하여 인류는 다른 동물과 구별되는 조건을 갖

추게 되었으며, 불을 통해 새로운 음식과 도구 및 광물을 개발·사
용할 수 있게 되었다. 또한 이들이 생활하던 동굴에서 발견된 무덤
에는 붉은색 쇳가루가 뿌려져 있었고 기타 다른 부장품들이 함께 있
었는데, 이는 당시 인류가 어느 정도의 종교 관념을 가지고 있었음을
말한다.

신석기시대에 이르러, 중국에서는 중원(中原) 지방을 중심으로
밭농사를 시작하는 등 다양한 문화가 발생했다. 특히, 반파(半坡)·묘
저구(廟底溝)·마가요(馬家窯)문화로 알려진 '앙소문화(仰韶文化)'가
나타났다. 앙소문화는 작게는 1921년 스웨덴의 지질학자 안데르손
(J. G. Andersson)이 발견한 하남성(河南省) 민지현(澠池縣) 일대의
선사시대 거주지를 가리키지만, 실제로 그 해당 지역은 넓다. 예를
들어 산서성 남부, 섬서성 동부의 황하 유역과 하남성 남부, 호북성
북부, 위하(渭河) 상류, 오르도스 일대까지 포함한다.

특히 앙소의 반파문화를 이룬 사람들은 예술품과 도구를 만들어 사
용하였던 것으로 추정된다. 앙소문화는 황하 중류를 중심으로 널리
발달했는데, 황하 유역의 사람들은 돼지와 개 같은 가축을 사육하고,
수렵과 채집을 보조하는 형태의 기초적인 농사를 지었다. 이에 간단
한 농사기구를 제작하였고, 석제 도끼를 이용하여 벌목을 하기도 하
였다. 또한 여러 가지 무늬와 형태를 가진 질그릇을 가마에 구워 사용
하였다. 이것은 주로 생활용품이거나 생산도구들이었는데, 질그릇의
제조는 인류가 단순히 자연물을 가공하는 것에서 새로운 창조물을 만
들어 내는 단계에 이르렀다는 것을 단적으로 보여준다. 이것은 음식
물을 보관하는 것과 조리하는 데에 일대 혁신을 가져와 인류의 생활
과 경제 발전에 커다란 도움을 주었을 뿐만 아니라, 흙을 구워서 사냥
도구를 만들거나 건축 기초물로 사용하여 인류발전에 기여했다.

반파유적지에서 발견된 저장 장소나 공동묘지의 부장품을 보면, 생

산물을 공동으로 소유하고 분배하면서 평등한 사회적 관계를 유지하고 있었음을 알 수 있다. 원시사회에서는 법률이 존재하지 않았다. 이에 따른 계급 간의 대립이나 갈등도 적었다. 사회규모가 작고, 구성인원이 적은 이유기도 했지만, 당시 사회는 오랫동안 내려온 풍속과 자신들이 만든 규율 속에서 움직였기 때문이다. 이로 미루어 보아 당시 교육 내용 가운데에는 노동과 생존을 위한 지식뿐만 아니라, 집단을 유지하고 이끄는 도덕 풍속도 포함되었을 것으로 짐작할 수 있다.

앙소문화 외에도 중국의 다른 지방에서는 후에 용산문화(龍山文化)로 계승된 대문구문화(大汶口文化), 굴가령문화(屈家嶺文化), 하모도문화(河姆渡文化), 마가빈문화(馬家浜文化), 인문도문화(印文陶文化), 홍산문화(紅山文化) 등이 발생하였다. 이 가운데 하모도문화유적에서는 쌀을 주식으로 했다는 증거물이 발견되었다. 지금까지 다른 유적지에서는 발견되지 않았던 목조 주거 형태의 흔적도 남아 있었다. 하모도문화의 발견은 황하와 더불어 장강 유역도 중국 문화의 요람으로서 의미가 있음을 시사하고 있다. 대문구문화는 태산(泰山)을 중심으로 발전한 문화인데, 여기서 발굴된 그릇에는 금문으로 발전되기 전단계의 상형문자가 있다. 그리고 대문구문화에서는 초기의 모계씨족 사회가 부계씨족 사회로 변화되는 형태를 띠고 있는 것이 발견되었다.

약 5천 년 전에는 황하(黃河)와 장강(長江) 유역을 중심으로 여러 촌락이 모여 연맹체를 형성하였다. 당시 발견된 유물을 살펴보면, 질그릇 제작에 물레를 사용했음을 알 수 있다. 이것은 당시 사회의 수공업 발전에도 기여하였다. 더불어 많은 농기구를 제작함으로써 노동 능률도 높아졌다. 경제적으로는 가정에서 돼지를 사육하는 등 과거와 다른 다양한 가축들을 사육하였다. 가축의 사육은 가정경제에 매우 중요했고, 남녀 역할의 분업을 촉진시켰다. 예를 들어 남성들은 농업과 목축에 종사하였고, 여성들은 주로 집안일을 돌보았다. 또한 사유재산제가 생겨나면서 빈부의 차이와 계층의 분화가 일어났는데, 그것은 묘에서 발견된 부장품이나 묘의 규모를 통하여 추측해 볼 수 있다.

경제적 발전은 학교 교육의 기초를 형성하는 데 매우 중요한 역할을 하였다. 생산력이 현저히 떨어지던 시절에 인류는 오로지 생명의 연장을 위해 매진하여야 했다. 그 속에서도 물론 간단한 교육 행위는 이루어질 수 있었다. 공동체의 생존을 위해서 그리고 개인의 생존을 위해서 필요한 것들을 가르치거나, 교육자 스스로가 자신의 필요에 의해 배움을 청해야 했다. 이것은 생존을 유지하던 삶에서, 경제 발전에 맞추어 자신과 자신의 공동체에 물질적인 여유가 생기도록 유도했다. 물질적 여유는 소수의 사람에게 집중되어, 이들이 정신적인 노동에 종사할 수 있도록 기여했다.

이 중 하나가 이들에게서 발견되는 종교의식이다. 이 시기의 매장 방법을 살펴보면, 이들은 씨족의식이 강하면서 씨족 내의 규칙을 엄격히 지켜왔음을 알 수 있다. 당시 이들은 귀신을 숭배했고, 귀신을 숭배하는 제사장이 있었으며, 이 제사장이 공동체의 정치권력뿐만 아니라 교육도 담당했다. 인류 최초의 교사는 제사장이었다. 이러한 초기 종교행위에서 가장 대표적인 귀신숭배는 그 기원이 신석기 초기까지 거슬러 올라간다. 초기의 종교 행위는 매우 간단하고 소박했지만 점차 복잡하고 다양하게 변화·발전하였다. 귀신관념의 변화에 따라 장례의식도 복잡하고 다양하게 변화되었다. 어린 아이와 성인을 구별하여 장례를 지내거나, 시신의 형태를 다양하게 하여 이에 맞춰 장례를 지냈다. 예를 들어 복와장(伏臥葬), 굴지장(屈肢葬), 앙와신전장(仰臥伸展葬) 등이 그렇다.

결국 장례의식의 다양화와 복잡화는 당시 사람들의 귀신 관념이나 종교 관념의 다양화를 뜻하고, 궁극적으로 이를 주관하였던 제사장의 신분 확장을 의미한다. 또한 이 의식들을 계승하고 전파할 교육의 역할이 중요해졌음을 뜻한다. 용산문화유적에서 발견된 유물을 보면 당시 사람들이 점을 쳤다는 것을 알 수 있는데, 점을 치고 점을 풀이하는 과정 속에서 제사장의 권위는 매우 높았다. 이를 담당하던 사람은 정치에서도 자신의 권력을 유지하였다. 그러나 원시사회에서 제사장이 모든 것을 장악할 수는 없었다. 사회의 관습이나 경제활동에서의 경험 등을 전수하는데 보다 전문적인 정신노동을 담당할 인물과 공간이 필요했을 것이다. 이것이 바로 학교 및 교사 탄생의 계기가 되었다.

2. 신화와 전설 속의 원시사회

고고학적 발견물은 문헌 자료와 더불어 우리에게 많은 정보를 제공해 준다. 당시의 생활도구나 건축물 혹은 그들의 유골과 부장품 같은 구체적이고 가시적인 자료들은 우리에게 정확한 정보를 직·간접적으로 전해 주기도 한다.

앞서 말한 것이 원시시대 것으로 추정되는 유물을 중심으로 한 설명이었다면, 여기서는 중국 고서에서 다루었던 신화와 전설을 중심으로 원시시대의 교육상황을 살펴보고자 한다. 물론 신화와 전설은 과장이 심한 허구에 가깝다. 그러나 그 면면을 살펴보면, 신화와 전설은 사실 그 자체에 관계하면서 우리에게 그 내면에 깊은 뜻과 정보를 전해 주고 있다. 본 장은 단순히 어떠한 사실을 밝히겠다는 관점에서 출발하기보다, 고대 중국인들이 상상하였던 원시시대 사람들의 모습을 알아보는 것에 초점을 둔다. 시기적으로 고대 신화는 원시시대에도 포함되지만, 어떤 것은 선진(先秦) 시기에 머무는 것도 있다. 여기서는 문명과 인류의 '기원'이라는 것에 중심을 맞춰 포괄적으로 언급하고자 한다.

중국의 고대신화 속에는 반고(盤古), 여와(女媧), 삼황오제(三皇五帝), 대우(大禹) 외에도 등장하는 인물이 매우 많다. 만약 이들을 실존했던 인물로 생각한다면 중국의 역사는 기원전 3000년 이전으로 거슬러 올라간다. 이렇게 되면 중국의 역사는 메소포타미아 문명이나 이집트 문명처럼 그 역사가 장구하다.

일반적으로 역사가 오래된 민족은 자신들의 전설과 신화를 가지고 있다. 현실과 맞지 않는 일부 허무맹랑한 내용도 있지만, 민족의 역사적 사실과 정신이 녹아 있기도 하다. 신화시대의 인류는 조금씩 객관 세계에 대하여 현실적인 태도를 가질 수 있었다. 사람들은 세상과 자연의 법칙을 인식하고 그에 따름으로써 생산 활동을 자신의 목적에 맞게 수행할 수 있었다. 그러나 이들은 외부 사물과 객관세계를 모두 이해할 수 없었고, 극복할 수도 없었다. 이때, 신화와 전설이 만들어졌다.

중국에서의 신화와 전설도 마찬가지이다. 허무맹랑한 내용이 대부분이지만, 여기에는 중국 고대인들의 삶과 정신이 간접적으로 녹아 있다. 중국의 신화와 전설을 살펴보면, 그 종류는 다양하다. 신화와 전설을 시간적 순서로 살펴보면, 천지만물을 창조한 반고(盤古)의 전설이 가장 앞선다. ≪태평어람(太平御覽)≫ 권2에서는 오(吳)나라의 서정(徐整)이 쓴 ≪삼오역기(三五歷紀)≫를 인용하여 반고의 전설을 다음과 같이 언급하고 있다.

> 하늘과 땅이 마치 계란처럼 혼돈되어 있었는데, 그 속에서 반고가 탄생했다. 반고가 18000살이 되자 하늘과 땅이 열리면서, 환하고 맑은 것은 하늘이 되고, 어둡고 탁한 것은 땅이 되었다. 반고는 그 속에서 하루에 아홉 번 변하여 하늘에서는 신, 땅에서는 성인(聖人)이 되었다. 하늘은 매일 일 장씩 높아지고, 땅은 매일 일 장씩 두터워졌으며, 반고는 매일 일 장씩 자랐다. 이처럼 18000년이 흘러 하늘은 매우 높아졌고, 땅은 매우 두터워졌으며, 반고는 매우 커졌다. 그런 다음에 삼황(三皇)이 태어났다(天地混沌如鷄子 盤古生其中 萬八千歲 天地開闢 陽淸爲天 陰濁爲地 盤古在其中 一日九變 神於天 聖於地 天日高一丈 地日厚一丈 盤古日長一丈 如此萬八千歲 天數極高 地數極深 盤古極長 后乃有三皇).

반고는 중국인들에게 천지를 창조한 인물로서 존재한다. 무(無)에서 유(有)를 창조한 최초의 세상을 창조한 인물이기에 우리가 반고에게 어떤 교육적 역할을 기대하기는 힘들다. 하지만, 문헌을 보면 반고 이후에 삼황(三皇)이 있었다고 언급하고 있다. 중국 사람들은 중국 고대에 삼황오제(三皇五帝)가 살았을 것이라고 믿고 있다. 일반적으로 말하는 삼황은 천황(天皇)인 수인씨(燧人氏), 지황(地皇)인 신농씨(神農氏), 인황(人皇)인 복희씨(伏義氏) 등을 가리킨다.[1] 수인씨는 전설 속에서 인공적으로 처음 불을 만든 인물이다. 수인씨가 만든 불은 인류에게 커다란 공헌을 했다. 불을 인공으로 만드는 것에서도 가장 기본적인 교육이 이루어졌을 것이다. 세월이 흐르면서 그 방법은 경험과 실험을 통해 더 발달했을 것이고, 이는 교육적 전파를 통해 후세에 전해졌을 것이다. 복희씨의 경우도 예외일리 없다. 복희씨는 물고기를 잡고 목축을 기르는 방법을 인류에게 전해 준 인물이다. 그리고 복희씨 사후에 그의 역할을 물려받은 신농씨는 인류에게 농업과 무역을 가르쳐 주었다. 그리하여 신농씨는 농업과 의약뿐만 아니라 상업, 무사(巫師), 대장장이로서 일상생활과 밀접한 신으로 사람들에게 추앙받았다. 결국 세상을 창조한 반고의 뒤를 이어, 인류에게 생존의 지식을 교육시킨 삼황을 신화 속에서 말하고 있다.

다음으로 소위 청제(靑帝), 적제(赤帝), 황제(黃帝), 백제(白帝), 흑제(黑帝)인 오제(五帝)를 살펴보면 오제는 원시시대에 존재했던 인물이기보다 전국 시기 음양오행(陰陽五行)에 기초한 '오덕종시(五德終始)' 학설의 허구에서 나온 다섯 명의 가상 인물일 가능성이 크다. 삼황과 마찬가지로 오제가 누구인가에 대한 의견도 분분하다. 당(唐) 가공언(賈公彦)은 오제에 대하여 주석을 달아 다음과 같이 설명했다. "오제는 동쪽의 청제 영위앙, 남쪽의 적제 적표노, 중앙의 황제 함추유, 서

---

1) 삼황의 구성에 대해서는 의견이 다양하다. 이를 크게 넷으로 정리해 보면 다음과 같다. 첫째, 천황, 지황, 태황(泰皇) 둘째, 천황, 지황, 인황 셋째, 복희, 여와, 신농 넷째, 복희, 신농, 축융(祝融) 등이다.

쪽의 백제 초거, 북쪽의 흑제 즙광기이다(五帝者, 東方靑帝靈威仰, 南方赤帝赤熛怒, 中央黃帝含樞紐, 西方白帝招拒, 北方黑帝汁光紀)."[2]

　오제가 현실 속에 출현하게 된 '오덕종시' 학설은 역대 통치자들에게 합법성을 제공하는 이론적 기초가 되었기 때문에, 그 속에서 오제가 자연스럽게 탄생하였다. 하지만 오제를 구성하는 인물들이 모두 상상속의 인물이라고 말할 수 없다. 비록 이들에 대한 역사적 사실이 미약하지만, 이들의 존재를 부인할 마땅한 근거도 없다. 물론 이들의 존재가 시간이 지나고 정치적으로 이용되면서 신화와 전설로 포장된 것도 부인하기 어렵다. 그러나 이들이 미화되고 포장되었다고 해서 그 존재까지 완전히 부인하기도 힘들다. 이들의 존재여부와 논의를 떠나 이들에 대한 신화와 전설을 통해서 우리는 당시의 시대적 상황을 간접적으로 파악할 수 있다. 중국의 초기 전적인 ≪상서(尙書)≫, ≪시경(詩經)≫, ≪국어(國語)≫, ≪초사(楚辭)≫ 및 ≪묵자(墨子)≫ 등을 살펴보면, 오제에 대한 기록이 남아 있다. 비록 오제가 전국 시기에 정치적 필요에 의하여 만들어졌다고는 하나 그들의 존재나 그들과 관련된 고사는 선진 시기 이전부터 있었다. 이들과 관련된 신화 모두가 사실은 아니지만, 일부 내용은 중국 선진시대의 상황과 중국인들의 정신세계를 유추하는 데 중요한 자료이다.

　이러한 측면에서 오제 가운데 중국인들의 의식 속에 영향을 많이 준 몇 명의 인물을 살펴볼 필요가 있다. 오제 가운데 가장 유명한 이가 바로 황제(黃帝)다. 중국인들은 지금도 자신들을 염황(炎黃)의

---

2) 오제의 구성에 대한 의견도 다양하다. ≪예기(禮記)·월령(月令)≫에서는 복희(伏羲), 염제(炎帝), 황제(黃帝), 소호(少皞), 전욱(顓頊)을 오제(五帝)라 하고, 사마천(司馬遷)의 ≪사기(史記)≫에서는 오제를 황제(黃帝), 전욱(顓頊), 제곡(帝嚳), 당뇨(唐堯)와 우순(虞舜)이라고 하였다. 그리고 ≪상서서(尙書序)≫와 황보밀(皇甫謐)의 ≪제왕세기(帝王世紀)≫에서는 소호(少皞), 전욱(顓頊), 제곡(帝嚳), 당뇨(唐堯), 우순(虞舜)을 오제라고 하였다.

자손이라 칭한다. 여기서 말하는 염황이란 바로 염제와 황제를 지칭
한다. ≪사기(史記)・오제본기(五帝本紀)≫를 보면 황제에 대하여 다
음과 같이 설명하고 있다.

황제는 소전(少典)부족의 아들로, 성은 공손(公孫)이고 이름은 헌원
(軒轅)이다. 그는 태어나면서부터 신령스러워 어려서 능히 말을 할 줄
알았다. 어리나 성인들과 같은 수준이었고, 성장하며 영민해졌으며,
성인이 되어서는 총명했다. 헌원씨가 세상에 출현했을 때 신농씨의
세상은 쇠퇴했다. 제후들은 서로 침략하고 백성들에게 포악했지만 신
농씨는 이를 정벌할 수 없었다. 그래서 헌원이 창과 방패를 사용해
정복하고 … 제후들은 모두 황제에게 귀속되었다. 헌원은 덕으로써 군
대를 모으고, 기후를 다스리고, 오곡을 뿌리고, 많은 백성을 어루만져
주고, 사방을 측량하고 구획했으며 곰, 비휴(貔貅), 추(貙), 호랑이라고
이름한 부대를 훈련시켜 염제(炎帝)와 판천(阪泉)의 들에서 싸웠다.
세 번 싸운 뒤 마침내 승리를 얻었다. 그러나 치우(蚩尤)가 난동을 부
려 황제의 명령을 듣지 않았다. 그래서 황제는 제후들을 정복하고 치
우와 탁족(濁足)의 들에서 싸워 그를 죽였다. 제후들은 헌원을 받들었
고 신농씨를 대신해 천자가 되었으니 그가 바로 황제다. 그는 천하에
따르지 않는 자는 정벌하고, 승복하면 그냥 지나쳤다. 황제는 산을 개
발하고 도로를 뚫어 편히 쉴 날이 없었다. … 관직 이름은 모두 구름
에 비유하여 명명했고, 군대 또한 운사(雲師)라고 불렀다. 좌우에 대
감(大監)을 설치하여 여러 나라를 감독했다. 천하가 태평스러우면 귀
신과 산천에 제사를 드리는 봉선이 많았다. 보배스러운 정(鼎)을 획득
하고, 해를 우러러 계책을 세웠다. 바람과 토지의 신을 받들고, 목축
에 힘쓰고, 늘 솔선수범했으며 불을 조절함으로써 백성을 다스렸다.
천지의 질서에 순응하고 음양의 변화를 예측하며 사람의 생과사를 말
하고 국가의 존망을 생각했다. 때에 맞추어 씨를 뿌리니, 오곡백과가
풍성하고 날짐승, 들짐승, 누에가 많아지고, 일월성신이 잘 운행되고,
토석금옥(土石金玉)이 넘치고, 마음을 다해 연구하고 끊임없이 실천하

니 물과 불, 땔감과 재료들을 절약하게 되었다. 그가 등극하자 토덕(土德)을 상징하는 상서로움이 나타났다. 그래서 그를 황제라 칭하게 되었다(黃帝者, 少典之子, 姓公孫, 名曰軒轅. 生而神靈, 弱而能言, 幼而徇齊, 長而敦敏, 成而聰明. 軒轅之時, 神農氏世衰. 諸侯相侵伐, 暴虐百姓, 而神農氏弗能征. 於是軒轅乃習用干戈, 以征不享, ⋯ 諸侯咸歸軒轅. 軒轅乃修德振兵, 治五氣, 蓺五種, 撫萬民, 度西方, 教熊羆貔貅貙虎, 以與炎帝戰於阪泉之野. 三戰, 然後得其志. 蚩尤作亂, 不用帝命. 於是黃帝乃征師諸侯, 與蚩尤戰於涿鹿之野, 遂禽殺蚩尤. 而諸侯咸尊軒轅爲天子, 代神農氏, 是爲黃帝. 天下有不順者, 黃帝從而征之, 平者去之, 披山通道, 未嘗寧居. ⋯ 官名皆以雲命, 爲雲師. 置左右大監, 監於萬國. 萬國和, 而鬼神山川封禪與爲多焉. 獲寶鼎, 迎日推筴. 擧風後 力牧 常先 火鴻以治民. 順天地之紀, 幽明之占, 死生之說, 存亡之難. 時播百穀草木, 淳化鳥獸蟲蛾, 旁羅日月星辰水波土石金玉, 勞勤心力耳目, 節用水火材物. 有土德之瑞, 故號黃帝).

황제는 염제(炎帝)와 치우(蚩尤)를 이기면서 부락 연맹의 최고 통치자가 되었다. 황제는 의학의 신이면서, 세상을 안정시키고 교화(教化)했으며, 미래의 길흉화복을 아는 점복(占卜)의 대사(大師)였다. 또한 농사를 잘 짓고, 가축을 잘 길들이며, 의복과 활과 화살을 발명했다. 그리하여 그는 하, 은, 주 삼대의 천자와 제후가 공동으로 숭배하는 조상신이 되었다.

황제의 뒤를 이은 우(禹) 또한 황제처럼 중국 고대 신화전설에서 가장 유명한 인물 가운데 하나이다. 우가 살던 시대를 ≪맹자(孟子)·등문공상(滕文公上)≫에서는 다음과 같이 말하고 있다.

요임금 때, 천하가 아직도 평정되지 못해, 홍수가 나서 천하에 범람했다. 초목이 번창하고 무성하며 금수가 번식하고, 오곡이 익지 않고 금수가 사람을 핍박했다(唐堯之時, 天下猶未平, 洪水橫流, 泛濫於天

下. 草木暢茂, 禽獸繁殖, 五穀不登, 禽獸逼人).

그런데 우가 바로 이러한 현실을 개혁하게 된다. ≪맹자·등문공하(滕文公下)≫에는 다음과 같이 전한다.

요임금 때, 물이 역류하여 중국에 범람하자, 뱀과 용이 그곳에 머무르니, 사람들이 안정할 곳이 없게 되었는데, … 우에게 홍수를 다스리게 하자, 우는 땅을 파서, 바다로 그 물을 흘러 들어가게 했고, 뱀과 용을 수초가 우거진 곳으로 추방하여, 물이 땅속으로 통과하게 되었으니 장강, 회수, 황하, 한수가 이것이다. 험준한 것은 없어지고 사람을 해치는 새와 짐승들이 사라진 뒤에 사람들은 평지를 얻어 살게 되었다(唐堯之時, 水逆行, 泛濫於中國, 蛇龍居之, 民無所定, … 使禹治之, 禹掘地而注之海, 驅蛇龍而放之菹, 水由地中行, 江, 淮, 河, 漢是也. 險阻旣遠, 鳥獸之害人者消, 然後人得平土而居之).

중국인들에게 남아 있는 우의 가장 위대한 업적은 '대우치수(大禹治水)', 즉 위대한 우임금이 물을 잘 다스렸다는 것이다. 고대 중국인들에게 가장 커다란 문제는 황하의 범람이었다. 우임금은 홍수 관리로서 수재(水災)를 잘 평정했고, 사람들은 이를 높이 칭송했다. 그외에도 우는 신통력을 갖고 있으면서도 고상한 품격을 지녔고, 13년 동안 치수하면서 자신의 집 앞을 세 번이나 지나도 들리지 않았다. 자기를 희생하면서 공적인 일을 행하는 우의 모습은 아직도 많은 중국인들을 교화시키고 있다. 우로 인해 사회적으로 생산이 더욱 발전하였고, 백성들의 생활수준이 향상되면서 사유재산이 증가하였다. 중국 역사에서 첫 왕조인 하나라는 바로 기원전 2070년에 우가 건국한 것이다. 우가 하왕조의 왕이 되면서 원시사회는 종결되고 노예사회가 시작되었다고 말하기도 한다.

　　그러나 우임금의 실존 여부는 명확하지 않다. 중국의 역사시대는 일반적으로 갑골문3)의 발견으로 인해 그 실체가 확인된 은나라부터라고 여겨지고 있기 때문에, 그 이전 시기인 하나라와 그 왕조의 임금이라고 전해지는 우임금에 대해서는 아직 실존 여부를 확인할 수 없다.

　　앞서 거론한 인물들이 모두 신화 속에서 거론된 인물이라 하여, 그들의 존재 여부까지 부정하기는 힘들다. 물론 이들이 존재했다고 하는 것도 설득력은 없다. 그러나 중요한 사실은 이들의 실존 유무와 상관없이, 고대 중국인들은 이런 신화인물과 신화 속 이야기를 통하여 많은 것을 배우고 익혔다는 점이다. 그 가운데에는 과장된 것이 많겠지만, 과거나 현재나 백성들은 이를 통하여 직·간접적으로 많은 것을 배웠다. 더불어 지식과 인품을 배양할 전문기관이 부족하고, 이에 대한 필요성을 절실히 느끼지 못한 상황에서 신화나 전설은 사람들의 정신세계를 넓히고, 사회적 법규와 책임을 스스로 깨닫게 하는 또 다른 교육적 역할을 수행하였다.

---

3) 주로 거북이 배 껍질이나 등껍질을 사용했고, 때론 소의 견갑골이나 짐승의 뼈를 사용하여 그 위에 전쟁과 같은 국가의 큰일에 대한 운세나 점을 본 내용을 기록했는데, 이 글자를 일러 갑골문이라 한다. 1899년에 세상에 알려지기 이전에는 이것들 대부분이 용골이라는 약재로 사용되었다. 유악(劉鶚)과 왕의영(王懿榮) 등에 의해서 발견되었다. 안양(安陽)의 은허(殷墟) 갑골문은 1928년 10월부터 과학적인 발굴이 시작되었는데, 이를 통하여 사마천의 《사기》 은본기에 나오는 내용이 갑골문의 내용과 많이 일치함에 따라 은나라의 존재가 입증되었다.

3. 원시시대의 교육

초기 인류는 정착 생활을 하지 못하고, 떠돌이 생활을 하면서 살았다. 원시시대는 역사 시기 이전의 시대, 즉 선사시대(先史時代)에 해당하므로 당시의 상황을 판단할 자료를 얻기가 쉽지 않았다.

이 시기는 교육이란 말이 나오기 전의 시대다. 먼저, 교육의 문자학적 의미를 살펴보면 다음과 같다. '교(敎)'라는 글자는 가르치는 사람은 손에 매를 들고 올바른 방향을 제시하며, 배우는 어린아이는 공손하게 어른의 뜻을 본받는다는 것이다. 이러한 교의 의미를 ≪중용(中庸)≫에서는 "하늘이 명한 것을 일러 성이라 하고, 그 성을 따르는 것을 일러 도라 하며, 도를 닦음을 일러 교라 한다(天命之謂性 率性之謂道 修道之謂敎)"고 했다. '육(育)'이라는 글자는 어머니가 어린이를 따뜻하게 가슴으로 안아주는 모습을 나타낸 것이다. 즉 어머니의 품안에서 어머니와의 상호 작용을 통해 서서히 사회의 구성원으로서 사회생활에 필요한 지식, 기술 등을 익혀 나가는 것을 일컬었다. 중국 문헌에서 교육이란 글자는 ≪맹자(孟子)·진심(盡心)≫의 "천하의 영재를 얻어 그들을 가르치고 기른다(得天下英才而敎育之)"에서 제일 먼저 발견된다. 그러나 이에 앞서 ≪논어(論語)·학이(學而)≫에 "배워 때때로 이것을 익히면 기쁘지 아니하겠는가?(學而時習之不亦說乎)"라고 말한 것을 교육이라는 말과 관련지어 생각해 볼 수 있다.

중국의 원시사회에서 교육이라는 단어가 그 의미에 걸맞은 행위로 이루어졌는지 지금으로서는 알기 어렵다. 물론 지금과 같이 정착된 교육시설이나 교육환경이 구비되지는 않았다. 하지만 당시 사용했던 유물들의 발견을 통해, 우리는 교육이라고 말할 수 있는 가장 기초

적이고 기본적인 행위들이 생존이나 생산과 관련을 맺으면서 이루어
졌음을 추측해 볼 수 있다.

교육과 관련된 모든 행위는 인류만이 가지고 있는 유일한 행위이
다. 교육은 원시사회의 생산노동과 사회생활의 필요 및 자아발달의
필요에 의해 그 싹을 조금씩 키워 나갔다. 이러한 상황에서 교육은
당연히 생산 및 생활과 관련되었다. 예를 들어 원시 종교교육, 원시
예술교육, 생산노동교육, 생활습관교육 등이다. 이러한 초기 교육에
서는 전문적인 조직이나 장소, 교재 등이 존재하지 않았다. 주로 말
을 통하여 전수하고 그것을 기억하여 모방하고 경험하는 것으로 진
행되었다. 학교는 초보적인 교육이 어느 정도 발전한 후 출현한 전
문교육기구이다.

사람들이 공동사회생활을 하는 과정에서 생활습관, 행위표준, 각종
의식 등이 조금씩 형성되었다. 이것은 안정된 사회생활을 유지하는
데 필요한 것으로써 다음 세대에게 전수하는 것이 점점 늘어난 것을
의미한다. 교육이 시작되었다는 것은 일종의 사회현상으로서, 교육은
노동의 토대 위에서 생존과 공동의 필요에 의해 탄생하고 발전한 것
이다.

중국에서 정식적인 학교의 설립은 원시사회 말기나 노예사회 초기
에 이루어졌다. 사회 생산력의 증가, 정신노동과 육체노동의 분리,
그리고 생활이 복잡해지고 전수해야 될 지식의 내용이 많아지면서
이를 전문적으로 가르칠 장소와 기관이 필요하게 되었다. 더불어 문
자의 탄생으로 사회지식과 자연지식을 축적하는 것이 수월해지자 문
자를 이용하여 사회경험을 축적하기 위한 사람들을 전문적으로 지도
할 장소가 필요하게 되었는데, 이러한 것들이 학교가 탄생하게 된
배경이다.

지금까지 살펴 본 원시시대의 교육을 정리해 보면 다음과 같다.

첫째, 교육은 생존과 생활을 위한 생산과 매우 밀접한 관련을 맺으며 이루어졌다. 둘째, 교육내용은 주로 일상생활에서 현실문제와 직결되었다. 원시사회교육의 내용은 사람들이 생활하는 과정 가운데 축적된 경험 및 공동생활 과정에서 형성된 습관과 준칙이었다. 셋째, 교육방식은 생산노동과 결합되었다. 넷째, 전문적으로 교육을 하는 기구인 학교가 없었다. 또한 전문적으로 교육활동을 하는 교사도 없었다. 다섯째, 교육은 매우 단순하였다. 그러다가 사회경제와 정치의 발전에 따라 교육의 내용, 형식, 방법이 점점 복잡해지고 풍부해지기 시작하였다.

제 2 장

하·상·주시대의
고등교육

1. 시대적 배경

현재까지 발견된 유물에 근거하여, 중국에서 가장 오래된 왕조는
상(商)나라이다. 상왕조보다 이전에 존재했다고 생각하는 삼황오제시
대나 요순시대는 여전히 신화시대로 간주되고, 하(夏)나라도 하대를
증명할 확실한 유물이 발견되지 않고 있어 가장 오래된 왕조라고 말
하기 어렵다. 그러나 중국 사람들은 상왕조 앞에 하왕조를 더하여 하
상주 삼대라 일컬으며 이로써 자신들의 문화적 자부심을 드러낸다.
하왕조는 가장 오래전에 존재했던 왕조로서 17명의 왕이 472년 동안
통치해 왔다고 전해진다. ≪사기(史記)·하본기(夏本記)≫를 보면, 하
나라는 시조 우왕(禹王)이 건국하고, 걸왕(桀王) 때 상나라 탕왕(湯王)
에 의해 멸망하였다고 전해진다.

거대한 궁전과 청동 제기와 무기를 비롯하여 수많은 갑골문이 함
께 발견된 은허(殷墟) 유적은 자칫 전설 속에 묻힐 뻔한 상나라의
존재를 입증하게 하였다. 상을 은(殷)이라고 부르기도 하는데, 은은
상왕조의 마지막 수도에 불과하며, 이는 상을 멸하고 건국한 주(周)
나라에서 상의 사람들을 낮게 호칭한 것에서 비롯되었다. 현재 실존
연대를 확인할 수 있는 가장 오래된 국가인 상왕조는 전기와 후기로
구분한다. 대략 기원전 1600년부터 1300년까지를 전기로 보고, 은으
로 수도를 천도한 1300년부터 멸망 전인 1046년까지를 후기로 본다.

기원전 11세기, 제정일치의 신권 정치 체제를 유지하였던 상을 멸
하고 건국한 국가가 바로 주(周)다. 주왕조는 공자(孔子)를 비롯하여
중국 사람들에게 가장 이상적인 국가로 칭송받아 왔다. 주왕조는 봉
건제도를 실시하며 기원전 8세기까지 번영하다가, 유왕(幽王)의 아들
평왕(平王)이 이민족의 침입을 피해 수도를 호경(鎬京: 西安 부근)에

서 동쪽에 위치한 성주(成周: 河南省 洛陽 부근)로 옮기면서 서주(西周)시대를 끝내고, 새로운 동주(東周)시대를 개막하게 된다. 그리고 이 동주시대를 일러 춘추전국(春秋戰國)시대라고 일컫는다.

2. 하대의 고등교육

하왕조의 역사적 실재성에 대하여 의심을 받고 있는 현재, 하왕조에 대하여 구체적인 언급을 한다는 것은 무리일 수도 있다. 현재 언급되고 있는 대부분의 하왕조에 대한 내용은 후대에 기록된 자료들을 참고로 추측하여 말하는 것이다. 아직까지 하왕조에 대한 믿을 만한 자료들이 발견되지 않았기에, 구체적으로 언급하기는 쉽지 않다. 그러나 고고학적 발견에 근거하여, 은대 이전에 하나라가 존재했을 가능성이 매우 높아졌다. 황하 유역에서는 기원전 2100년경부터 문명의 초기 단계가 시작되었는데, 이 문명의 주인공이 하왕조일 것이라 추측하고 있다. 중국 최초의 국가라고 말할 수 있는 하왕조는 기원전 21~2세기경부터 기원전 18세기경까지, 전설상의 우(禹)임금에서 시작하여 걸(桀)임금까지 약 14대 17왕에 걸쳐 500여 년간 존재했다고 한다. 신석기 유적 가운데, 상(商) 왕조 계통의 유적과 그렇지 않은 유적이 확실히 구분되는데, 사람들은 후자의 문화계통을 하왕조의 문화 유적으로 보고 있다.

하왕조는 지금의 섬서성(陝西省) 동쪽과 산서성(山西省) 남부, 하남성(河南省) 일대에서 활약했다. 농업과 목축을 위주로 했으며, 많은 청동기 제품을 주조했다. 그러나 청동기 제품을 농업에 이용했는지는 확실하지 않다. 물론, 일부 도구에 사용하였을 가능성도 완전히 배제하기 힘들다.

얼마 전 발굴되어 세상의 관심을 모았던 하남성(河南省) 언사현(偃師縣) 이리두(二里頭) 유적의 유물들을 하왕조의 것으로 보고 있으나 아직도 의문의 여지가 남아 있다. 중국학자들은 이리두 문화 유적 제1기와 2기를 대략 기원전 2천 년에 조성된 것으로, 시대적으로 하왕조 중기에 해당한다고 추정하고 있다. 그러나 상대 초기의 궁정 터가 발견된 제3기 유적지가 바로 그 위에 존재하기 때문에 그 연관성을 놓고 의견이 분분하다. 그럼에도 불구하고 중국 사람들은 중국 역사가 하왕조로부터 시작했다고 여기고 있다.

이러한 연유로 새로운 고고학적 발견이 이루어진 후에나, 하나라의 고등교육에 대하여 보다 정확하게 언급할 수 있을 것이다. 중국 문헌에서는 하나라와 하나라 이전에 대하여 많은 기록을 전하고 있다. 여기서는 그 사실을 뒤로 하고 문헌에서 언급된 하나라의 정황에 근거하여 고등교육에 대해 알아보고자 한다.

당우(唐虞) 이전 오제(五帝)시대에 이미 대학이 있었는데, 이를 '성균(成均)'이라 불렀다고 전한다. ≪맹자(孟子)≫에도 고등교육기관에 대한 기록으로 하나라에 이미 학교가 있었다고 말하면서 학교의 명칭과 설립 목적을 다음과 같이 말하고 있다. "하나라에서는 '교(校)'라고 불렀고 은나라에서는 '서(序)'라고 부르고, 주나라에서는 '상(庠)'이라고 불렀다."[4]

당시 하나라의 학교는 귀족자녀를 교육시키기 위해 세워졌다고 한다. 앞서 맹자도 말했던 것처럼, 하나라에는 '교(校)'라고 부르는 학교가 존재했다. 반면에 ≪예기(禮記)·왕제(王制)≫와 ≪예기·명당위(明堂位)≫에서는 하나라의 학교를 '서(序)'라고 불렀고 동한(東漢)의 정현(鄭玄)은 '상(庠)'이라고 불렀다. 정현의 ≪예기주(禮記注)≫[5]에

---

4) ≪孟子·藤文公≫: 夏曰校, 殷曰序, 周曰庠.
5) 한나라 초기 학자 동중서(董仲舒)도 당우(唐虞) 시기에 학교가 있다고 했다. 그는 '오제(五帝)에 대학의 이름을 성균이라고 했다. 즉 우상(虞庠)은 이와 비슷하다.'(≪예기주·문왕세자≫). 또한 ≪예기·왕제≫ 편에서는 '우씨는 국노를 상상(上庠)에서 배양하고, 서노(庶老)는 하상(下庠)에서 배양하였다. 하후씨는 국노를 동서(東序)에서 배양하고, 서노는 서서(西序)에서 배양하였다. 은나라 사람은 국노를 우학(右學)에서 배양하고, 서노는 좌학에서 배양하였다'고 하였다.

서 "상상, 동서, 우학 세 종류는 대학이고 하상, 서서, 좌학 세 종류
는 소학이다. 대학은 국학, 이른바 국노를 배양하는 곳이고 소학, 즉
향학은 이른바 서노를 배양하는 곳이다."라고 했다. 당나라의 학자
두우(杜佑)도 다음과 같이 말했다. "유우씨의 대학으로는 상상, 소학
으로는 하상이 있었다. 하우씨의 대학으로는 동서, 소학으로는 서서
가 있었다. 은나라의 제도로 대학은 우학, 소학은 좌학이 있었고 또
고종(瞽宗)이 있었다."[6]

이처럼 하나라의 학교 이름이 서로 다른 것은 각각 역사적인 이
유가 존재한다. '상'의 경우는 요순시대부터 전해져 내려온 것이고,
'서'와 '교'의 명칭은 새로 만들어져 후대에 전해진 것이다. 여기서
'서'의 경우는 활쏘기를 연습하는 사격장으로서 당시 군사훈련을 중
시했던 역사적 상황과 관련이 깊다고 추측한다. 기록에 따르면 '하
후(夏后)씨는 활 쏘는 것으로 사(士)를 배양했다(夏后氏以 射造士)'
고 전한다.[7] 이처럼 하나라는 학생들에게 활 쏘는 기술을 훈련시켰
고, 이런 측면에서 '서'는 활쏘기를 포함한 무예를 배우는 곳이었음
을 알 수 있다. '교'의 경우는 나무 울타리로 말을 기르던 곳으로서,
역시 군사훈련의 필요로 만들어졌다.

실증할 만한 자료와 근거가 많지 않지만 중국의 하나라 시기에는
이미 학교가 존재하고 있었다. 이러한 학교는 아직 완전히 학교 형
태를 갖추지 못한 비전문적인 교육기관의 형태로 존재하면서, 귀족
자제에게 다양하고 폭넓은 지식을 전달하기보다 윤리교육과 군사훈
련을 하는 기능을 수행했다고 추측된다.

---

6) 杜佑, 《通典》 禮十三.
7) 《文獻通考·學校考》

3. 상대의 고등교육

상왕조는 앞선 하왕조와 달리 당시의 상황을 설명할 문자 기록이 남아 있는 중국 역사상 최초의 왕조가 된다. 물론 상왕조 이전에 하왕조가 있었다고 하고, 실제로 하왕조의 것으로 추정되는 유적이 최근 들어 발견되었지만 아직까지는 하왕조의 구체적인 모습을 가늠하기가 힘들다. 적어도 상왕조의 실체는 그에 대한 문헌과 자료가 당시 유물과 갑골문(甲骨文)으로 전해지기에 그 존재를 확신할 수 있다. 그러므로 현재로서 중국 역사의 출발점을 상왕조로 잡는 것도 무리는 아니다.

상왕조의 시조인 설(契) 이후 탕(湯)은 재상 이윤(伊尹) 등의 도움을 받아 지금의 하남성 봉구(封丘)인 명조(鳴條)에서 걸(桀)의 군대를 물리치고 상나라를 건국하였다. 그 후 도읍을 천도하며 17대 31왕에 걸쳐 약 600년간 존재했던 상왕조는 황하 유역에 산재하던 도시 국가(읍제국가)를 지배한 왕조로서 기원전 1500년경에 건국하여 기원전 1066년까지 존속했다. 상왕조 초기에는 제정일치의 신정 정치를 펼치면서, 여러 읍을 간접적으로 지배하였다. 왕위 계승도 처음에는 형제 상속이었지만, 부자 상속으로 변화시키면서 점차 고대국가의 형태를 갖추어 갔다.

상왕조가 수도 반경(盤庚)을 은(殷)으로 천도했는데, 옮긴 지역 이름을 따서 흔히 '은나라'라고도 부른다. 특히 안양(安陽)이란 곳에서 발견된 은허(殷墟) 유적과 그 속에서 함께 발견된 갑골문은 당시의 상황을 잘 알려준다. 왕국유(王國唯)의 주장에 의거하면, 은허는 은이 멸망하기 전까지 270여 년간 도읍지로 사용되었다고 한다. 현재 우리는 상왕조의 상황을 갑골문과 청동기를 통해 어느 정도 유추할 수 있다. 특히 갑골문자는 은대의 역사를 전해 줄 뿐만 아니라 한자의 모체가 되었다.

상왕조에서는 길흉화복을 점치고 제(帝)를 숭배했다. 상왕조의 제는 만물의 주재자이기는 하지만 후세 발견되는 인간과 제 사이의 어떤 도덕적, 윤리적 책무 관계가 당시에도 있었는지 발견하기 힘들다. 제를 숭배하는 것에서 조상 숭배의 풍습도 시작되었으며, 달력(은력)도 만들어 농사에 이용하였다. 이 시대에는 왕을 중심으로 한 지배계급과 평민, 노예 등의 피지배계급으로 분화되었고, 평민은 토지신과 씨족을 중심으로 공동체를 형성하였다.

상나라 때 중국 최초의 노예제 사회가 발생했는데, 노예제의 탄생과 발전에 따라 사회의 각 방면에서도 거대한 변화가 일어났다. 특히 사회의 발전은 끊임없는 과학지식의 발전을 촉진하였다. 전설에 의하면 상나라의 시조인 설(契)은 순(舜)시대에 교육을 담당하던 관리였다고 한다. 이로 미루어 당시 종교업무와 군사나 생산을 담당하는 관직도 있었을 것으로 추측해 볼 수 있다.

상왕조는 농업에 치중하여, 여러 종류의 농작물을 재배했다. 또한 이러한 농작물을 이용하여 다양한 종류의 술을 만들어 마셨다. 술을 마실 수 있었던 것은 당시 농업생산이 일정 수준에 도달했다는 것을 방증한다. 이러한 경제적 여유는 사회적 생산력을 높였고, 사회 전반의 물질적 재부도 상대적으로 풍부하게 만들었다. 뿐만 아니라 과학의 발전과 문자의 출현은 지식 및 기능을 전수하는 기구로서 학교가 탄생하는 전제조건이 되었다.

상대 학교와 관련된 갑골문과 고적의 기록은 대체로 믿을 만하다. 상대에는 '서(序)', '상(庠)', '학(學)', '고종(瞽宗)'과 같은 네 종류의 학교가 있었다. 갑골문에서 '교'와 '학'은 종종 발견된다. '고종'은 원래 상대의 사람들이 조상에게 음악으로 제사를 지내던 종묘였다.

후에 상대의 귀족자제들에게 음악과 무도를 가르치는 장소로 발전하여, 음악으로 사를 배양하는 곳이 되었다. 우학(右學), 서학(西學), 고종은 상대의 대학을 지칭하는데, 명칭은 서로 다르지만 실제로 같은 것이다. 은나라 사람은 오른쪽과 서쪽을 숭배하여 대학을 서교(西郊 서쪽 교외)에 설립하고 그 존중함을 표시하여 '서학'이라고 불렀다.[8] 이러한 곳은 천자가 일하던 곳이기도 하였다. 그래서 명당을 우학, 서학, 명당 혹은 고종이라고 부르는 것에 개의치 않았다. 이것은 모두 은대의 대학 소재지를 중심으로 대학을 지칭하는 말이다. 그 외에 '벽옹(辟雍)' 또는 '서옹(西雍)'이란 말은 후대의 사람들이 예악을 학습하던 상대의 대학을 지칭하던 다른 이름이다.

국가의 직관을 맡고 있는 교사는 교육내용에 종교, 윤리, 군사와 일반문화지식을 포함시켰지만, 당시 교육은 궁극적으로 정치적 활동과 밀접하게 결합되어 있었다. 더불어 상대의 가장 커다란 특징 가운데 하나는 당시에 비교적 성숙한 문자가 있었다는 사실이다. 문자는 매우 중요한 학습 도구이다. 갑골문으로 쓰여진 점사(占辭)에서 '필(筆)' 자는 손에 필기구를 쥐고 있는 형태를 나타내고 '책(冊)' 자는 길고 짧은 죽간(竹簡)이나 목독(木牘)을 한데 모아 놓은 형상을 나타낸다. 당시 갑골문의 기록으로 미루어 중국은 하상 시기에 이르러 노예사회가 발전하고, 이러한 교육 기관의 구비로 말미암아 대학도 정식으로 탄생하게 되었음을 알 수 있다.

당시에는 씨족 내부의 단결을 위해 예를 교육하였다. 예로써 씨족 혈연관계로 이루어진 종족 노예제 국가인 상나라의 혈연관계를 유지하였다. 그래서 예의 교육을 가장 중요하게 생각했다. 그리하여 제사를 통하여 예, 음악, 춤을 배웠다. 상대의 귀족들은 전쟁 혹은 조상

---

8) ≪禮記·王制≫: 殷人養國老于右學, 養庶老于左學.
　≪禮記·明堂位≫: 瞽宗, 殷學也.

에게 제사 지낼 때 노래를 부르거나 음악을 연주했는데 이러한 것들
은 분위기와 사기를 진작했고, 제사는 엄중하게 진행되었다. 그래서
춤과 음악을 배우는 것은 대학교육에서 없어서는 안 될 중요한 내용
이었다. 다음으로는 전쟁에 대한 것을 배웠다. 노예주 귀족은 그들의
자제를 전쟁에 능한 무사로 키우길 원했다. 당시 전쟁은 주로 마차
와 활을 이용했다. 이러한 것들이 바로 주요 교과목이 되었다.

이렇게 배운 예(禮), 악(樂), 무(武), 사(射), 어(御) 등은 상대 통치
자들의 현실적 요구에 의한 것들이 대부분이었다. 당시 학교는 모두
관에서 관리했고, 학교 소재지는 궁궐이나 제사를 지내는 곳 혹은
왕공대부가 정사활동을 하는 곳이었다. 그리고 학습에 필요한 도구
는 모두 왕조에서 제작하고 준비했다.

인류는 노예제 사회로 진입한 뒤, 물질 생산이 매우 풍부해졌다.
이에 따라 노예주 계급은 물질적 풍요에 기초하여 정신적 향수를 누
릴 전문기구의 설치를 필요로 했다. 그리하여 자신들의 경험과 사상
문화를 전수할 후학양성 전문기구를 설치했고, 이곳의 학생 대부분
은 주로 자신들의 자식들을 중심으로 구성되었다. 기록에 따른다면
중국의 고등교육기관은 하왕조 시기에 이미 존재했다. 하지만 아직
이를 확실히 뒷받침할 자료가 없다. 갑골문의 기록과 역사적 자료에
비추어 볼 때 중국의 고등교육기관은 상대부터 시작되었다고 볼 수
있다.[9]

---

9) 갑골에서는 점사 외에 갑자표(甲子表)와 문자를 연습하기 위해 새긴 글자
도 보인다. 상대에는 갑골문을 이용하여 사건도 기록하고, 역서(曆書)도
썼으며, 동시에 갑골문을 학습한 흔적도 발견된다. 또한 몇 편의 점사에
서는 전문적으로 학교교육의 상황을 설명한 것도 발견된다. 예를 들면
'學多□父師于敎'이다(熊明安, ≪中國高等敎育史≫. 重慶出版社, 1983: 9).
복사 '丁酉卜, 其 呼以多方小子小臣其敎戒'(郭沫若, ≪殷契編考釋, 149
쪽≫)에 기술된 복사의 내용을 보면, 은상의 주변국에서 많은 자제들을
은상의 학교에 보내 교육을 받도록 하였다. 또 다른 점사 '丙子卜與, 多

4. 서주시대의 고등교육

중국 황하(黃河)의 지류인 위수(渭水) 중류 지역 분지에서 건국한 주(周)나라는 기원전 11세기에 상(商)을 멸하고 호경(鎬京: 지금의 西安 부근)에 도읍을 정하여 국가의 기틀을 잡았다. 위수 지역에 자리를 잡은 주나라는 농업을 위주로 생활하였다. 그러나 주나라 초기에 생산 도구와 생산 조건의 열악함 때문에 농업 생산량은 저조하였다. 더불어 당시 혈족인 대가족이 집단을 이뤄 농사를 지으며 살았기에 국가 소유의 토지도 일부 잠식당했다. 이 시기 정전법(井田法)이라는 것을 제정하여, 토지와 세금 및 농업생산량의 혁신을 불러일으켰다. 서주는 상대 때에 농업을 중시하던 전통을 이어받아 지속적으로 농업을 중시하는 정책을 펼쳤는데, 당시 재배하던 농작물은 기본적으로 오늘날 재배하는 농작물과 비슷하다. 또한 휴경(休耕)을 이용한 이윤법을 실시하여 생산량을 증대하였다. 그리하여 농민들의 생산이 증가하고, 국가의 세금도 증가하여 주나라는 경제적 안정을 찾을 수 있었다.

이러한 경제적 안정과 번영은 곧 주변국들의 침략으로 이어져 평왕(平王)에 이르러서는 견융족의 침입을 피하기 위해, 호경(鎬京)보다 동쪽에 위치한 낙읍(洛邑)으로 천도하게 된다. 이처럼 '주실동천(周室東遷)'한 해가 바로 기원전 770년인데, 이때를 기점으로 하여 그 이전을 서주(西周)라 하고, 그 이후를 동주(東周)라 칭한다. 주왕

子其征□學, 版不遘大雨?'를 보고 진방회(陳邦懷)는 '자제들이 학교에 가는데 어떻겠습니까? 돌아올 때 큰비가 오지 않을까요?'라는 의미라고 했다. 이것은 귀족자제들이 학교에 가기 전 점을 보고 돌아올 때 큰비가 오지 않을 지를 점친 것이다(≪殷代社會史料徵存≫卷下). 이러한 점사의 기록에 근거해 생각해 본다면 상대에 이미 학교가 있었음을 알 수 있다.

조는 동쪽으로 영토를 넓혀가는 과정에서 자신들의 세력을 보다 공
고히 하기 위해 수도 부근의 직할지만 다스리고, 그 이외의 지역은
기타 왕족이나 공신들을 제후로 삼아 그들이 관리하도록 한 분봉제
(分封制)를 실시하였다. 이러한 제도는 중앙정권의 힘이 강할 때는
문제가 없지만, 중앙정권이 무력하게 되면 힘의 집중이 일어나지 못
해 와해되기 쉽다. 주왕조가 동쪽으로 수도를 옮긴 동주 이후부터
중앙의 힘은 약해지고, 지방 정권의 힘이 강해지면서 일대 혼란기를
맞이하게 되었는데, 이때를 이름하여 중국 역사에서는 '춘추전국(春
秋戰國)시대'라고 한다. 수도를 옮긴 동주는 춘추(春秋)시대와 전국
(戰國)시대로 구분된다. 춘추시대라는 명칭은 공자(孔子)가 노(魯)나
라의 역사를 편찬한 ≪춘추(春秋)≫라는 책에서 그 이름을 빌린 것
이다. 춘추가 끝나고, 계속된 제후들의 대립시대를 전국시대라고 하
는데, 이것은 전한시대에 편집된 ≪전국책(戰國策)≫에서 그 이름을
딴 것이다. 일반적으로 이 춘추시대와 전국시대를 합쳐 춘추전국시
대라고 부른다.

　서주시기에는 대학을 지칭하는 명칭이 매우 다양했다. 예를 들어
'동교(東膠)', '동서(東序)', '벽옹(辟雍)', '반궁(泮宮)', '성균(成均)',
'고종(瞽宗)', '상상(上庠)', '태학(太學)', '학궁(學宮)', '대지(大池)',
'사려(射廬)' 등이다. 서주시기의 고등교육에 대하여 학자마다 조금
씩 다른 의견이 있지만, 주대의 학교는 상대보다 발전했고, 서주시기
의 교육은 중국 고대사회 교육발전에 있어 매우 중요한 의미를 갖고
있다. 서주시기에는 위로는 하와 상의 교육적 전통을 계승하면서 자
신만의 특징을 지닌 채, 동주와 그 이후의 교육 발전에 중요한 기틀
을 마련했다.

　먼저 서주시기의 대표적인 특징은 원(元)의 마서림(馬瑞臨)이 서
주의 교육을 "예로써 지도층을 양성했다(以禮造士)"고 지적한 것처

럼 서주의 고등교육기관에서는 예를 중시하여 예를 행하는 공공활동
이 있었고, 교육내용에서는 예악(禮樂)이 따로 설정되어 있었다. 사
실 ≪예기·학기(學記)≫에서도 "주나라 사람은 예를 존중하고 베품
을 숭상한다. 귀와 신을 섬기지만 멀리하고, 사람을 가까이하며 정성
을 다한다."[10]고 지적한 것처럼 주대는 전반적으로 사람을 중시하면
서 예를 숭상하고 받들었다. 이러한 사회 분위기는 귀족 자제를 가
르치던 서주의 대학에도 그대로 전파되어 학생들에게 예악을 가르쳐
지도자로서 조직을 관리하고, 백성을 잘 다스리도록 유도했다. 뿐만
아니라 귀족 학부모들의 군사적 위치나 자신의 정권을 유지하려는
바람에 따라 학생들은 자연스럽게 활쏘기, 말타기, 무술연마 같은 군
사교육도 받았다. 만약 학생들의 활쏘기가 규율에 맞지 않으면 체벌
을 받았으며, 활쏘기가 목표에 도달하지 않으면 제사활동에 참석할
수 없었다. 귀족은 대학에서 군사회의를 개최하고 전쟁에 대한 계획
도 세웠다. 무릇 대학에 조직된 군사 활동은 학생들 모두 참여하도
록 하였다.

　서주에는 전문적인 교육관을 두었는데 이들을 '사씨(師氏)'라고 불
렀다. 이러한 사씨는 대사(大師), 소사(小師)로 등급을 나누었다. 이들
은 주로 음악, 활쏘기, 예의 등을 귀족 자제인 학생들에게 가르쳤다.

　서주의 대학은 완전하지는 않지만 독립된 교육기관과 교육체계가
있었다. 즉, 서주의 대학은 학습뿐만 아니라 다양한 활동을 행하는
공공활동장소의 역할도 하였는데, 여기서 우리는 서주의 대학이 학
교로서의 전문화된 기능을 아직 갖추지 않았고, 더불어 사회생활과 밀
접한 관계를 맺으며 존재하고 있었음을 알 수 있다. 예를 들어 ≪장자
(莊子)·천하(天下)≫편에서 "문왕은 벽옹에서 놀기를 즐겼다"고 한
것처럼 당시 여러 가지 활동을 이곳에서 행하였다. 또한 벽옹과 반

---

10) ≪禮記·學記≫: 周人尊禮尙施. 事鬼敬神而遠之, 近人而忠焉.

궁의 경우는 주변에 연못과 숲을 만들어 학생들에게 사냥과 수렵활
동을 하게 하였고, 이를 통하여 실천능력을 배양시켰다.

≪예기・왕제≫에서 "소학은 공궁(公宮)의 남쪽 좌측에 있고, 대학
은 교외에 있으며, …천자의 학교는 벽옹(辟雍), 제후의 학교는 반궁
(泮宮)이라고 하였다"11)는 것에서 알 수 있듯이, 서주시기에 이르러
대학과 소학의 구분도 명확해졌다. 서주시기의 학교는 크게 국학(國
學)과 향학(鄕學)으로 구분되고, 국학은 대학과 소학으로 구분되었
다. 여기서 제후가 세운 학교는 반궁이라 했고 천자가 세운 학교는
'동서(東序)', '고종(瞽宗)', '상상(上庠)', '벽옹', '성균'이라고 하여
천자와 제후가 세운 학교가 각각 구분되었다. 동서는 동학 혹은 '동
교(東膠)'라고 부르기도 했다. 이곳에서는 국노(國老)를 배양했으며
춤과 악기와 활쏘기를 배우는 곳이었다. 그래서 이곳은 악사에 의해
주도되었다. 고종은 서학 또는 서옹이라고도 불렀다. 이곳에서는 제
사를 지내며 예의를 배우는 곳으로 예관에 의해 주도되었다. 중앙에
위치한 벽옹은 태학이라고도 불렀으며, 글을 익히는 곳인 상상은 북
학으로 조서(詔書)를 받은 사람에 의해 주도되었다. 음악을 배우는
곳인 성균은 남학이라고 부르기도 했는데, 대사악에 의해 주도되었
다.12) 이들 동, 서, 남, 북, 태학의 오학(五學)은 명당(明堂)인 벽옹
혹은 태학을 중심으로 함께 설치된 것일 뿐 몇 개로 구분된 독립된
대학이 아니었다.13)

---

11) ≪禮記・王制≫: 小學在公宮南之左, 大學在郊. … 天子曰辟雍, 諸侯曰泮宮.
12) ≪대대예기・보존≫에는 "황제가 동학(東學)에 들어가면 어버이를 섬기
    고 인(仁)을 귀히 여기며", "황제가 남학(南學)에 들어가면 윗사람을 섬
    기고 신(信)을 귀히 하며", "황제가 서학(西學)에 들어가면 현자(賢者)
    를 섬기고 덕을 귀히 하며", "황제가 북학(北學)에 들어가면 귀인(貴人)
    을 섬기고 작위(爵)를 받들며", "황제가 태학(太學)에 들어가면 스승을
    받들어 도를 묻는다"고 하면서 서주의 대학을 동, 서, 남, 북, 태학으로
    나누어 설명하고 있다.

반면에 왕도(王都) 교외의 6개 향에 세워진 지방학교를 향학이라고 했다. 향학에는 숙(塾), 상(庠), 서(序), 교(校)가 있었다. 숙은 려(閭)에 설립하고, 상은 당(黨)에 설립했으며, 서는 주(州)에, 교는 향(鄉)에 설립하였다. 이들 향학은 왕이 거주하는 지역 근교 지방에 설치되었다. 너무 먼 곳에서는 학교가 필요 없었고, 가까이 있는 곳에서는 국학이 있었기에 소용이 없었다. 향학은 지방 교육과 문화에 다양한 공헌을 하였으며 교육내용은 국학과 거의 비슷하였다.

대학교육의 내용은 상대는 제사, 군사, 악무, 문자의 지식과 기능을 위주로 하고 주대는 이른바 육예(예, 악, 사, 어, 서, 수)를 중심으로 하였다. 예와 악은 정치사상과 도덕수양을 배양하는 것이고, 사와 어는 전쟁의 주요기술, 서와 수는 문화지식을 말한다. 주대에 이르러 천문, 수학, 농업 방면에서도 발전이 있었다. 당시 ≪주비산경(周髀算經)≫은 이미 주대의 고등교육 교재였다. 상나라와 주나라의 대사는 사(祀)와 술(戌)이었다. 그래서 고등교육기관에서의 내용도 주로 예, 악, 사에 대한 지식과 기능을 전수하는 것이었다. 그 목적은 각 계층이 모두 자신의 등급에 맞게 준수하고 전쟁에 나가 싸워 이기는 본령을 알도록 가르치는 것이다. 상, 주의 학술은 모두 상류층에서 독점했다. 이것은 이른바 '배움은 관부에 있다'라고 하는 것처럼 학교는 관부에 설립하고 관리가 바로 교사였으며 관리가 아닌 사람은 교사가 될 수 없었다. 이 시기 민간에는 학술문헌을 소유할 수 없어 사학도 탄생하지 않았다. 이렇게 배움이 관부에 있던 시기는 서서히 붕괴되기 시작했다. 봉건소유제가[14] 나타나기 시작하면서,

---

13) 毛禮銳. ≪虞夏商周學校傳說初釋≫. 北京師範大學報. 第4期. 1961: 82.
14) 먼저 봉건제도를 구성하고 있는 '봉(封)'과 '건(建)'의 자의를 살펴보면 주대의 청동문에는 한 손 또는 두 손으로 한 그루의 나무를 받들고 있는 모습으로 그려져 있는데 그 의미는 성읍(城邑) 간의 경계를 표시하는 경계수 또는 성읍 그 자체를 의미하였으며 그 뜻은 '세운다'는 의미

춘추시대에는 사학이 등장한다.

이 시기 고등교육은 주로 권력 계승자 혹은 권력을 계승하고 백성을 통치하기 위한 관리를 배양하는 것에 그 의미가 있었다. 따라서 교육의 대상은 주로 귀족 자제였다. 교육의 내용은 육예를 중심으로 이루어졌고 이러한 교육은 모두 관에 의해 주도되었다. 교육방식은 정치활동과 함께 이루어져 이른바 정교합일을 이루었다. 즉 관리가 바로 교사였고 교사가 바로 관리로, 이른바 관사합일이라고 말할 수 있다. 통치자가 일을 하는 지방이나 회의를 하는 지방에는 학교가 있었다. 학생은 바로 예비관리로서 고등교육기관은 중앙정부의 부속기구나 마찬가지였다.

였다. 또 '건'의 자의를 보면 '建'은 ≪역경≫과 ≪춘추좌전≫에서 보이는데, '세운다'는 의미였다. 그리고 '봉건'이란 용어도 ≪춘추좌전≫에서 산견되는데, 그 뜻은 '봉' 또는 '건'과 같은 의미를 가진 것으로 해석되고 있다. 그리고 정치적 제도로서 봉건제도의 최초 등장은 은 말기로 추측되며 아마 주족도 왕조 건국 이전에는 봉건제도를 부분적으로 구사하고 있었을 것으로 생각된다. 그러나 봉건제도가 하나의 왕조지배체제의 근간으로 영토 전체에 실시되었던 것은 서주시대였으며, 그 전면적 실시는 은을 멸한 무왕과 그리고 부왕 사후의 성왕을 보좌하여 서주의 국가를 구축한 주공(周公)에 의해 실시되었던 것으로 추측된다. 서주시대에 실시된 봉건제도는 주왕실의 자제 및 원근의 친척을 포함한 주왕실의 일족과 주왕실에 협조한 제씨족(諸氏族)들을 전국의 전략적 요충지에 분봉·배치하는 것으로 시작되었다. 먼저 주일족의 분봉과정을 살펴보면 은을 멸한 후에 무왕(武王)은 은주왕(殷紂王)의 아들인 무경(武庚)을 송(宋)에 봉하여 그 조상의 제사를 받게 하였다(韓國史硏究會編. ≪古代韓中關係史의 硏究≫. 서울: 三知院. 1987: 12).

제 3 장

춘추전국시대의
고등교육

1. 시대적 배경

중국 학교의 성립은 지금으로부터 약 5000여 년 전 원시사회 말기에 출현하였다고 볼 수 있다. 그러나 보다 믿을 만한 근거를 가지고 제시할 수 있는 학교 성립 시기는 좀 더 늦다. 사실 여러 자료를 근거로 학교의 형태나 교육내용 등을 알 수 있는 시기는 서주시대에 이르러서야 가능하다. 서주 이전에는 민간에 학교가 없었다. 민간에 학교가 생긴 것은 춘추시기 공자 때에 이르러서이다. 한대에 이르러 이러한 민간 사학이 본격적으로 발전하기 시작했다. 그리고 이때 중앙관학과 지방관학을 포함한 관학제도도 정식으로 설립되었다.

춘추전국 시기는 중국 고대 고등교육의 형성시기라고 볼 수 있다. 이 시기와 서주시대가 다른 점은 교육의 대상이 귀족자제에서 소수 서민의 자제로 대상 범위가 넓어졌다는 것이다. 즉 서민 자제도 고등교육을 받을 수 있었다. 교육내용은 이전 시대의 육예를 포함하여 좀 더 다양해졌다. 춘추전국 시기에 이러한 고등교육이 형성될 수 있었던 시대적 배경을 살펴보면 다음과 같다.

춘추 시기는 주나라가 호경에서 낙읍으로 도읍을 옮긴 기원전 770년부터 진(晉)나라의 대부 한(韓), 위(魏), 조(趙) 삼씨가 진나라를 분할하여 제후로 독립한 기원전 475년까지를 지칭한다. 사회적으로 노예제사회에서 봉건제로 넘어가는 과도기였다. 이 시기는 예악이 붕괴되고, 주의 천자는 제후들을 통제할 능력을 잃고, 제후들 또한 경대부들을 통솔할 수 없어 나라 전체의 기강이 크게 흔들린 시기였다. 비록 주나라 천자의 권위가 약해졌지만 어느 정도의 명맥을 유지하였다. 하지만 그 권위조차 와해되고 여러 제후국들이 사분오열되어 무수한 침략 전쟁이 일어났다. 바로 이 시기가 전국 시기이다.

전국 시기는 기원전 403년부터 진나라의 시황제가 천하를 통일한
기원전 221년까지를 말한다.

춘추전국 시기는 수리 관개 사업의 발전이나, 철제농기구의 사용
및 우경(牛耕)의 보편화로 이전 시대보다 농업 생산력이 월등히 향
상되었다. 이러한 발전은 노예제 생산관계를 압박하여 봉건제 생산
관계로 변하게 하는 계기를 조성하였다. 사상적으로는 주나라를 중
심으로 유지되었던 봉건 질서가 깨지면서 다양한 유파들이 등장하여
다양한 사상이 논의된 제자백가(諸子百家) 시대가 도래하였다.

예악이 붕괴되고, 주(周)에 집중되었던 권력이 분산되어 봉건 영주
들이 자신의 권력과 세력을 확대하기 위해 전쟁을 일으키면서 국가
전체가 혼란스러웠다. 이로 인하여 능력위주로 인재를 선발하게 되
었고, 하층민의 자식이라도 천거와 심사를 통해 선발과 기용이 가능
하였다. 또한 주의 주도 아래 사회질서가 어느 정도 자리를 잡게 되
자 천자를 중심으로 제후, 대부, 사들은 지배 계층을 이루었고, 정치
권력자이면서 교육자이자 문화 전파자로서의 역할을 할 수 있었다.
이들은 자신이 생각하는 바를 정책을 통해 시행할 수 있었다.

그러나 사회적 혼란기에 접어들자, 일부 몰락한 지식 귀족들은 여
러 곳으로 자신들의 거취를 옮기면서 그들의 지식을 사회 곳곳에 전
파하였다. 비록 전쟁이 지속되어 혼란스러웠지만, 전대보다 발전한
사회·경제적 발전은 교육 여건에 긍정적으로 기여하였다. 학교체제
에도 변화가 일어났다. 과거 관부에 의해 설립되고 국가에서 관리했
던 학술체제가 당시 사회여건의 변화에 따라, 사학이 새롭게 등장하
여 발전하게 되면서, '백가쟁명'의 시대를 열었다. 이처럼 교육이 신
속하게 발전하는 것에 비례하여 사회생산력, 과학문화의 발달과 학
술사상이 발전·번영하였다.

2. 관학의 쇠퇴와 고등교육

주가 도읍을 옮기고 동주시대를 열면서, 예악을 중심으로 이루어졌던 교육은 주나라의 권력 상실, 제후국의 경제 발전, 국가 전반의 계급투쟁과 정치제도의 변화, 사회 전반의 혼란 등으로 새로운 변화의 국면을 맞이하였다. 교육에서의 변화도 단순히 교육 외적인 변화뿐만 아니라 교육 내용, 교육 방법 및 심지어 교육자의 자격과 대상까지 변화시키는 파격을 맞이하였다. 이는 궁극적으로 사회발전과 교육의 저변화라는 획기적인 전기를 마련하지만, 이러한 변화가 그 내면에 미친 충격은 매우 컸다. 사실 교육은 사회변화를 주도하기도 하고, 사회변화에 영향을 받기도 한다. 그런데 이런 경우에는 사회변화를 주도했다기보다 사회변화에 영향을 받아 교육환경이 바뀌게 된 것이다. 사회적 환경의 변화는 사람들에게 기존의 교육을 받지 않아도 된다고 내몰았다. ≪논어(論語)·헌문(憲問)≫에 "배우지 않아도 되고, 배우지 않았다고 해서 해가 되는 것은 아니다"라고 하였다. 바로 과거의 예, 악을 배우는 것은 필요가 없는 것으로 배우지 않아도 해가 되는 것이 없다는 것이다. 그래서 대부분의 귀족자제는 다시 대학에 들어가 배우기를 꺼렸다.

이미 서주시대에 성립되어 예악중심으로 구성된 관학교육은 더 이상 가치가 없어졌다. 춘추 시기에 이르러 노예사회가 점점 해체되고 서주시대의 '배움은 관부에 있다'는 생각이 깨어지면서, 더 이상 과거의 관학제도를 유지할 수 없게 되었다. 따라서 '천자는 관직을 상실하고 배움은 사이(四夷)에 있는'[15] 국면을 맞이한다.

이렇게 주 왕실은 통치지위와 예악제도를 보호하기 위해 노력했지

---

15) ≪左傳·昭公十七年≫: 天子失官, 學在四夷.

만, 몰락한 귀족과 새로운 지주계급은 서로의 이권 싸움으로 인해
전통적인 예, 악 교육을 반대하였다. 주 왕실에서 주도한 예악교육은
새로운 신흥계급의 이익에 불리했을 뿐만 아니라 신흥계급의 발전을
저해하였다. 또한 전통적 교육은 서민에게 교육의 기회를 제공하지
않았다. 그리하여 전통적인 예, 악을 중심으로 하는 관학중심의 대학
교육도 변하기 시작하였다. 예를 들어 사례(司禮), 사악(司樂)에 있
던 지식인도 원래의 지위와 관직을 상실하였다. 그 가운데 일부분은
'육예'에 관한 지식으로 생활을 유지했다. 어떤 이는 국가에서 관리
하던 ≪예기≫나 ≪악기≫ 같은 전적을 민간으로 반출하여, '학술문
화가 하층으로 이동'하는 현상을 만들었다. 예악의 붕괴 및 사회변
화가 가속화되면서 과거 귀족계층에 한정되었던 교육이 하층민에게
까지 보급되고, 교육문화를 중시하는 지식인들이 끊임없이 늘어나
새로운 사상이 탄생하도록 했다. 이러한 사회적 분위기 속에서 공자
의 사학이 탄생하면서 중국 교육사상은 커다란 변화를 맞이하였다.

3. 사학의 흥기와 고등교육

춘추전국 시기, 특히 춘추 시기는 중국 고등교육이 한 단계 발전한 매우 중요한 시기이다. 춘추 시기에 새롭게 나타난 사학은 그 후 많은 변화를 맞이하였다. 전국시대에는 제자백가들이 자신의 뜻과 주장을 펴기 위해 사학을 이용하면서 사학이 더욱 발전하였다. 진시황이 천하를 통일한 뒤 사학을 탄압하고 폐지하였지만, 사학은 미약하게나마 존재하며 그 맥을 이어갔다. 한대에 이르러 통치자들은 관학과 사학을 동시에 발전시켰다. 이에 사학은 점점 봉건교육제도 속에서 중시되었다. 대부분의 몽학교육이나 계몽교육은 사학에서 행하여졌다. 송·원 이후에는 ≪삼자경(三字經)≫, ≪백가성(百家姓)≫, ≪천자문(千字文)≫, ≪천가시(千家詩)≫ 등의 몽학 교재들이 나타나 사학의 역할과 기능을 확고하게 하고, 명·청 시기에 이르러 사학이 교학과정에 편입되면서 그 위치가 확고해졌다. 이것이 바로 춘추시대 관학의 독점을 극복하고 출현한 사학이 중국 교육사에 남긴 커다란 업적이다.

춘추전국 시기에는 사회 생산관계가 봉건적 생산관계로 변하여, 노예제에서 봉건사유제의 모태가 발생하는 초석을 마련하였고, 신흥 지주계급은 조금씩 제후국 내에서의 정권을 획득하였다. 이것은 점차적으로 노예제의 해체를 촉진시켰다.

이때 추(鄒)와 노(魯) 지역을 중심으로 육예지식과 각종 예의, 즉 관, 혼, 상, 제 등을 주관하는 사유(師儒)라고 불린 '사(士)'가 출현했다. '사'는 본래 평민계급이었는데, 춘추 시기에 평민의 분화가 현저해지면서 일부 서민의 자제가 '사'로 상승하기도 했다. 이러한 사는 본래 각 제후국에서 배양되었지만, 춘추 후기에 이르러 경대부와 제

후의 빈번한 싸움이 일어나자 앞을 다투어 사를 배양해서 자신들의
세력을 확장하고자 하였다. 제후국의 권력자들은 자신의 권력을 공
고히 하기 위해 '사'를 유치하려고 애썼다. 사회도 '사'를 배양하려
는 분위기가 조성되었는데, 이러한 분위기는 사학의 발전을 촉진하
였다. 사학을 처음 만든 사람은 바로 공자(孔子)다. 당시 '배움이라
는 것은 관부에 있었기 때문에(學在官府)' 교육받을 권리는 귀족에
제한되어 서민과 민간의 자제가 학교에 들어가 배운다는 것은 불가
능했다. 따라서 공자가 민간에 사학을 세워 백성들에게 교육의 기회
를 제공한 것은 교육의 대상에 있어 큰 변화였다.

공자는 사학을 세우고 발전시켰다. 그의 영향력 속에, 교학활동
40여 년 동안 3000여 명의 학생이 배출되었고, 그 가운데 '72현능
(賢能)'이라고 불리는 70여 명의 수제자가 탄생했다. ≪사기(史記)≫
에서는 "공자의 제자는 삼 천 명인데 그 중 육예에 통달한 자는 72
명이다"라고 하였다.[16] 이러한 공자의 사학은 이전의 관학과 다른
몇 가지 특징이 있다. 먼저 학생들을 모집함에 자격 제한을 두지 않
았다. 나이가 많든 적든, 어디 출신이든, 그리고 돈이 많든 적든 빈
부귀천을 가리지 않고 배우기를 희망하는 사람에게 배움의 기회를
주었다. 이것은 그가 말한 '가르침에 차별을 두지 말 것'을 실천한
것으로서, 당시 관학이 이끌던 교육 풍토에 새로운 변화를 일으켰다.

그의 교육 방법도 종전과 달랐다. 그는 학생 개개인의 특징과 수
준에 맞춰 서로 다른 방법으로 교육하였다. 그러면서 학생들에게 하
나의 답을 제시하고 암기하는 방법이 아닌, 고정된 생각을 버리고
다양한 생각과 사고를 펼치게 했다. 예를 들어, 공자에게 어느날 그
의 제자 자로(子路)와 염구(冉求)가 "진리를 들으면 곧바로 행해야
합니까?"라고 질문을 했다. 그런데 자로와 염구에게 한 공자의 답변

---

16) ≪史記・孔子世家≫: 弟子三千人, 身通六藝者七十二人.

은 서로 달랐고, 심지어 서로 상반되었다. 이에 공서화(公西華)가 이 상하게 여겨 공자에게 그 이유를 물었다. 공자는 "자로는 대담하고 용감하게 행동한다. 따라서 그에게 일을 함에 소심하고 신중할 것을 요구한 것이고, 염구는 평소에 너무 신중하여 일을 함에 느리고 결단력이 부족하다. 따라서 그를 격려하여 매사에 일을 함에 대담하게 하도록 하게 하여 들은 즉시 행하도록 하였다"고 했다. 이처럼 공자는 학생의 특징에 맞춰, 다양한 사고와 방법을 갖도록 교육했다. 그리하여 그가 가르친 내용 또한 다양했다. 이러한 교육을 받고 성장한 그의 제자들은 춘추와 전국 시기에 사학의 중흥과 학문의 발전을 이끌었고, 제자백가의 전성기를 주도했다.

춘추전국 시기에 활동한 학파는 ≪한서(漢書)·예문지(藝文志)≫의 분류에 의하면 구류십가(九流十家)로 정리된다. 여기서 십가는 구류에 소설가(小說家) 하나를 더한 10개의 학파를 말한다. 나머지 9개의 학파, 구류는 다음과 같다. 유가(儒家), 묵가(墨家), 명가(名家), 법가(法家), 음양가(陰陽家), 도덕가(道德家), 종횡가(縱橫家), 잡가(雜家), 농가(農家) 등이다. 제자백가는 공자가 세운 유가를 필두로 하여 다양한 사상가가 자신의 이론을 가지고 시대가 요구하는 인물들을 양성했다. 당시 사학은 이러한 제자백가를 중심으로 이루어졌다.

이처럼 춘추전국 시기에는 각 학파를 중심으로 사학이 흥성·발전하였다. 물론 모든 학파가 사학을 설립한 것은 아니다. 그러나 이들을 중심으로 춘추전국 시기의 사학과 학술계가 구성되었다는 사실을 무시할 수 없다. 사람들 사이에서 '배우지 않으면 학파가 없었고 학파가 없으면 배움이 없다'는 말이 생길 정도였다. 그 가운데 특히 유가를 중심으로 설립된 사학은 일반적인 문화지식 교육이나 직업 훈련을 하는 단순한 사숙의 단계를 벗어나, 학문적 수준과 도덕 교양을 높여 국가를 이끌 중요한 인재 양성에 눈부신 기여를 했다.

사학의 중요한 특징은 교사와 학생이 반드시 모두 귀족계급이 아니어도 된다는 사실이다. 학생은 교사를 선택할 수 있고, 교사도 학생을 선택할 수 있으며 학습연한도 자유로웠다. 또한 개방적인 분위기로, 자유롭게 자신의 사상을 말하고 남과 토론할 수 있는 분위기여서 당시 학술의 발전을 촉진시켰다. 이처럼 사학의 학생들은 자유로운 분위기 속에서 배움을 마친 후 각국으로 돌아가 관직을 하거나 교사가 되었다. 사학은 많은 신흥통치자를 만들고 춘추전국 시기 학술상의 백가쟁명이 번영할 수 있도록 하였다.

유가, 묵가, 도가, 법가, 음양가 등의 새로운 학파가 형성되어 '백가쟁명'의 신국면을 맞이한 춘추전국 시기의 사학은 다음과 같은 몇 가지 의미를 갖는다.

첫째, 개인 학술가들이 각각 자신의 학술을 탐구하고 사회, 정치 문제에 대한 연구를 자유롭게 할 수 있었다.

둘째, 관학과 분리되어 독립적인 전문 학술과 교육단체가 구성되었다.

셋째, 사학은 관부에서 정한 전장제도와 문헌을 학생들에게 전수하지 않고, 각 학파의 정치와 학술주장을 제자들에게 전수하여, 제자들이 자신이 속한 학파의 정치주장을 전파하였다.

넷째, 교육대상에 제한이 없었다. 왕족, 귀족의 제한을 타파하여 그 범위가 광범위했으며, 각 사학은 기본적으로 모든 가르침에 차별이 없는 원칙을 지켰다. 그리고 평민의 입학으로 학교교육의 사회적 토대와 다양한 계층의 인재가 배양되었다.

다섯째, 사학은 배움이 관부에 있다는 봉건시대 폐쇄적인 전통을 타파하였다. 학교는 궁연에서 민간에까지 이르렀으며, 교사는 사(士) 신분으로 어디에서든지 강학을 하였다. 학생은 자유롭게 스승을 선택했으며, 교학내용이 다양하고 사회현실생활과 밀접하였다. 이에 반해 관학은 실제와 격리된 학풍이 되었다. 사학에서 자유로운 사상과 이성을 존중하고 진리를 탐구하는 것을 중시하는 분위기는 학술발전을 촉진했으며, 이는 백가쟁명이 탄생하는 계기가 되었다.

여섯째, 사학의 흥기는 훌륭한 사학대사를 배출하였다. 이것은 자유로운 강학의 성과이다. ≪논어(論語)≫, ≪묵자(墨子)≫, ≪맹자(孟子)≫, ≪순자(荀子)≫, ≪관자(管子)≫, ≪여씨춘추(呂氏春秋)≫ 등의 많은 교육 자료가 있을 뿐만 아니라 ≪대학(大學)≫, ≪학기≫, ≪권학≫, ≪제자직≫ 등 다양한 교육저서도 나타났다. ≪학기≫, ≪대학≫은 이 시대에 있어 풍부한 교육경험과 교육사상이 집약되어 있는 세계 최초의 교육학 저작으로서 중국고대교육이론의 토대를 마련하였다.

이렇게 춘추전국 시기 사학의 출현은 중국 고대교육발전사에 있어 커다란 변화를 불러일으켰으며 이를 토대로 이후 다양한 학문이 발전하게 되었다.

4. 직하학궁과 고등교육

춘추전국 시기는 노예제도가 봉건제도로 전환하면서 서주의 관학이 점차적으로 무너지고 새로운 봉건관학이 싹트기 시작했다. 그 가운데 인류 역사상 한 곳에 기숙하며 연구하고 공부하는 최초의 아카데미라고 말할 수 있는 고등교육기관 '직하학궁(稷下學宮)'이 있었다. '직하'라는 이름은 바로 지명에서 따온 것으로 전국 시기의 동방의 강국이라고 할 수 있는 제나라의 수도인 임치(臨淄, 현재의 산동성 치박시(淄博市 치천구淄川區)의 서남쪽에 있었던 직문 근처를 가리킨다. 직하학궁을 직하의 학이라고도 하는데 직하의 학은 중국의 봉건사회에서 정부에 의해 설립된 전국시대 최초의 고등교육기관이다. 이곳에서는 국가가 주축이 되어 당시 사회의 저명한 문인학사를 초빙하여 많은 학생을 불러모을 수 있었다. 이곳은 학자들이 경서를 강학하며 봉건관리를 배양하던 장소였으며, 교학과 연구 두 가지 기능을 하던 고등교육기관이었다.

공자가 세운 사학은 춘추 시기에 이미 상당히 발전하였다. 유가, 묵가, 명가, 법가는 모두 사학이 있었다. 전국 시기(기원전 475~221년)에 이르러 사학은 보다 더 성행하고 교사에 종사하는 것이 이 시기의 사회적 유행이 되었다. 따라서 교사에 종사하는 사람들은 점점 많아졌고 이들은 새로운 사회세력이 되었다. 사학이 신속하게 발전하는 상황 속에서 각국의 제후들은 그들의 세력을 공고히 하며 발전하기 시작했고, 사학을 크게 세워 앞 다투어 사를 양성하였다. 사를 쟁취하는 것은 구세력의 종족세력을 억제하는 것이다. '직하학궁'은 바로 이러한 사를 배양하는 제도와 사학 발전의 결과라고 볼 수 있다.

직하학궁은 춘추 시기 제(濟) 환공(桓公, 재위 기간은 기원전 37

4~357년) 시기에 설립되었다. 그 후 직하학궁은 위왕(威王)과 선왕(宣王)을 거치면서 최대의 전성기를 맞이하였다. 노나라가 종법제를 철저하게 시행하는 것과는 달리 제나라는 이를 철저하게 시행하지 않았으며, 사상의 논의에 있어서도 비교적 개방적이었다. 특히 당시 선왕(宣王)은 문학을 좋아하여 천하의 학자들을 우대하였고, 이에 학자와 변사들이 많이 모여들었다. 예를 들어 순자(荀子), 추연(騶衍), 순우곤(淳于髡), 전병(田騈), 접여(接予), 신도(愼到), 환연(环渊) 등 유명한 학자들이 직하에 머물렀다. 이렇게 당시를 대표하는 학자나 학생들이 직하에 몰릴 수 있었던 것은 직하학궁을 제나라 왕실에서 세웠음에도 불구하고, 교사나 학생을 선발하는 데 있어서 지역적으로나 신분적으로 혹은 이념적으로도 차별을 두지 않았기 때문이다. 직하학궁은 제나라가 망할 때를 전후한 시기까지 존재하면서 학술 문화의 중심지가 되어 중국 학술계에 교학과 연구는 물론이고 국정에 관한 자문역할을 하였다.

당시 다양한 학술교류의 중심이었던 직하학궁의 특징과 성격을 정리해 보면 다음과 같다.

첫째, 직하학궁은 제나라 정권의 자문기구적 성격도 지니고 있었지만, 중국 역사상 최초의 종합 연구 기관이자, 인류 최초로 기숙하며 연구하는 학술기관이기도 했다. 동시에 훌륭한 인재를 배양하는 교육기관이었다.

둘째, 다양성과 학문적 자유를 인정하였다. 서로 다른 학파를 인정하여 다양한 학파와 다양한 문화가 공존하였다. 예를 들어, 이곳에는 유가, 음양가, 도가 및 기타 다양한 학파와 맹가(孟軻), 순황(荀況) 등과 같은 다양한 학파의 인물들이 머물렀다. 이들은 서로 다른 사상의 다양성을 인정하며 학술적 교류를 하였다. 또한 배움의 자유를 인정하였다. 그리하여 학생은 자유롭게 스승을 찾아 배울 수 있었고, 교사도 자유롭게 학생을 모을 수 있었다. 개별적으로 또는 집단적으로 배울 수 있었으며, 수업에 정해진 연한은 없었다. 이러한 다양성과 학문적 자유는 구성원의 안목과 견해를 넓히고, 인재의 성장을 촉진할 수 있었다.

셋째, 사대부에 봉해진 사람이 76명이나 될 정도로, 지식인에 대한 대우와 지위가 좋았다. 그리하여 독서와 연구 분위기를 조성하였고, 제나라 직하가 문화의 중심지가 되도록 이끌었다. 동시에 격렬한 겸병 전쟁이 빈번히 일어났던 당시 사회에서, 각국의 경계를 파괴하면서 정치, 경제, 군사 등의 문화적 교류를 융합과 통일로 이끌었다.

이와 같이 제나라의 직하학궁은 제나라의 학술 수준이 당시 세계 수준에 이르도록 했으며, 더불어 이후 중국의 2천여 년의 봉건문화와 교육에 커다란 영향을 미쳤다.

제 4 장

진·한시대의
고등교육

1. 시대적 배경

기원전 221년 진시황 영정(嬴政)은 여섯 나라를 겸병하여 중국 역
사상 최초의 통일 국가를 세웠다. 그러나 중국 최초의 통일왕조는
전후 16년(기원전 221~기원전 207) 정도의 짧은 기간 동안 존속했
다. 진나라는 그동안 이어져 내려오던 유가의 사상을 대신하여 중앙
에서부터 지방에 이르기까지 법가의 정신에 따라 다양한 규율과 체
제를 만들었다. 특히 중국을 통일한 진시황은 통일 체제를 유지하기
위해 중앙집권제를 강화할 정책을 실시했다. 문자, 화폐, 도량형, 법
률의 통일을 도모하고, 대규모 건축 사업 등을 벌이는 등 중국 전체
를 한 단계 발전시킬 대역사를 실행했다. 그러나 많은 일들을 추진
하는 과정에서 백성들은 핍박을 받았으며, 사회와 경제는 혼란과 파
탄에 접어들었다.

먼저 정치 방면에서 과거 행하여지던 분봉제를 취소하고 군현제를
실행했다. 전국을 36군(郡)으로 재편성하면서 이곳의 관리는 진시황
이 직접 임명하여, 중앙집권제를 공고히 하는 토대로 삼았다.

문화 방면에서는 '서동문(書同文)'과 '행동론(行同倫)'을 실시하여
공통된 문자, 통일된 사회윤리와 규범행위를 문교정책으로 삼았다.
또한 교화를 위해 삼노(三老)를 설치하고, 협서령을 선포했으며, 타
향에서 벼슬하는 것과 사학을 금지했다. 관리를 스승으로 삼고, 문자
를 통일했으며, 도덕을 통일하고, 교육을 통일하였다. 물론 이 속에
서 '분서갱유(焚書坑儒)'를 단행하여 일반 백성들의 의식 속에 남아
있는 유가의 잔재를 철저히 없앴다.

경제 방면에서는, 정전(井田)을 폐지하고, 봉건토지소유제를 만들
었다. 동시에 전국의 화폐를 통일하고 형량제도를 개선하였다. 또한

교통을 발전시키고 도로를 정비했으며, 수리사업을 개선시켜 봉건경제사업이 발전하도록 하였다.

사실 이러한 통일 작업은 당시로서는 그 효과를 보기가 매우 힘들고 어려운 일이었다. 그래서 진시황은 이러한 개혁을 하는 과정 속에서 엄격한 형벌을 시행하며, 독단적 행동을 취했다. 이것이 진승(陳勝), 오광(吳廣)과 같은 농민봉기 등을 불러일으켰고, 진왕조를 멸망하게 하는 가장 커다란 원인이 되었지만, 훗날 중국 문화발전에 넘어야 할 새로운 기초를 쌓는 중요한 밑거름이 되었다.

한의 역사는 전한(前漢)과 후한(後漢)으로 구분된다. 기원전 202년, 유방이 한(漢)나라를 세웠다. 전한 말년에 왕망(王莽)은 전한을 전복시키고 신(新)왕조를 세웠지만, 적미(赤眉), 녹림(綠林) 등의 농민 봉기가 왕망 정권을 물리치고, 한의 황족이었던 유수(劉秀)가 다시 정권을 세워 후한이 설립되었다. 한 왕조는 중국 역사상 세력이 매우 컸던 왕조로서 통일된 중앙집권적 봉건체제를 더욱 굳건하게 하였다.

유방이 한나라를 건국한 이후에 한 왕조 초기의 통치자들은 진의 멸망을 교훈삼아 백성들을 안정시키는 정치를 했다. 이것은 그동안 춘추와 전국, 진의 통일 과정 속에 발발한 전쟁 및 진의 학정에 지칠 대로 지쳐 있는 백성을 위해 취한 조치이다. 이러한 정책의 근본에는 황로학(黃老學)의 영향이 깔려 있었다. 황로학은 노자(老子)의 사상을 정치적으로 실행한 것으로서, 전국 말기 제(濟)나라 직하에서 주로 연구되었다. 황로사상을 통한 정치적 휴식기를 거치고 난 뒤 백성들과 국가는 안정되었다. 이에 경제가 회복되고, 국력이 강해져 그동안 간섭하지 않았던 문제들을 하나 둘씩 고쳐가기 시작했다. 특히 한무제에 이르러 국가 운영 전반에 대해 보다 적극적으로 개입하였다. 그는 전제주의의 중앙집권제도를 강화하고 무력을 확충하고

형률을 강화하는 동시에 백성들이 자유롭게 사고하는 것을 제한하였
다. 한무제 이전, 서한 초기에는 제자백가들이 비교적 자유롭게 활동
하면서 자신의 주장을 펼쳤고, 국가는 이에 대해 크게 관여하지 않
았다. 게다가 제자백가들은 각 제후왕들의 문하에 빈객으로 가서 중
앙정부와 황제의 정책을 비판하였다. 이것은 한 왕조의 중앙집권체
제에 매우 불리하게 작용하였다. 이러한 상황을 타파하기 위해 한무
제는 동중서를 대표로 하는 '군권신수'와 함께 삼강을 중심으로 하
는 유가학설을 받아들였다. 또한 '백가를 퇴출하고 오로지 유술만을
존중하자'[17]는 동중서의 건의를 받아들인 뒤로, 기타 제자백가의 학
설을 배격하고 오직 유가의 학설만을 인정했다.

한편 유가의 주요 경전과 유가의 사상을 가르치는 교육을 대대적
으로 실시하였다. 그리하여 한무제는 장안(長安)에 중국 고대의 최고
학부인 태학을 설립하고, 이곳에서 유가의 주요 경전을 가르쳤다. 전
문적으로 오경박사를 설립하여 유가의 학설을 전수하고 통치계급에
필요한 인재를 배양하도록 하였다. 이로부터 유가학설은 중국 봉건
시대의 통치사상이 되고 유가의 경전도 봉건사회 학교교육의 필독서
가 되었다.

한무제 시기에 서한은 정치, 경제, 군사 및 사상 면에서 많은 발
전이 있었으며, 고등교육의 발전에도 안정적인 토대가 마련되었다.

---

17) 《漢書·董仲舒傳》

2. 문자의 통일과 진대의 고등교육

진나라의 교육정책 가운데 가장 두드러진 것은 문자의 통일과 사학의 금지라고 할 수 있다. 먼저 문자의 통일을 살펴보면, 진이 중국을 통일하기 이전의 문자는 대전(大篆) 또는 주문(籒文)으로 자형이 매우 복잡하고 필획이 너무 많아 쓰기에 불편했다. 따라서 진시황은 천하를 통일한 뒤, 이사(李斯)의 건의를 받아들여 문자를 정리하고 통일하는 작업을 실시하였다. 그러나 문자 통일은 각지의 문화교류와 통일된 법령의 시행에 많은 어려움을 주었다. 그리하여 이사는 진나라의 글자를 기초하여 여섯 나라의 글자를 흡수해서 새로운 글자체인 '소전(小篆)'을 개발하였다. 진대의 문자 통일은 진대 이후의 중국 역사에서 한자 사용의 단계를 높인 것으로, 중국 문화와 교육발전에 커다란 기여를 했다.

진나라는 군현(郡縣)에 관학인 '학실(學室)'을 설치하였다. 학실의 임무는 문서관을 배양하는 것이다. 그러나 입학자는 사(史)의 자제라는 제한이 있었다. 진나라는 법리(法吏)를 배양하고 이사제도(吏師制度), 즉 새로운 법리(法吏)를 실행하였다. 이러한 법으로 가르침을 실행하고 관리가 스승이 되는 정책은 학교교육의 기능을 무용지물로 만들었다.

전국 시기와 춘추 시기는 중국 역사상 사학이 가장 발전했던 시기이다. 그러나 진시황의 통일 이후 사학은 강력하게 통제되었다. 이렇게 진시황이 사학을 통제한 이유는 국토의 통일은 이루었지만 사상의 통일을 이루지 못했다고 판단했기 때문이다. 따라서 사상의 통일을 위해 사학을 통제하였다. 진시황은 전통문화에 대해 그다지 관대하지 못했고, 유생들에 대해서도 호감을 가지지 않았다. 이러한 것으로 인해 진시황은 서적을 불사르고 유생들을 생매장하는 분서갱유 (焚書坑儒)를 단행하였다. ≪사기≫ 권6, 진시황본기에서 "진과 관련 된 기록이 아니면 모두 불태워야 한다. 박사관(博士官)이 관장하는 것 외에, 일반 사람들이 가지고 있는 ≪시경≫, ≪서경≫ 및 제자백 가의 책들은 모두 불태워 없애야 한다. 감히 ≪시경≫과 ≪서경≫에 근거하여 말하는 사람이 있다면, 기시(棄市)형에 처할 것이다. 전통 에 빗대어 오늘을 비난하는 사람은 멸족시킬 것이며, 관리가 알면서 도 적발하지 않는다면 같은 형벌로 처형할 것이다. 명이 내려진 지 30일 내에 책들을 불태우지 않으면, 먹물로 문신한 뒤 성단(城旦)형 에 처할 것이다. 단 여기서 제외되는 것은 의약서, 점복서, 식수 관 계 서적이다"라고 했다. 이 외에도 ≪사기≫에 함양(咸陽)에서 유생 460여 명을 생매장 한 것을 언급하고 있다.

이러한 일들은 진의 정치이념과 진의 정책을 제대로 전했을지는 몰라도, 결과적으로 문화와 사상의 몰락뿐만 아니라 진나라의 패망 까지 가져오게 했다. 진대는 통치 시기가 짧았을 뿐만 아니라, 잦은 동란과 통일 후의 대규모 공사 등으로 경제적 여건이 좋지 않아 학 술과 문화의 번영에 어려움이 많았다.

이를 통해 보면, 진시황이 당시 학술과 문화에 치명적 악영향을 미친 것을 알 수 있다. 그러나 태사공이 기록한 ≪사기≫에는 진대 를 부정하는 어느 정도의 왜곡이 가미되어 있다는 반론도 가능하다. 그런데 ≪사기≫의 글을 반대로 생각하면, 진시황이 분서갱유를 행 할 정도로 고전과 유생들의 영향력은 컸다고 할 수 있다. 이러한 논 의를 뒤로하고 ≪사기≫에 기록된 내용만을 두고 보면, 16년 동안 존재했던 진나라는 강력한 법가적 사상을 가지고 많은 개혁을 강행 했기에 짧은 존립 기간임에도 불구하고 중국 역사에 오랫동안 영향 을 미쳤다.

3. 유학의 흥성과 한대의 고등교육

진나라에 이어 탄생한 한나라는 진의 문제를 보완하고 수정하는 가운데 정책을 유지했다. 한대 초기에는 진나라가 16년이란 짧은 시간 동안만 존재한 사실을 파악, 그 원인을 다방면에서 찾고자 노력하였다. 먼저 법가 사상으로 천하를 얻고 다스렸던 진대의 정책이 상황과 시대에 따라 유연하게 작용하지 못했던 점을 발견하게 되었다. 그리하여 한나라는 통일 이후 국가를 안정적으로 발전시키는 정책으로서 유가사상을 받아들였다. 한대의 통치자들은 유가사상이 전쟁으로 천하를 통일하는 데는 그 역량이 못 미치지만, 봉건 통일 국가를 세우고 그 국가를 다스리는 데 있어서는 그 어떤 것보다 뛰어나다고 판단했다.

한고조 유방은 개국 축하연에서 개국 공신인 소하(蕭何), 조참(曹參), 번쾌(樊噲), 한신(韓信) 등을 모아 놓고 연회를 베풀었다. 그런데 연회 자리가 무르익고, 술을 과하게 마시게 되자, 공신들 간에 다툼이 생기고 황제인 고조 앞에서 무례한 행동을 함부로 하게 되었다. 이때, 대유(大儒) 숙손통(叔孫通)이 조정의 의례를 제정할 필요가 있다고 여겨 고조에게 자신의 생각을 전하고, 고조가 이를 쾌히 승낙했다. 이후 사람들은 조정의 의례에 따라 행동하고 황제의 권위와 위엄이 바로잡혔다. 유가는 마치 이러한 의례처럼 한대 초기의 무질서함을 체계적으로 잡아주는 역할을 했다. 특히 유가사상이 정치이념으로 채택되는 데 결정적 역할을 한 사람은 동중서(董仲舒)였다. 한나라 초기부터 유가사상이 정치이념으로 채택된 것은 아니다. 한나라 고조가 사망하고, 아들 혜제(惠帝)가 즉위하면서 여태후(呂太后)가 실권을 장악하게 되었는데, 이때 상국(相國)으로 있었던 조참은 유가사상이 아닌 황로(黃老)사상을 정치사상으로 채택하여 몸소 실현하였다. 여기서 황로란 황제(黃帝)와 노자(老子)의 사상을 일컫는다. 혜제와 여태후가 사망한 뒤, 한 문제(文帝)와 경제(景帝)가 즉위하면서 한나라는 문경지치(文景之治)로 불리는 중흥기를 맞이하였다. 사회가 안정기에 접어들자 황로사상이 더 이상 그 가치를 발휘할 수 없게 되자 동중서가 유가사상의 중요성을 강조하면서 이를 정치 사상으로 채택하였다. 동중서는 이때 한무제에게 세 가지 중요한 문교정책을 건의했는데, 즉 오로지 유술(儒術)을 존중하고 백가(百家)를 퇴출시킬 것, 교화를 흥성하여 만민을 바르게 할 것, 태학을 건립하여 선사제도를 개혁할 것 등이다. 한무제는 이러한 세 가지 문교정책의 건의를 받아들여, 이때부터 지식을 전수하고 학술을 연구하는 기관으로 태학을 설립하였다. 이 같은 한대 관학은 궁극적으로 중국 봉건제도의 확립을 의미한다.

중앙관학과 지방관학이 정식으로 설립된 것은 모두 한대 때이다. 중국 봉건사회의 중앙관학은 주로 최고학부, 전문학교, 귀족학교로 구분된다. 중국 고대의 최고학부인 태학과 국자감은 봉건왕조에서 최고인재를 배양하는 주요장소였다. 이러한 국자감은 역사적 변천을 거쳤다. 한대 이전에는 '태학'이라 부르고, 진대에는 무제 함녕(咸寧) 4년(278)에 '국자학'이라고 부르고, 북제(北齊) 때는 '국자사(國子寺)' 라고 부르고, 수대에 '국자감'이라고 불렀다. 당대는 장안과 낙양에 각각 국자감을 설립하고 '서감(西監)'과 '동감(東監)'이라고 칭하기도 했다. 명대에는 남경과 북경에 모두 국자감을 설치하고 '남감(南監)' 과 '북감(北監)'이라고 했다. 청대 순치(順治) 7년에는 남감이 폐쇄되고 북감만 남아 '국학' 또는 '태학'이라고 불렀다. 명·청시대에 이르러 국자감 학생은 그 출신성분이 다양했는데, 과거처럼 출신 성분에 제한을 두지 않았기 때문이다. 청광서 31년(1905)에는 국자감을 폐지하고 학부를 설립했다. 국자감은 중국 봉건사회의 최고학부이자 최고교육행정기구였는데, 이것은 지금의 교육부에 해당한다. 국가교육관리기구로서의 국자감은 주로 중앙관학을 관리했다. 예를 들면 태학, 국자학, 일부 귀족학교 및 전문학교 등이다.

동중서가 '태학을 흥성시키고 선생을 두어 천하의 선비를 배양하자'는 건의를 한 후에, 한무제는 원삭(元朔) 5년(기원전 124) 장안에 태학을 설립할 것을 명령했다. 이것이 중앙관학의 선구이다. 한무제는 유가사상으로 천하를 다스리기 위해 중앙에 '태학(太學)', 지방에 '군국학(郡國學)'이라는 관학을 설립하였다. 지방관학, 즉 군국학은 촉군(蜀郡)의 태수(太守) 문옹(文翁)이 처음으로 설립하고, 한나라 경제(景帝) 때 가영(嘉令)이 보급하여 한평제 때 제도가 형성되었다.[18]

학교교육 기관이 설립되기 전인 한나라 초기에는, 내부적으로 전쟁이 잦았으며 민심도 안정되지 않았다. 그래서 사상적으로는 유가사상이 아닌 황로학(黃老學)을 숭상하였다. 그러나 국가가 조금씩 안정되면서부터 황로학은 지방 제후의 강성으로 인해 황권의 강화 및 중앙집권을 도모하는 데 불리하였다. 이때, 몇몇 유학자들, 예를 들면 가의(賈誼)와 조착(晁錯) 등은 유학이 사회적·정치적 안정을 달성하는 데 유용하다는 가능성을 보여주고, 한무제 집권 초기에 동중서(董仲舒)가 현량대책(賢良對策)에서 정식으로 태학을 설립할 것을 건의하자, 무제(武帝)가 이를 받아들여 원삭 5년(기원전 124) 장안(長安)에 유가교육을 주로 가르치는 태학을 설립하였다.

서주의 국학은 크게 '대학(大學)'과 '소학(小學)'으로 구분되는데, 대학에는 천자가 설립한 대학과 제후가 설립한 대학이 있었다. 천자

---

18) 이하 태학에 관한 내용은 저자가 이미 발표했던 "중국 漢代의 太學교육 연구"(≪비교교육연구≫, 2006.6 제16권 2호)의 내용을 정리·요약했음을 밝힌다.

가 설립한 대학에 성균(成均, 남학南學이라고도 부름), 상상(上庠, 북
학北學이라고도 부름), 벽옹(辟雍, 태학太學이라고도 부름), 동서(東
序, 동학東學 또는 동교東膠라고도 부름), 고종(瞽宗, 서학 또는 서
옹西雍이라고도 부름) 등이 있었고 제후가 설립한 대학으로 반궁(泮
宮)이 있었다.19) 한무제 때 설립한 '태학'이라는 명칭이 서주시대에
이미 존재했는데, 이것이 오늘날의 국립고등교육기관에 해당됨을 알
수 있다.

중국 한대의 최고학부인 태학에는 오경박사를 두어 전문적으로 유
가 학술을 전수했다. 이러한 여파로 한대에는 경학이 흥성했고, 한대
이후 중국에 유가가 지대한 영향을 미치는 전기를 마련하였다.

한대 초에는 사학이 번영하였지만 인재를 배양하는 기준이 서로
다르고 그 사상도 달랐다. 이에 조정에서 교육을 통해 학술 발전을
통제하면서, 통치 인재를 집중적으로 배양하기 위해 태학을 설립하
였다. 태학의 설립은 한무제의 독존유술 정책의 산물로서 중국에서
봉건 관학제도의 확립과 더불어 봉건 정치 속에서 유학이 지배적인
위치에 서게 된 것을 의미한다. 사실상, 태학을 세우는 것은 정부가
교육에 개입하여 인재를 배양하고, 학술을 바르게 하여 유가독존을
공고히 하는 중요한 수단 중 하나였다. 따라서 태학은 한대의 최고
학부로 통치자들이 매우 중시하여 정기적으로 시찰하기도 하였다.
특히 동한에 이르러 박사들은 경의(經義)에 대해 교감·토론을 하고,
학생 성적을 조사하기도 하였다. 한대 태학의 설립은 유가경전을 통
해 교육하는 동시에 인재를 양성하는 촉진제 역할을 하였다. 이는
시의(時宜)에 알맞았고 그렇기 때문에 상당한 설득력을 지녔다. 학교

---

19) 曲士培. ≪中國大學教育發展史≫. 太原: 山西教育出版社. 1997: 6. 이
러한 문헌적 기록으로 ≪禮記·王制≫에 다음과 같은 내용이 있다. ≪禮
記·王制≫: 天子命之教, 然後爲學. 小學在公宮南之左, 大學在郊, 天
子曰辟雍, 諸侯曰泮宮.

교육을 통해 인재를 양성하는 것이 국가의 급선무였음을 짐작할 수 있다.

설립 당시 태학은 규모가 크지 않았다. 몇 명의 오경박사와 50여 명의 박사제자가 있을 뿐이었다. ≪한서(漢書)·유림전(儒林傳)≫에 의하면 무제(武帝) 초 태학이 건립될 때, 태학생은 단지 50명이었다고 한다. 원제(元帝) 이후, 태학의 규모가 급격히 발전했는데, 이는 원제(元帝)가 유학을 좋아하여 경에 능한 자에게 혜택을 주었기 때문이다. 즉 노역을 면해 주는 등 태학생을 특별히 우대해 주었다. 이렇게 한 후 일부 부정행위도 나타났다. 수년 동안 태학교육의 필요성이 증가하자 태학생 천 명을 두기도 했다. 이후 태학은 사회, 정치, 경제의 변화 및 교육에 대한 황제의 태도에 따라 흥성하였다. 서한 말년에 이르러 태학생은 1만여 명까지 늘어났다. 그러나 이러한 규모의 고등학부는 왕망(王莽)의 정치가 점점 약해지자 서서히 훼손되었다.

동한에 이르러 수도를 낙양(洛陽)으로 천도한 후, 광무제 건무(建武) 5년(29)에 태학을 다시 재건하였다. 질제(質帝), 환제(桓帝) 때 태학생은 이미 3만여 명이나 되어 수도에 태학 구역이 생길 정도였다. 심지어 흉노 등 소수민족의 자제도 태학에 입학하였다. 그러나 화제(和帝) 이후 외척과 관신(官臣) 간의 모순과 투쟁이 첨예해지고 정치가 부패하자 태학이 점점 쇠약해졌다.

태학은 한무제가 중앙집권을 공고히 하기 위한 정치적 목적에 의해 설립되었다. 그리고 국가적인 차원에서 사회의 안정과 유가사상을 보급하여 인재를 양성하는 것과 개인적인 차원에서 유가사상을 보급하여 백성을 교화시키려는 의도도 있었다. 결국 개인적인 차원에서 한대의 태학 교육은 관리로 진출하여 신분을 높일 수 있는 주요한 통로였다.

한대 태학의 정식교사를 '박사(博士)'라고 불렀는데, 그 지위는 오늘날 교수에 해당하는 것으로 학관의 칭호였다. 따라서 ≪후한서(後漢書)·주마우정고열전(朱馮虞鄭固列傳)≫에 "박사라는 관직은 천하(天下)의 종사(宗師)이다"[20]라고 하였다. '박사'는 전국(戰國)시대부터 노(魯), 송(宋), 위(魏) 등 일부 국가에 있었는데, 전국 말에 이르러 일부 제후국의 관명이 되었다. 진(秦)나라 때 박사를 설치하고 박사제자원을 두기도 했는데, 봉상(奉常, 한대에 태상太常이 됨)에 예속된 관명이었다. 진나라가 전국을 통일한 후, 박사는 조정에서의 관리였지만 고정된 직책은 아니었다.

한나라는 진나라의 제도를 이어 박사를 설치하였다. 이러한 박사의 임무에는 크게 두 가지가 있었다. 첫째, 도서전적을 관리하는 것이다. 진시황이 금서령(禁書令)을 내릴 때, '박사관이 가지고 있는 도서'와 '제자백가의 전적'은 불태우지 말라고 했는데, 당시 박사는 도서 서적을 관리하는 직책이었다. 둘째, 고문역할이다. 박사는 비록 태상에 속했지만 황제 면전에서는 승상(丞相)과 함께 조정에 대해 의논했다. 이들은 박학다식했으며 경전을 토대로 황제에게 자문했다. 이들 의견의 수용 여부는 황제가 결정했다. 이것을 보면 한대 초의 박사는 결코 경전에만 능통한 사람이 아니었음을 알 수 있다. 고금에 능통하고 고문의 역할을 할 수 있어도 박사가 될 수 있었다. 이것은 한초에 진대의 제도를 계승하였기에 진대의 영향에서 벗어나지 못했음을 나타낸다.

박사의 직책은 학술관리였지만 그 밖에도 다양한 직책이 있었다. 장한동(張漢東)은 ≪진한의 박사제도(論秦漢博士制度)≫에서 "박사의 기능은 의정(議政), 제례(制禮), 장서(藏書), 교수(敎授), 시책(試策), 출사(出使, 巡視) 여섯 개의 항목을 포함한다"고 하였다. 그러나 예

---

20) ≪後漢書·朱馮虞鄭固列傳≫: 博士之官, 爲天下宗師.

로써 다스리고 도시를 순찰하는 것은 모두 조정에서 그냥 파견한 임무이지 반드시 박사가 해야 되는 것은 아니었다. 의정과 시책도 임시로 한 것이다. 박사는 다만 참여할 권리로 그 일을 할 뿐이었다. 장서는 비록 박사만이 전문적으로 소유할 수 있었지만 예를 들면 유흠(劉歆)은 "태상(太常), 태사(太史), 박사가 가지고 있는 것 외에 연각(延閣), 광내(廣內), 비실(秘室) 내에 소장할 수 있었다"[21]고 하였다. 한대 박사의 주요 직책은 제자를 가르치는 것이었다. 박사 가운데 통상적으로 덕이 높은 자를 우두머리로 했는데, 서한 때는 이들을 '복사(僕射)'라고 불렀고, 동한에 이르러서는 '좨주(祭酒)'라고 불렀다. 일반적으로 박사 좨주는 명예직으로 태학에서 중대한 활동에 주도적인 책임을 졌지만 행정장관은 아니었다. 수·당 이후 좨주는 정식으로 행정장관이 되었다. 진대에 관직명이었던 박사는 한대에 이르러 제자에게 경학을 전수했는데, 선생은 적었지만 따르는 무리가 많았다. 태학의 교사인 박사는 ≪시(詩)≫, ≪역(易)≫, ≪예(禮)≫, ≪춘추(春秋)≫ 중 하나에 능통하여 전문적으로 배운 경(經)을 제자들에게 강의했다. 박사는 당시 유명한 대학자로 정부의 후한 대우를 받았으며, 학생은 박사를 특별히 존경하였다.

한대 태학의 박사는 초빙, 추천, 시험, 기타 관직에서의 이직 등 다양한 방식으로 선발되었다. 태학이 발전함에 따라 박사의 선발은 점점 엄격화·제도화되었다. 이에 따라 박사의 소질, 자격, 요구 조건도 점점 구체적이고 엄격해졌다. 서한 때 태학박사의 선발은 황제가 직접 소집하거나 공경(公卿)이 당시 사회학술 분야에서 유명한 사람을 추천했는데, 사람 수에 엄격한 제한이 있었으며 조정에서 비준했다. 동한에 이르러 박사를 추천하는 '추천장(保擧狀)'이 생겼다. 태학박사의 선임은 크게 세 가지로 구분해 볼 수 있다.[22] 첫째, 황

---

21) ≪漢書·藝文志≫ 注引≪七略≫

제에 의해 임명되는 경우이다. 황제가 직접 임명을 하거나 현직 관리 또는 추천한 유학대사에게 직접 위임하는 경우이다. 위임받은 자는 일반적으로 사회에서 공인하는 학술 명가이다. 둘째, 공개적으로 추천하는 방법이다. 셋째, 엄격한 시험을 거쳐 선발하는 방법이다. 이것은 대략 동한 초에 실시되었다. 박사의 선발과정은 엄격하게 규정되어 있어 일반적으로 추천자는 추천할 사람에 대해 상세하게 '추천장'을 써야 했고, 태상이 출제한 시험에 참여하였다.

태학의 사생관계는 매우 밀접하였다. 학생은 교사를 매우 존경했으며 교사도 학생을 사랑했다. 교사가 죽은 후에 학생은 삼 년의 상복을 입었고 멀리 있는 학생도 천 리가 멀다 하지 않고 스승의 장례식에 참석했으며 천 리 밖에 있는 사람들도 참가하였다.[23]

한대 태학의 학생은 박사의 가르침을 받았기 때문에 서한 때는 '박사제자(博士弟子)' 또는 간단히 줄여 '제자(弟子)'라고 불렸고, 동한에서는 '제생(諸生)' 또는 '태학생(太學生)'이라고 불렀다.

초기에 태학생, 즉 박사제자의 신분은 대부분 평민자제였다. 그러나 동한에 이르러 비교적 귀족자제가 많았다. 순제 때 공경제자라는 신분으로도 태학생이 될 수 있게 되자, 동한 이후 태학에는 공경제자가 많아졌다. 질제(質帝) 때에 태학생의 입학신분이 더욱 확대되어 대장군(大將軍) 이하에서 육백석(六百石)의 관리 자제들은 모두 태학에 입학할 수 있었다.[24] 따라서 동한 중엽 이후 태학생 수가 3만여 명에 이르렀다. 한대의 태학생은 크게 '정식생(正式生)'과 '비정식생(非正式生)'으로 구분되었다. 정식생은 일반적으로 '박사제자(博士弟子)', '제자(弟子)', '박사제자원(博士弟子員)'이라고 불렀다. 그 중

---

22) 孫培靑. ≪中國敎育管理史≫. 北京: 人民敎育出版社. 2000: 78~81.

23) 熊明安. ≪中國高等敎育史≫. 四川: 重慶出版社. 1983: 81.

24) ≪文獻通考≫卷40 「學校一」: 質帝本初元年, 令"自大將軍至六百石皆遣子受業. … 梁太后詔令大將軍以下悉遣子入學.

박사제자원은 정식 태학생의 칭호이다. 비정식생은 일반적으로 '제생(諸生)' 등으로 불렀다.

태학에서는 주로 유가경전을 가르쳤다. 특히 한무제 때, '독존유술'의 정책 이후 오경을 국가적·정책적으로 매우 존중하였으며, 책사(策士)를 뽑는 기준으로 삼았다. 따라서 태학의 교사인 박사가 연구하는 오경은 태학에서 학생이 배우는 것이 되었다.

한대 태학이 건립되기 전에는 체계적인 교학과 관리제도가 없었다. 제생들은 박사를 따라 배웠는데, 개별교학으로써 내용과 진도는 상호 상황에 의해 결정했으며 정해진 계획은 없었다. 봉건경제의 발전에 따라 태학의 교학방법은 춘추전국 시기보다 비교적 커다란 진보를 이루었다. 서한 때 이미 식물섬유를 이용하여 종이를 만드는 기술이 생기고, 동한에 이르러 채륜(蔡倫)이 종이를 발명한 후 물건도 좋고 값도 싼 종이가 세상에 유행하기 시작하였다. 이와 동시에 견직기술에도 커다란 진보가 있어 얇은 비단도 짤 수 있었다. 비단의 생산증가와 종이의 보급은 글을 쓰는 데 좋은 환경을 제공하였다. 비단과 종이를 이용하여 베껴 쓴 책이 점점 많아지자 조정에는 '난태(蘭台)', '석실(石室)', '광내(廣內)', '연각(延閣)' 등 도서관을 마련했을 뿐만 아니라 태상(太常), 태사(太史), 박사 등도 모두 장서(藏書)가 있었다. 또한 동한 시기 낙양(洛陽)에는 서적을 사고파는 '서사(書肆)'도 있었다. 책이 많아지고, 책을 쓰는 것이 편리해지자 교학방법도 개별적으로 구전하는 문답법 교학에서 집단식 수업으로 바뀌었다. 학생들은 교과서와 필기도구를 가지고 강의를 들었으며, 중요한 것을 수시로 기록하여 많은 자료를 수집할 수 있었다.

한대 태학은 조정에서 인재를 모으는 중요한 장소였으며, 관리를 배출하는 곳이기도 하였다. 따라서 태학에서 시험으로 학생을 선발하는 것은 중요한 임무 가운데 하나였다. 일찍이 공손홍 등이 박사제자를 설치하자고 건의하여 과목시험을 통해 관리로 임용하는 제도를 실시하였다. 한대의 태학에는 학생은 많고 교사의 수는 적어 평소에 교학과 평가가 그렇게 엄격하지 않았다. 이러한 교학제도의 엄밀하지 못한 결함을 보충하기 위해 시험을 중시하여 학생의 성적을 살펴서 학생들이 공부하도록 격려했다.

한대는 태학에서의 교육을 통해 국가를 위한 적지 않은 인재를 배양하였다. 또한 출신이 비천하고 가난한 일부 선비는 이로 인해 이름을 날릴 수 있었다. 예를 들어 광형(匡衡)은 "박사에게서 ≪시(詩)≫를 배웠다. 광형은 집이 가난하여 밥짓는 일을 하면서 배웠다"고 하였다. 아관(儿寬)은 "집이 가난하므로 쓸 돈이 없어 학생들을 보살펴주는 것으로 배움의 기회를 얻었다"라고 하였다. 동학에게 밥을 지어주는 대가로 독서의 기회를 얻을 수 있었다. 이렇듯 태학에서 유가의 경전을 익히는 것은 관직에 나아갈 수 있는 경로이기도 하였다. 따라서 한대에 태학이 흥성했던 이유 중 하나는 지식인들을 관리의 길로 끌어들일 수 있었기 때문이다. 이것은 관리가 될 수 있는 길을 신분의 제한 없이 제도적으로 확립시켰음을 의미한다. 이로 인해 한대 유학의 위치는 더욱 공고해졌다.

한대 독존유술의 정책은 태학의 설립 및 발전에 커다란 영향을 미쳤다. 이러한 정치적인 배경 아래 통치자는 중앙에 태학을 설립하여 경학을 연구하고 전수하는 한대 최고의 학부가 되었고, 이후 역대의 최고학부는 청말까지 모두 태학이라고 불렀다. 태학에서 유가의 경전을 중심으로 교육이 이루어진 것도 이러한 독존유술의 정책과 밀접한 관계가 있다. 이는 당시 통치자가 전제정권을 공고히 하기 위해 인재를 배양하는 기관으로 태학을 이용했음을 의미한다.

당시 사회의 시대적 배경과 결부하여 서한과 동한의 태학만을 놓고 보았을 때, 이 둘의 성격은 조금 다르다. 이러한 차이는 태학의

입학자격 및 시험에도 반영되었다. 서한의 태학은 입학자격 및 시험
에 있어 동한보다 제약이 많았다. 따라서 서한 때는 일반적으로 평
민의 자제들이 입학하여 매년 한 번 시험을 보았다. 그러나 동한에
이르러 귀족의 자제들도 태학에 입학할 수 있었고, 시험 또한 2년에
한 번 보는 것으로 바뀌었다. 동한 때에는 태학생의 범위가 확대되
어 관리나 일반 백성의 자제도 입학할 수 있었다. 이들은 기본적으
로 경전에 관한 지식을 갖고 있었다. 이와 같은 태학의 형태는 이후
에도 지속적으로 계승되었다. 태학에서의 교육은 단순히 경학을 가
르치고 전수하는 것뿐만 아니라, 관리로 나아갈 수 있는 중요한 방
법을 제시하기도 했다. 그래서 태학은 본래의 의도를 점차 상실하고
관리로 나아가는 출세의 수단으로 바뀌기도 하였다.

왕망(王莽)이 정권을 잡고 있는 시기를 전후하여 순수한 태학 교
육은 침체를 면하기 어려웠다. 그러나 동한 순제 때, 태학의 교사(校
舍)를 수리하면서 태학 교육이 다시 활성화되어 흉노의 자제 등도
태학에 입학해서 유가의 경전을 배웠다. 이로써 잠시 태학이 쇠퇴하
는 위기를 거쳐 태학에서의 교육이 다시 활발하게 진행되었다. 이러
한 한대 태학교육의 특징을 정리해 보면 다음과 같다.

첫째, 태학은 교육내용에 있어 유가의 경전을 중시하였다. 태학에
서는 유가경전 이른바 '오경'을 주요 교육내용으로 하였다. 당시 오
경을 해석한 많은 학파가 있었지만, 태학에서 전수하는 것은 반드시
오경박사에 의해 평의(評議)한 것으로, 최후에 황제의 허락을 받아
'학관'에 설립되었다. 이는 경학교육을 기본내용으로 하는 교육제도
가 정식으로 확립되었음을 의미한다. 이를 통해 전례 없이 경학이
흥성하였다.

둘째, 태학에서의 교육과정은 다른 학파의 학설을 배척하고 반드
시 '사법'과 '가법'을 지켜야 했다. 예를 들면 경사의 학설은 학관에

설립되었으며 박사를 두었다. 이렇게 되면 그의 경설은 사법이 되고, 제자가 대대로 전하여 '가법'이 형성되었다. 만약 어떤 사람이 사법, 가법을 고치면 황제는 그의 박사자격을 취소했다. 이는 태학의 교학 내용을 안정되게 하기 위한 노력이다. 그러나 이것은 자유로운 학술 풍토를 속박하여 학술 발전을 저해하기도 하였다.

셋째, 태학의 평가방법으로 오늘날과 방법은 다르지만 정기적인 시험제도가 있었다. 서한 때에는 매년 한 번, 동한에 이르러 2년에 한 번 치르는 시험제도를 마련하였다. 이러한 시험으로 '설과사책'이 있었는데 이것은, 갑과, 을과 두 과로 나누어 문제를 출제하고 추첨을 통해 시험을 본 뒤, 성적에 따라 등급을 구분하는 것이다. 국가에서 이에 따라 서로 다른 관직을 부여했다. 이와 같이 한대 태학의 교육은 관리로 나아가는 길이 되었다. 만약 태학에서 일정 기간 배우고 관직을 얻지 못하면 태학을 떠나 사회로 진출하였다. 예를 들면 동한의 범강(范康), 장훈(張訓), 두교(杜喬), 단부(檀敷), 왕충(王充) 등은 태학의 제생(諸生)이었지만 배움을 마친 후 관직에 머무르지 않고, 태학을 떠난 뒤에 찰거(察擧)에 의해 배관(拜官)에 이르렀다. 장기간 학생들에게 강학활동을 하면서 저명한 사학대사가 되었다. 이러한 과정 중 많은 사람은 관직을 추구하지 않고 학생들이 많이 모이는 장소에서 강학활동을 하면서 많은 사람과 교유하며 시야를 넓혔다. 어떤 사람은 심지어 몇 차례 태학에 들어가기도 했다. 예를 들면 범식(範式)은 두 번이나 태학에 들어가 배웠다.[25] 학업에 노력하지 않거나 경을 잘 이해하지 못하는 학생은 퇴학시키기도 하였다. 따라서 태학은 지식인들이 유학을 더욱 숭상하게 하고 유학을 익힘으로써 관리로 진출할 수 있도록 하였다.

넷째, 태학의 수업연한은 학생들의 학업성적에 의하여 결정되었기

---

25) 孫培靑, 앞의 책, 85쪽.

때문에 일정한 기한이 없었다. 따라서 어린 나이에 입학하여 백발이 다 되어 태학을 떠나기도 하였다. 학생들은 시험을 통해 졸업하거나 성적에 따라 관직을 부여받았다. 높은 성적의 합격자에게는 높은 관직을 수여하였다. 시험에 합격하지 못한 자는 재시험을 보았으며 제한은 없었다. 이것은 일종의 자유로운 시험제도로 사람들에게 보다 많은 승진의 기회를 제공하여, 후에 사법과 가법의 한계를 타파하고 보수적인 교육을 개혁하고자 하는 데 긍정적인 작용을 하였다. 따라서 우수한 학업성적을 가진 자는 높은 관직을 얻는 데 유리하였다. 이러한 제도로 한대 태학 교육은 교육의 질을 높이는 데 중요한 작용을 하였다. 비록 한대의 태학교육이 정치적 영향에서 벗어날 수는 없었지만, 이를 통해 경학이 발전·흥성할 수 있었다.

지금까지 살펴본 것처럼 한대의 태학은 한대 고등교육을 대표하고, 나아가 중국의 고등교육을 대표하는 매우 중요한 교육기관이었다. 태학 외에 기타 특수교육기관에 대해 살펴보면 다음과 같다.

중국 최초로 서법과 회화예술을 가르치는 전문학교인, 문학예술학원 홍도문학(鴻都門學)은 동한 영제(靈帝) 광화(光和) 원년(178) 낙양의 홍도문에 설립되었다. 사실 이것은 중국 최초의 문학예술 전문학원이면서 세계 최초의 것이기도 하다. 한영제는 환관과 사족의 세력에서 출발하여 홍도문학을 세웠다. 주로 유가 경전을 공부했던 전통을 타파하고, 문학예술의 학습을 연구했다. 그러면서 동한 말년 두 차례의 난 이후 환관들은 자신의 지식인들을 배양하기 위해 이곳에서 자신의 세력을 확장하고 태학에 대응한다는 취지로 홍도문학을 세웠다. 그래서 정치투쟁의 배경이 되기도 했지만, 중국교육발전사에서 볼 때 이것의 설립은 매우 중요한 의의가 있다.

홍도문학은 삼공(三公)의 추천에 의해 입학할 수 있으며 설립, 학생모집, 관직 등은 모두 태학과 달랐다. 전문적으로 그다지 명망이 있지 않은 사람을 모아 가르치면서, 졸업생들에게 중요한 관직을 맡겨 사족과 대항하도록 하였다. 교학의 내용은 경학이 아닌 사부(辭賦), 소설, 척독, 자화(字畵) 등을 전문적으로 배우도록 하여 태학생과 대항하도록 하였다. 그러나 홍도문학이 창립된 후 사족의 반대에 부딪치자 영제는 이 대학을 없앴다. 여기에는 사실 유가와 태학의 독보적인 지위를 보호하면서, 사족의 정치세력을 확충하기 위한 의도가 숨어 있다.

그 외 외척집단이 중심이 되어 세워진 궁저학(宮邸學 또는 四姓小侯學)이 있다. 이것은 이른바 사성, 즉 번씨(樊氏), 곽씨(郭氏), 음씨(陰氏), 마씨(馬氏) 네 개의 씨족 이름에서 나온 것으로, 사성의 외척세력은 매우 크지만 열후(列侯)가 아니라 소후여서 이것을 '사성소후학'이라고 불렀다. 전문적으로 사성소후를 위해 설립된 학교는 당시 외척세력이 매우 강대해졌음을 말한 것으로, 그들에게 특수한 대우를 준 것이라고 할 수 있다. 동시에 동한 왕조의 통치자가 외척세력을 매우 두려워했음을 의미한다. 그들은 유가사상의 교육을 통해 사성소후의 자제들에게 군신상하의 구분을 알게 하고, 한나라의 통치를 견고히 하려 했다. 후에 학생모집대상이 점점 광범위해지자 귀족자제는 성씨를 막론하고 모두 입학을 할 수 있었다. 흉노의 자제도 이 학교에서 배우도록 하였다. 한때 이러한 학교의 설비와 교사의 지위는 태학보다 높았다.

지금까지 알아본 한대 고등교육의 특징은 다음과 같다. 먼저, 한대의 교육사상은 유교 사상을 중심으로 한 경학(經學)을 중심으로 이루어졌다. 이후 제자백가의 사상은 사라지고, 유가를 중심으로 한 사상이 독존하면서, 유가는 종교화되고, 유가사상은 봉건사회의 산물이 되었으며, 역대 제왕은 이를 이용하여 천하를 다스렸다.

둘째, 교육의 목적은 임금을 존중하며, 옛 성인의 뜻을 밝히는 명경(明經)에 근거한 인재양성에 두었다.

셋째, 옛 성인의 뜻을 밝히고 이를 연구하다 보니, 자연스럽게 보수성이 매우 짙어졌다. 그래서 학술 방면에서는 진취적 정신에 기초한 새로운 발전을 기대하기 어려웠다.

넷째, 경서에 의존한 교육이 이루어지면서 보수적 성향이 강했지만, 이로 인하여 경학의 연구가 활발해지고 이는 경학의 발전을 촉진했다.

다섯째, 고등교육을 비롯한 학교교육제도가 본격적으로 체계화되었다.

여섯째, 본격적으로 국가가 교육사상과 교육행정에 대하여 관리하고 통제하였다.

제 5 장

위진남북조시대의
고등교육

1. 시대적 배경

동한 말 건안(建安) 원년(196)부터 수문제(隋文帝)가 개황 9년(開皇 9年, 589)에 중국을 통일할 때까지 약 394년의 시기를 일컬어 '위진남북조'시대라고 한다.[26] 220년에는 후한이 멸망한 후 위(魏), 촉(蜀), 오(吳)의 삼국으로 분열되었는데, 265년에는 사마염(司馬炎)이 통일하여 서진(西晉)을 수립하였다. 서진이 멸망하고 317년에 동진이 세워졌는데, 이는 다시 송(宋), 제(濟), 양(梁), 진(陳)으로 구성된 남조와 북방 소수민족이 수립한 북위(北魏), 동위(東魏), 서위(西魏), 북제(北濟), 북주(北周) 등 5개의 정권으로 분열되었다. 이들을 '북조'라고 한다. 북조와 남조는 오랫동안 대치하였는데, 이 시기를 통합해서 '남북조'라 일컫는다. 이 시기는 오랜 전란과 이민족의 침입을 거치면서 중국 봉건사회가 통일에서 분열을 맞이하던 시기이다. 고등교육사의 측면에서 보면 한대와 더불어 중국의 고대 고등교육제도가 정식으로 확립된 시기이다. 이 시기 고등교육의 목표는 봉건통치자계급을 위한 관리 양성으로, 교육의 대상은 주로 관리와 지주의 자제였다. 물론 서민 중 우수한 사람도 소수 포함되었다. 교육의 내용도 풍부하여 통일된 교재가 존재하였다. 학교의 종류도 점점 증가하여 태학, 국자학, 홍도문학, 유학, 사학, 문학, 현학 등 다양했다. 고등교육기관인 관학 및 사립학교도 적지 않았다. 오늘날과 같은 고등교육체제가 초보적으로나마 완비되었다. 이러한 위진남북조 시기의 사회적 상황을 정리해 보면 다음과 같다.

첫째, 호족세력의 지배구조하에 관리선발 제도인 구품중정제(九品

---

26) 220년 후한이 멸망한 이후 수나라가 589년에 중국을 통일할 때가지 약 370여 년을 시기를 위진남북조시대로 보기도 한다.

中正制)가 탄생하였다. 위진남북조 시대에는 많은 토지를 소유하고
있던 호족(豪族)들이 정치·경제 면에서 그들의 특권을 누렸다. 이들
은 많은 토지를 소유하고 있어 정치에서도 지배적인 자리를 차지하
였다. 따라서 자신들의 특권을 보호하기 위해 구품중정제라는 새로운
인재등용법을 만들었다. 구품중정제는 상상에서 하하(상상上上, 상중
上中, 상하上下, 중상中上, 중중中中, 중하中下, 하상下上, 하중下中,
하하下下)까지 9등급의 평가 기준으로 나누어 인재를 추천·발탁하
는 관리임용 제도이다. 후에 이 제도는 귀족 계층이 그들의 권력으로
부를 세습화하는 경향으로 흘렀다. 이로 인해 특권층은 그들의 특권
을 이용하여 공부를 열심히 하지 않아도 관리가 될 수 있었다. 이러
한 상황은 관학을 점점 쇠퇴하도록 하였다. 그러나 학교교육을 통한
관리양성의 필요성은 사학이 발전하는 계기가 되었다.

둘째, 현학(玄學)의 등장이다. 전시대와 다른 점은 위진남북조시대
의 지배적인 사상으로 한대의 지배적 사상인 유가사상이 쇠퇴하면서
유교, 불교 도교가 병존하는 사회적 분위기가 조성되었다는 사실이
다. 위진 시기에 유가정권의 동요가 있은 후 이른바 유가에서 주장하
는 예교의 속박에서 벗어나고자 하는 새로운 사상, 즉 도교사상(道敎
思想)과 기원전 1세기 전반기에서 기원후 1세기 중반 사이에 전래된
것으로 보이는 불교사상이 유행하였다. 도교는 동한 시기에 탄생하여
위진남북조 시기에 이르러 더욱 발전하였다. 불교에 맞서 일부 도가
는 유, 불사상과 제도를 받아들여 도교 본래의 이론, 방법, 계율이
변화되었다. 불교가 중국에 유입된 지는 오래되었지만 성행하기 시작
한 것은 위진시대 이후이다. 위진남북조 시기에 이르러 다양한 사상
이 공존하면서 현학(玄學)이 새롭게 등장하였다.

현학은 위나라 정시(正始)년간에 등장하여 양진, 남조를 거쳐 흥성
했는데, ≪주역≫, ≪노자≫, ≪장자≫의 내용을 청담(淸談)의 형식으

로 논했던 새로운 학문이다. 현학은 당시 사회 각 영역에 두루 영향을 미쳤는데, 교육에 있어서 특히 관학에 많은 영향을 주었다. 예를 들면 국학에 학관교수를 두고 이를 가르치도록 했는데, 왕보현(王葆玹)의 고증을 보면 왕필(王弼)의 《주역주》뿐만 아니라 현학가들이 주를 한 《노자》, 《장자》 등도 현학의 교육내용으로 삼았다.

당시 현학의 등장은 한대의 독존유술에서 벗어나 국가가 혼란한 상황에서 다시 국가를 세우고 이를 안정시키고자 하는 시대적 요구에 부응한 것이라고 할 수 있다. 유교, 불교, 도교가 병립하고 어느 시대보다 자유로운 분위기가 현학을 흥성시키는 토대가 되었다.

현학의 청담적 분위기에서 탄생한 자유방임의 교육사조는 당시 고등교육의 발전을 저해하였다. 기득권을 갖고 있던 지배계층은 더 이상 유교의 가르침에 구속되지 않았다. 따라서 한대의 지배사상이었던 유가사상은 더 이상 그 지위를 유지할 수 없게 되었고, 사람들은 노장 사상의 자연주의와 자유로운 생활 태도로 기울어졌다. 이들은 구품중정제로 인해 관직을 얻을 수 있는 특권이 부여되어 학문에 정진하지 않아도 되었다. 따라서 그들은 공부 및 정무에 힘쓰기보다 청담을 일삼았다. 이러한 모습을 잘 표현하는 것이 이른바 죽림칠현인데 이들은 완적(阮籍), 혜강(嵇康), 산도(山濤), 향수(向秀), 유영(劉伶), 완함(阮咸), 왕융(王戎) 등이다. 죽림칠현이란 이름은 이들이 주로 대나무 숲에서 모여 술을 마시며 어울렸다는 데에서 유래했다. 이들은 현실에 구속되기보다 세속을 초월하여 자유로움을 추구하였다. 따라서 이러한 것을 추구하는 노장사상은 이들이 수용하기 수월했다. 이에 따라 노장사상이 유행하게 되고 사람들이 노장사상을 연구하였다.

위진남북조 시기는 사회 전체가 불안정하였다. 그러나 역대의 봉건통치자들에게는 자신의 정권을 공고히 하고 백성의 통치를 강화하기 위한 인재를 배양할 수 있는 교육이 필요하였다. 이러한 그들의 의지는 교육으로 이어져 통치 인재를 배양하기 위한 고등교육을 실시하게 되었다. 또한 당시 대표적인 교육기관인 태학, 국자학 등 고등교육기구가 계속 설치·계승되었다.

2. 삼국의 고등교육

1) 위나라의 고등교육

동한이 멸망하고 형성된 위(魏), 촉(蜀), 오(吳) 삼국은 90여 년간 대립국면을 맞이하였다. 삼국 중 위나라는 영토가 가장 넓고 세력도 비교적 컸으며, 사회적으로 안정되어 교육사업도 오, 촉나라보다 활발하였다. 특히 위나라가 창안한 구품중정제(九品中正制)는 위진남북조시대 관리등용의 전형적인 제도가 되었다. 위나라의 조조는 자신의 세력을 확장하기 위해 전란 중에도 교육활동을 중시하였다. 건안 22년(217)에는 반궁을 설립하였는데,[27] 이 시기에 설립된 반궁은 비록 국립대학은 아니지만 실제로 중앙의 최고학부에 해당했다.

위문제(魏文帝) 조비(曹丕)는 황초(黃初) 5년(224) 낙양에 태학을 설립하도록 명하였다.[28] 이것은 위나라에서 국립대학이 정식으로 시작되었음을 의미한다. 여기에 ≪춘추(春秋)≫, ≪곡량(穀梁)≫ 박사를 설치하고 5경(五經)을 가르쳤다.[29] 이것은 한대의 학제를 계승한 것이지만 다소 다르다. 태학의 입학생은 '문인(門人)'이라고 불렸다. 배운 지 만 2년이 지나 1경에 통과하면 '제자(弟子)'라고 불렀다. 1경에 통과하지 못하면 원래의 군으로 보냈다. 제자가 2년 만에 2경에 통과하면 문학장고(文學掌故) 공부를 보충하였다. 통과하지 못하는 자는 다시 시험을 보고, 2경에 통과하면 장고를 보충하였다. 3년

---

27) ≪三國志, 魏書, 武帝紀≫: 五月, 作泮宮.
28) ≪宋書≫ 卷14 禮志: 漢獻帝建安卄二年, 魏國作泮宮于鄴城南. 魏文帝黃初五年, 立太學于洛陽. ≪通志≫ 卷59 <選擧考2>: 魏文帝黃初五年, 立太學于洛陽.
29) ≪三國志, 魏書≫ 卷2, 文帝紀: 黃初五年, 夏四月, 立太學, 制五經課試之法, 置≪春秋≫, ≪穀梁≫博士.

만에 삼경에 능통하고 성적이 좋은 사람은 태자사인(太子舍人)이 되
었다. 통과하지 못한 자는 다시 공부하여 시험에 통과하면 태자사인
에 명했다. 태자 사인 2년 만에 시험을 보아 4경에 능통하면 그중
우수한 자를 뽑아 낭중(郞中)이 되었다. 낭중 만 2년에 시험에 통과
하고 오경에 능통하면서 성적이 우수한 자를 뽑아 그 능력에 맞게
임용하였다.30) 이렇게 능력에 의거하여 인재를 등용하였다.

당시 삼국의 분쟁으로 위나라 태학생 대부분은 병역을 도피하기
위한 대피장소로 태학을 이용했다. 그래서 당시에는 학문을 열심히
하는 사람도 적었을 뿐만 아니라, 학문적 성취를 이루려고 하는 사
람도 적었다.

2) 촉나라의 고등교육

221년 유비(昭列帝)가 즉위하여 촉나라를 세웠다. 당시 전란이 오
랫동안 계속되고 관학은 이미 쇠퇴할 대로 쇠퇴한 상태였다. 촉나라
의 통치 기간은 221년에서 263년으로 매우 짧았다. 게다가 국가는
매우 작고 백성들은 가난한데다가 전쟁이 빈번하여 고등교육에 관심
을 많이 기울이지 못했을 뿐만 아니라, 커다란 성과를 거두지 못했
으므로 역사적인 기록도 많지 않다. 유비가 즉위한 뒤 태학이 설립
된 문헌적 기록을 일부 찾아볼 수 있는데, ≪진서(晉書)・유림(儒林)
・문립전(文立傳)≫에 "촉나라 때 태학에서 노닐었다(蜀時游太學)"라

---

30) ≪通志≫ 卷59 <選擧考2>: 時慕學者始詣太學爲門人. 滿二歲試通一經
者秤弟子, 不通者罷遣. 弟子滿二歲試通二經者補文學掌故; 不通者廳隨
後輩試, 試通二經亦得補掌故. 滿三歲試通三經者擢高第, 爲太子舍人;
不第者隨後輩復試, 試通亦爲太子舍人. 舍人滿二歲試通四經者擢其高
第, 爲郞中; 不通者隨後輩復試, 試通亦爲郞中. 郞中滿二歲能通五經者
擢高第, 隨才敘用, 不通者隨後輩復試, 試通亦敘用.

는 사료에서 촉군에 태학이 설립되었음을 알 수 있다. 촉나라의 교육정책은 법을 숭상하고 유(儒)를 존중하였기 때문에 현학은 촉나라에서 그리 유행하지 않았다.

그밖에 촉나라에는 지방관학도 있었는데 특히 익주(益州)라는 도시에서 발달했다. 이곳은 원래 서한 초기 문옹(文翁)이 촉군의 태수로 임해 먼저 군현학을 설립했던 곳으로 교육적인 토대가 있었던 곳이다. 후에 윤묵(尹默)은 이곳에서 권학사업에 종사하였다.

3) 오나라의 고등교육

221년 손권은 오나라의 왕으로 재위하면서 연호를 건업(建業)이라고 칭했다. 오나라의 교육정책은 한대 및 위나라와 비교해 볼 때 법을 숭상하고 유를 존중하였으며 현학이 없었다. 현학은 최초로 북방, 오나라의 강남에서 탄생했다고 하지만 여기에는 현학에 대한 전통이 없었다. 손권은 오나라 황제로 229년에 즉위하여 황룡(黃龍) 2년, 즉 230년에 국학을 설립한 뒤, 좨주를 두고 제자들을 가르치도록 하였다. 손권이 죽은 후 오나라 경제(景帝) 손휴(孫休)는 영안(永安) 원년(258)에 학궁을 세우도록 명하고 오경박사를 두어 문무 관리자제가 입학하도록 하였다. 오나라는 태학이라는 명칭은 없었지만 손휴의 조서에서 "구제도에 따라 학궁을 세우고 오경박사를 두어라"[31]고 한 것을 미루어 보아 오나라의 태학을 학궁으로 불렀음을 짐작해 볼 수 있다. 또한 오나라에서는 개인이 교학하는 경우도 있었는데, 당고(唐固)가 "수천 명을 가르쳤다"[32]는 말에서 그 예를 찾아볼 수 있다. 오나라의 학궁은 비록 커다란 성과는 거두지 못했지만 시대적 수요

---

31) ≪三國會要≫ 卷15, 學校: 按旧制置學宮, 立五經博士.
32) ≪三國志·吳書·唐固傳≫: 講授常數千人.

에 따라 통치자들은 자식의 교육에 힘썼다.

　이상에서 설명한 바와 같이 삼국 시기는 나라가 매우 불안정하여 한대의 학교제도를 계승했지만, 잦은 대란으로 고등교육이 제대로 이루어지지 못했다. 따라서 한대에 비해 삼국의 고등교육은 거의 발전하지 못하고 쇠퇴하는 분위기였다. 위나라, 오나라, 촉나라 삼국은 모두 태학을 설립하여 통치인재를 기르기 위한 교육을 하였다. 그러나 이러한 고등교육기관으로서의 태학은 한대와 비교해 보면 거의 유명무실하였다. 특히 위나라의 태학은 일종의 부역의 도피 장소에 불과하였고 촉은 통치 기간이 짧고 잦은 전란으로 백성들이 자주 병력에 이용되어 고등교육이 제대로 발달하지 못했다. 오나라는 학궁이라는 것이 있었지만 비교적 학교가 늦게 생겨 고등교육의 성과가 없었다.

3. 양진과 남북조의 고등교육

1) 양진의 고등교육

서진과 동진 이른바 양진의 대표적인 고등교육기관으로 태학과 국자학을 들 수 있다. 265년 사마담이 위나라를 멸하고 국호를 진이라 칭한 뒤, 진무제가 되었다. 그는 진나라를 세운 뒤 위나라의 제도를 계승하여 태학을 설립하였다. 서진의 고등교육은 기본적으로 위나라를 이어 유가를 숭상하고 정책도 유학으로 인재를 선발하는 것을 중시했다. 태시(泰始) 8년(272)에는 태학박사가 19명, 태학생이 7천여 명에 이르렀다. 이에 진무제는 하나의 경전 시험에 통과한 사람들을 남게 하고, 나머지는 원래의 군국으로 돌려보내 태학을 정돈하기 시작하였다. 동시에 대신자제를 태학에 보내 배우도록 명하였는데, 그 결과 태학생은 3천 명에 이르렀다.[33] 당시 태학생은 정식생 외에 기학(寄學), 기학배주(陪住), 산생(散生) 등이 있었다. 태학생의 신분은 비교적 다양했는데, 예를 들면 양주(凉州)에 속해 있는 '사군'과 서역(西域)에서 온 '산생'이라고 불리는 학생 등을 들 수 있다.

서진의 교육은 그리 오래가지 못했다. 특히 혜제 원강(元康) 이후, 교육의 발전이 거의 없어 침체기에 빠졌다. 317년 황실귀족 사마예(司馬睿)는 건강에서 즉위한 후 자신을 진원제라 칭하고 동진을 세웠다. 이 시기에는 관학이 제 역할을 다하지 못했다. 비록 역사서에

---

33) 《晉書》 卷19 <禮志上>: 晉武帝泰始八年, 有司奏: "太學生七千餘人, 才任四品, 聽留" 詔: "已試經者留之, 其餘遺還郡國. 大臣子弟堪受教者, 令入學.
　　《晉書》 卷24 <職官志>: 晉初承魏制, 置博士十九人
　　《南濟書》 卷9 <禮志上>: 晉初太學生三千人.

는 태학에 대한 기록이 있지만 동진의 고등교육에서 태학의 존재는
거의 유명무실했다. 동진 초년에 표기(驃騎)장군 왕도(王導)는 일찍
이 학교를 세울 것을 건의하고, 진원제 사마예(司馬睿)가 건강에서
즉위한 후(317년) 태학을 설립할 것을 건의했다. 결국 이들의 의견이
받아들여져 태학이 설립되었다. 2년 후(319년)에 박사를 설치하고 황
태자 사마소(司馬紹)가 태학서에 석전의례를 행하고, 태학에서 강의
를 하였다.[34]

　진의 학교를 삼국 시기와 비교해 볼 때, 전대와 다른 점은 태학
외에 국자학을 설립한 것이다. 진(晉)은 위나라의 청담 현학을 계승
하고 유학교육을 그다지 중시하지 않았다. ≪송서(宋書)≫에 따르면
국자학은 일종의 귀주(貴冑)학교로 ≪주례(周禮)≫에 의하면 '국의
귀족자제 이른바 국자는 사씨(師氏)로부터 가르침을 받았다'[35]라는
것에서 이름이 정해졌다고 한다. 서진이 오나라를 멸하고 전국을 통
일한 후, 통치계급은 교육을 중시했다. 따라서 진무제(晉武帝) 함영
2년(咸宁 2年, 276)에 처음으로 국자학을 설립하였다.[36] 4년(278)에는
국자좨주(國子祭酒), 박사 각 1명을 두고 조교(助敎) 15명이 학생들
을 가르쳤다.[37] 당시 박사에 대한 요구조건은 행실이 돈독하고 전의
(典義)에 밝은 자로서 귀족계층이어야 했다. 진대에는 국자학에 국자
좨주를 두었고, 수문제 때에는 국사시로 이름을 바꾸어 태학, 사문

---

34) ≪晉書≫ 卷6 <元帝紀>: 建武元年十一月, "置史官, 立太學." 大興二年
　　(319年) "置博士員五人"
　　≪文獻通考≫ 卷43, <學校考 4>: 元帝大興二年, 皇太子講經行釋奠禮
　　于太學.
35) ≪宋書·禮志上≫: 盖≪周禮≫國之貴遊子弟所謂國子, 受敎于師氏者也.
36) ≪晉書≫ 卷3 <武帝紀>: 晉武帝咸寧二年夏五月, "立國子學".
37) ≪晉書≫ 卷24 <職官志>: 咸寧四年, 武帝初立國子學, 定置國子祭酒,
　　博士各一人, 助敎十五人, 以敎生徒. 博士皆取履行清淳, 通明典義者, 若
　　散騎常侍, 中書侍郎, 太子中庶子以上, 乃得召試.

등을 두었으며, 북제(北齊) 때에는 국자사(國子寺)로 개명하였고, 수나라 양제 때에는 국자감이라고 명명하였다. 국자감은 송, 원, 명, 청을 거쳐 청광서 31년(1905)까지 지속되었다. 그리고 청광서 31년에 폐지되고 학부가 설립되었다. 현재의 교육기관과 비교해 보면, 국자감은 현대의 국립대학에 해당한다고 볼 수 있다.

진혜제 사마충(司馬衷)은 원강(元康) 원년(291)에 5품 이상 관리의 자제가 국자학에 입학할 수 있도록 하고, 6품 이하 관리의 자제는 태학에 입학할 수 있도록 국자감의 입학자격을 규정하였다. 국자학 설립의 근본 원인은 사와 서(庶), 빈부 귀천의 차이를 구별하는 것이다.[38] 당시 국자학은 귀족자제가 배우는 장소, 태학은 서민지주자제가 입학하던 장소였음을 알 수 있다. 웅명안(熊明安)은 국자학과 태학을 따로 설립한 것은 당시 '구품중정'을 이용하여 사를 뽑는 제도를 실행한 이후 특별히 가문이 좋은 집안을 중시한 결과이며, 지주계급 중에서 사(士)와 서(庶) 두 개의 커다란 집단은 모두 자신의 자제들을 배양하는 것이 필요하였다고 지적하면서, '예부터 국자학과 태학, 두 개가 존재한 것은 사, 서 집단의 정치적 욕구에 의한 것이었다'[39]고 말했는데, 이렇게 태학과 국자학을 구분하여 설립한 것은 당시 정치권력이 학교제도에 반영되었음을 의미한다.

동진 때에는 성제(成帝) 함강(咸康) 3년(337)에 국자좨주 애환(哀環), 태상(太常) 마회복(馮懷復)이 국학을 세울 것을 건의하여 생도를 모집하였다. 그러나 목제(穆帝) 영화(永和) 8년(352)에 이르러서 전쟁이 자주 일어나자 이것을 폐지하였다. 전쟁이 끝난 후 다시 국학

---

38)《南齊書》卷9《禮志上》: 元康三年始立國子學, 官品第五以上得入國學. 天子去太學入國學, 以行禮也. 太子去太學入國學, 以齒讓也. 太學之與國學, 斯是晉世殊其士庶, 异其貴賤耳. 然貴賤士庶, 皆須教成, 故國學太學兩存之也, 非有太子故立也.

39) 熊明安.《中國高等教育史》. 四川: 重慶出版社. 1983: 113.

을 세울 것을 건의하여 효무제 사마익이 385년에 다시 국자학을 설립하였다. 국자조교 10명을 두고 국자생 약 100명을 모집하였다. 국자학은 태학과 함께 설립되었지만 유명무실하여 아무런 효과가 없었다. 이렇게 동진의 고등교육은 서진보다 부족한 측면이 많았다. 그 주요 원인은 전쟁이 자주 일어나, 귀족자제들은 입학을 하지 않고도 대관이 될 수 있었기 때문이다. 따라서 학교에 들어간다고 해도 열심히 공부하지 않았다. 일반적으로 사와 서의 자제들은 군역을 도피하기 위해 혹은 관리가 되기 위한 방법으로 학교에 들어갔으므로 열심히 공부하지 않았다. 게다가 당시 노장(老莊)을 숭상하는 사회적 분위기가 성행하자 청년들은 유가학설에 관심을 기울이지 않고, 배움에도 노력을 기울이지 않았다. 따라서 양진의 태학과 국자학 교육은 어떤 성취도 이루지 못했다.[40)]

그 밖에 양진 시기 유가학자가 설립한 고등교육성격의 사학교육이 비교적 성행하였다. 유명한 유학자들이 모여 강학을 했는데, 생도가 평소 몇 백 명 또는 몇 천 명에 이르렀다. 오나라의 범평(範平)은 학식이 박학하여 당시 저명 인물들이 모두 그에게 와서 가르침을 구했다. 그의 몇 아들은 이러한 유학에 정통하여 대관직에 오를 수 있었다. 그의 손자인 범위(範蔚)는 책만 7천여 권이나 가지고 있었고, 각 지역에서 그의 집에 와서 책을 읽는 사람이 몇 백 명이나 되었다. 범위는 배움을 구하는 학생에게 의식비용을 제공했는데, 범위의 집은 무료 사립대학과 같았다. 그리고 제남의 유조(劉兆)는 오경에 능통했는데, 학생에게 매우 열정을 가지고 있었을 뿐만 아니라 가르침에도 남다른 점이 있었다. 따라서 그에게 배움을 구하러 온 학생이 몇 천 명에 이르렀다. 진무제는 그를 불러 관직을 주었지만 그는 거절하고 오로지 저술에만 몰두하였다. 그러면서 몇 십 년 동안 두

---

40) 熊明安, 앞의 책, 114쪽.

문불출하여 100만 권에 해당하는 저작을 남겼다. 동시에 현학이 성행하던 양진 시기에 이러한 사립학교는 유가경전을 주요교학내용으로 하였다.[41] 이러한 사학기관에서는 천문학, 산학, 의학, 약물학과 같은 과학기술에 대한 교육도 매우 중시했다. 교학방법도 예전보다 개선되어 학생들에게 실천과 실습을 중시하였다.

2) 남북조의 고등교육

동진(東晋)이 420년에 멸망한 때부터 589년까지를 남북조 시기라고 한다. 170년 동안 네 차례 조대가 바뀌었으며, 안정된 시기가 매우 짧고 전란이 많이 일어났다. 송(宋), 제(濟) 모두 국학을 설립하여 5품 이상의 자제를 교육하였다. 양(梁)나라는 무제 때 학관(學館)을 열고 오경박사를 두었으며 천감(天監) 7년(508)에 국자학을 설치하여 황태자, 황자, 종실, 왕후들이 입학하여 배웠다. 진(陣)나라에서도 국자학을 두고 국자좨주, 국자조교 등을 두어 가르치도록 하였다. 또한 이 시기에 전문학교도 생겨 경제와 문화가 발전함에 따라 문제(文帝) 원가(元嘉)년간에 불노(佛老)의 현학(玄學), 역사의 사학(史學), 사장(詞章)의 문학(文學), 유가경전의 유학(儒學) 등을 가르쳤다. 당시 문학의 발전에 따라 문학교육을 매우 중시하여 국가에서 전문적으로 문학을 연구할 수 있는 기구를 설립하였다. 사대부는 문학교육을 더욱 중시하였다. 비록 이러한 학교가 존재한 시기는 길지 않았지만 이후 수·당시대 전문학교의 발전에 큰 영향을 미쳤다. 이것이 오늘날 단과대학의 시작이라고 말할 수도 있다.

북조는 국가가 상대적으로 안정되어, 고등교육도 남조보다 발달하였다. 북조시대에는 위, 제, 주나라가 있었는데, 그중 위나라의 교육

---

41) 熊明安, 앞의 책, 115쪽.

이 가장 발달하였다. 386년에 척발규(拓跋珪)가 왕위에 오르고 398 년에 북방을 통일하여 위나라를 세웠다. 북위는 개국에서 동서로 분 열되는 초까지 중국의 북부를 통일하여 약 150년(386~534)동안 지 속되어 정국이 비교적 안정되었다. 이러한 국가의 안정은 고등교육 의 발전을 촉진하였다. 그러나 얼마 지나지 않아 북위가 동위, 서위 로 분열된 후 다시 전쟁이 일어났고, 581년 수나라 문제(文帝)가 북 주를 멸망시키고 수나라를 세울 때까지 전쟁이 그치지 않았다. 북조 의 사립대학교육은 북위 태무제가 사학을 설립하는 것을 반대하여 사학교육의 발전을 저해했지만 비교적 흥성하였다.[42)

북위는 중앙에 국학과 지방에 향학을 두었으며, 중앙의 관학에는 태학, 국자학, 사문소학(四門小學), 황종학(皇宗學), 율학(律學), 산학 (算學) 등이 있었다. 여기서 사문소학은 태화 19년(太和 19年, 496) 에 성벽 네 곳의 문에 초등학교 수준의 소학을 설치한 것을 말한다. 황종학은 태화 16년에 황족을 위하여 설치한 것이다. 북위의 중앙관 학에는 중서박사(中書博士)와 사문소학박사, 황종박사 등을 두었는 데, 이것은 북위만 있었던 제도이다.

반면 현에는 강학(講學), 당(黨)에는 교학(敎學), 촌에는 소학(小 學)이 있었는데, 지방의 교육에 대해서도 많은 관심을 기울였다. 진 한시기에 군국학교가 있었고, 서한 평제(平帝)시기에도 군국에 학관 (學官)을 설립하도록 명령했지만, 실질적으로 중국 역사상 최초로 지 방에 군국학교제도를 설립한 것은 북위에 이르러서이다. 이곳의 박 사, 조교, 학생 정원은 군의 규모에 따라 정해졌고 귀족 자제를 우 선적으로 배려하였다. 헌문제(獻文帝)의 경우 천안 원년(天安 元年, 466)에 조서를 내려 "군에는 박사 2명, 조교 2명, 학생 60명"을 두도 록 했고, 다시 조서를 내려 "큰 군에는 박사 2명, 조교 4명, 학생

---

42) 熊明安, 앞의 책, 125쪽.

100명을 두고, 그 다음으로 큰 군에는 박사 2명, 조교 2명, 학생 80명을 두었다. 중간 크기의 군에는 박사 1명, 조교 2명, 학생 60명을 두고, 그 아래의 군에는 박사 1명, 조교 1명, 학생 40명을 두어라"고 명하였다.43)

북위를 세운 선비족의 문화는 한족의 문화를 숭상하고 경학(經學)을 중시한 지도층의 생각에 따라 이러한 교육환경 속에서 한화(漢化)되어 갔다. 특히 효문제(孝文帝)의 경우는 태화 17년에 낙양으로 천도한 뒤, 한족의 복장, 한족의 언어, 한족의 성을 따르도록 하고, 결혼도 한족과 하도록 하여 강력한 한화정책을 추진하였다.

위진남북조 시기 전통적인 유가경학은 현학, 불교, 도교의 영향을 받아 그 지위가 다소 낮아졌다. 그러나 경학은 여전히 정치적으로 중요한 작용을 했다. 학교의 교학내용과 사를 뽑아 관직을 주는 것은 주로 유가 경학에 의해서였다. 아무튼 이 시기의 경학은 한대에 장구(章句)의 훈고를 중시하는 것에서 의리(義理)를 중시하는 것으로 변하였다. 오늘날까지 전하는 중요한 경서 가운데 위진 시대 사람들이 주를 단 것이 반을 차지한다. 그들이 경서를 해석한 특징은 대중의 여러 의견을 반영하여 새롭게 한 것으로, 한대 경사들의 실력을 뛰어 넘었다. 그중 하안(何晏)이 주를 단 ≪논어≫와 왕필이 주를 단 ≪주역≫은 오늘날까지도 많은 영향을 미치고 있다. 북조의 경학은 한대 경학의 장구 훈구의 분위기를 고수한 반면에 남조의 경학은 위진 경학이 의리를 추구하는 분위기를 발전시켰다.44)

위진남북조는 사상면에서 한대의 독존유술을 타파하고 유교, 불교, 도교, 현학이 병존하여 상호 영향을 주며 융화되었다. 이러한 현상은 교육에 있어서 자유로운 분위기를 형성하고, 교육이 다양하게 발전

---

43) ≪北史・儒林傳序≫卷八十一
44) 熊明安, 앞의 책, 107쪽.

하도록 하였다. 그러나 사회 전체가 잦은 내란으로 불안하고 왕조가 빈번하게 바뀌어 교육이 안정적으로 발전할 수 없었다. 따라서 관학은 그 기능을 제대로 수행하지 못하고 그 효과도 적었다. 지금까지 살펴본 위진남북조시대 고등교육의 특징을 정리하면 다음과 같다.

첫째, 위진남북조시대는 관학제도에 있어 새로운 특징이 나타났는데, 바로 진의 국자학 설립이다. 진대에 국자학의 설립은 중국 고대의 태학 외에 전문적으로 사족(士族) 자제를 위한 고등교육의 시작이라고 할 수 있다. 국자학에 입학하는 대부분의 사람은 사족(士族) 자제로 오품 이상의 자제들이었다. 국자학과 태학에는 모두 박사가 있었다. 태학의 박사는 태상이 관리하였다. 이러한 국자학에 국자좨주, 조교 등을 두었다.

둘째, 고등교육은 비록 전란의 영향을 많이 받았지만 학술 사상의 다원화와 사학 설립의 다양화를 유도했다. 즉, 사회 전반의 혼란스러운 분위기는 기존에 단조롭게 내려오던 전통을 여지없이 흔들어 놓아 사회 전반에 다양성을 불러일으켰다. 대학에는 예과가 생기고 문학, 사학, 율학 등의 전문학교를 설립하여 이곳에서 전문인재를 배양할 수 있었다. 위명제(魏明帝, 227년)가 위기진(衛覬秦)에게 명하여 법률박사를 두고, 형법을 가르치고, 율학제자를 모집하도록 했는데, 이것이 바로 중국 고대 법률전문학교의 시작이 되었다.45) 이것은 그 뒤로 후진(后秦)의 요흥(姚興, 394년)이 장안에 율학을 설치하고, 남조 양무제(梁武帝)가 율학전문학교를 설치하는데 토대가 되었다. 사학의 영역에서는 그동안 소외되었던 학과들이 사학의 영역에 편입되면서 학술 사상의 다원화와 사상의 다양화를 촉진했다. 예를 들어 천문(天文), 역산(曆算), 점복(占卜), 의학(醫學) 등이 사학에서 자신

---

45) ≪晉書·姚興載記上≫卷一百十七: 興立律學于長安, 召郡縣散吏以授之. 其通明者還之郡縣, 論決刑獄.

의 위치를 확고히 다졌다. 남조 때 설립된 현, 유, 문, 사, 율학 등의 학과는 후에 수당시대의 전문학교와 분과교학의 모태가 되었다.

셋째, 한대는 유가사상이 국가의 지배적인 사상으로 자리잡았지만, 위진시대에는 유교, 불교, 도교가 함께 병존하는 사회가 되면서 교육의 내용이 풍부해졌다. 따라서 한대처럼 학교교육에서 유가사상이 지배적이지는 않았지만, 유가사상은 여전히 중요한 자리를 차지했다. 그러나 개인들은 유학, 불학, 도교, 현학을 함께 강학하여 학생들은 다양한 사상을 두루 섭렵할 수 있었다. 예를 들면 진조(陳朝)의 서효극(徐孝克)은 현리(玄理)를 강의하면서 오경에 통달하였다. 그는 매일 아침에 불경을 강의하고, 저녁에는 ≪예≫와 ≪좌전≫을 강의하였는데, 강의를 듣는 사람이 수백 명에 이르렀다. 강학의 형식은 불교와 현학의 영향으로 양(梁) 나라 때, 강단에서 경학을 강의하는 것이 성행하였다. 강의를 듣는 사람 수가 어떤 때는 천여 명에 이르렀다고 한다.

위진남북조는 국자학의 탄생, 전문학교의 설립, 다양한 사상의 병존으로 교육내용도 풍부해졌다. 이러한 것은 중국 교육사상의 내용을 풍부하게 하고 중국교육사의 발전을 촉진했으며, 후대의 교육발전에 영향을 주었다.

제 6 장

수 · 당시대의
고등교육

1. 시대적 배경

양견(楊堅, 581~604)은 위진남북조의 분열과 혼란을 종식시키고, 581년에 황제로 등극하여 국호를 수(隋, 581~618), 연호를 개황(開皇), 도읍을 장안(長安)으로 정하면서 수나라를 건국하였다. 중국 역사에서 수나라는 단지 38년간 지속된 단명의 왕조이다. 그러나 고등교육에 있어 중대한 개혁이 이루어졌다. 이 시기에 구품중정제를 폐지하고 시험으로 관리를 뽑도록 하는 과거제도가 실시되었다. 또한 율학, 서학, 산학 등 전문교육기관이 생겼으며 중국 최고의 전문교육 관리기구라 할 수 있는 국자감이 설립되어, 후대에 고등교육이 발전할 수 있는 체계적인 틀을 마련하였다. 후에 당(唐, 618~907)이 이를 계승하여 보다 체계적으로 발전시켰다. 300여 년간의 장기적인 정치, 군사적 통일과 안정을 이룩한 당은 한대와 함께 가장 오랫동안 지속된 국가다. 당은 정관의 치로 번영성세를 이루며 중국 역사에서 가장 찬란한 문화를 꽃피웠다. 당시 당의 수도였던 장안은 국제도시이자 국제교류의 장소로서, 세계 각국의 사신들과 유학생들이 모여 들어 새로운 사회를 형성하였다. 이렇듯 활발한 대외교류활동에서 당대의 고등교육은 송, 원, 명, 청에까지 이어져 아시아뿐만 아니라 유럽의 고등교육 발전에도 커다란 영향을 미쳤다.

수·당은 모두 통일된 다민족국가로서 유력한 중앙집권을 실시하였고 제도 면에서 많은 성과를 이루었으며, 경제는 전례 없이 번영하였다. 이러한 정치적 안정, 경제적 발전은 고등교육의 발전을 촉진하였다. 또한 수·당 시기는 대외교류도 상당히 활발했는데, 정치, 교육의 발전은 특히 아시아에 많은 영향을 주어 지금까지도 그 영향을 곳곳에서 발견할 수 있다. 당을 비롯해 송 시기는 중국 고대고등교육의 발전 시기라고 할 수 있다. 사회 각 방면의 수요에 맞게 고등교육도 진일보 발전하였으며, 각급 관리를 배양하는 동시에 소수 과학기술 관리인재를 배양하였다. 이러한 배양목표를 실현하기 위해 전통적인 태학과 국자학 이외에 율학, 산학, 무학, 의학, 화학 등의 전문대학을 설립하였다. 또 숭문관, 홍문관(弘文館) 등 연구 성향이 짙은 고등교육기구를 설립하였다. 수·당시대 고등교육이 나름대로 발전할 수 있었던 사회적 환경을 세 가지로 살펴보면 다음과 같다.

① 중국에서 무려 1300여 년간 지속된 과거제도의 실시

중국 고대는 주로 선거(選擧)를 중심으로 인재를 선발했다. 그러나 위진남북조 시대에 9품중정제가 생기면서 이에 의해 관리를 선발하였다. 수대에 이르러 과거제도가 탄생하면서 수·당 이후 관리선발은 주로 과거시험을 통해 이루어졌다. 과거제도는 수·당에서 청말에 이르기까지 1300여 년간 지속되었다.

과거제도는 수문제가 즉위한 후 구품중정제를 폐지하고 학과시험으로 관리를 선발하다가 수양제에 이르러 진사과를 설치하면서 탄생하였다. 당대는 이러한 수대의 과거제도를 계승하고 보다 체계화했다. 사실, 과거제도는 당대부터 본격적으로 시행되었다고 볼 수 있다. 과거제도의 탄생은 관리 선발에 있어 커다란 진보였다. 이것으로 그동안 신분에 의해 세습되었던 문벌귀족들의 관직 독점을 타파하고 정치세력의 부패를 줄일 수 있었다. 또한 신분의 제한에서 벗어나 귀족 이하의 계층도 과거시험에 응시하여 그들의 능력을 발휘할 수 있었다. 국가는 이를 통해 훌륭한 인재를 배양할 수 있는 폭이 넓어졌다. 또한 시험을 통해 관직에 나아갈 수 있었으므로 관리들의 문화수준이 향상되었다. 과거제를 통한 관리 선발의 권한은 중앙정부에 있었으므로 이를 통해 중앙집권을 강화하여 정치적 안정에 유리

하였다. 이러한 이유 때문에 과거제도는 무려 1300여 년 동안 지속
되고 동아시아 국가에도 전파되어 인재선발 방식에 많은 변화를 주
었다. 과거제는 고등교육의 발전을 촉진하기도 했지만 진정한 학문
의 자유는 억압되었다.

② 불교의 흥성과 유교의 부흥

수·당시대의 중국 사상계는 불교의 흥성과 당말 유교의 부흥으로
특징 지을 수 있다. 불교를 통해 민심을 모으고자 했던 통치자의 정
책으로 불교는 위진남북조시대를 거쳐 수·당시대에 이르러 매우 흥
성하고 다양한 종파가 생겼다. 예를 들면 수대부터 지자대사(智者大
師)가 주창한 천태종, 달마 대사의 선종(禪宗), 선도대사(善導大師)의
정토종(淨土宗), 현수국사(賢首國師)의 화엄종(華嚴宗) 등의 성행은
이후 수백 년 동안 중국 사상계를 지배했다. 이 시대에 이르러 불교
가 흥성한 것은 불교를 통해 민심을 모으고자 했던 정략적인 정책이
큰 기여를 했기 때문이다. 도교 사찰인 도관과 함께 불교 사원이 많
이 세워져 교육기관으로 사용된 것 또한 그 이유이다. 수·당시대의
불교 융성으로 인해 학문적으로 유학이 쇠퇴하는 국면을 면할 수 없
었는데, 이는 한나라의 유학이 경서의 자구해석과 형식적인 예에 치
중하여 당시 시대적 요구에 적합하지 않았기 때문이다. 이후 위진남
북조시대, 수·당시대를 거치면서 불교와 도가 사상은 유가사상을
넘어 사회적으로 위상이 높았지만, 유학의 위상은 높지 않았다. 그러
나 수·당 이후 과거제도로 귀족세력이 점점 몰락하고 불교세력도
점점 쇠퇴하게 되었다. 특히 정치적으로 관료 선발 시험에서는 유학
이 절대적이었다.

위진남북조 시기에 유학이 점점 쇠퇴하여 당대에 와서 그 지위가
회복되기 시작하였으나, 당대 전기에는 여전히 불교, 도교와 병립하

는 국면을 벗어나지 못했다. 그러다가 당 중엽 622년에 과거제도가 다시 시행되고, 628년에 당태종 이세민이 치국방침의 정책으로 유학을 숭상하고 학교를 세울 것을 주장했다. 이러한 조치 중 하나로 국학에 공자를 기리는 사당을 세우고 봄, 가을에 제사를 지내도록 했는데, 주현에도 이와 같이 하도록 하였다. 관리 선출 방식은 학생들의 덕행, 학식을 기준으로 하고 과거시험과 학교교육이 모두 유가경전을 주요 내용으로 하여 지식인의 기본 수업이 되게 하였다. 유학을 흥성시키기 위해 먼저, 유가경전 위주의 수업을 중앙관학으로 확대하고, 이것을 전국에 확대하여 주현에서도 이를 따르도록 하였다. 당태종은 유가경전의 장구가 매우 번잡함을 염려하여 당시 국자감의 좨주였던 공영달(孔穎達) 및 유생들에게 ≪오경정의(五經正義)≫를 편찬하여 경학을 통일하도록 하였다. 이에 따라 공영달, 안사고(顔師古) 등이 중심이 되어 ≪오경정의≫를 완성했다. ≪오경정의≫는 한, 위진, 육조시대의 경서 주석 가운데 훌륭하고 대표적인 것들을 가려 뽑아 수록함으로써 경서를 둘러싼 여러 학설의 표준화, 통일화를 가져왔다. 당에서 송에 이르기까지 명경(明經)으로 관리를 선발할 때는 공영달이 편찬한 ≪오경정의≫를 따랐다.

과거시험의 내용이 주로 ≪오경정의≫로 채택되면서, 관학에서의 유교가 점점 중시되고 국가에서 사회질서를 안정시키고자 유교경전의 학습을 장려하였다. 그리고 조금씩 유학의 부흥을 주장하는 학자들이 나타났다. 당대의 유학연구가로 한유(韓愈), 유종원(柳宗元), 임신사(林愼思) 등을 꼽을 수 있는데, 이들은 불교 및 도교사상에 대해 비판하면서 유학을 다시 부흥시키고자 노력하였다. 그중 한유(768~824)는 유가사상의 정통적 지위를 회복할 것을 크게 고취하면서 불도를 반대하였고 ≪원도(原道)≫, ≪원성(原性)≫, ≪원인(原人)≫ 등의 글을 써서 유가 학설의 발전을 도모하였다. 한유는 ≪원도≫에서 요, 순,

우, 탕, 문, 무, 주공, 공자, 맹자 등으로 유가의 도가 계승되었는데, 맹자 이후에는 그것이 단절되었다고 지적하였다. 그러면서 자신이 말하는 도는 불교, 도교와 다르다고 말했다. 또한 ≪원인≫에서는 도교와 불교를 비판했는데, 예를 들어, 노자의 도와 덕은 추상적이고 인의를 저버린 것이어서 공허하다고 지적하고, 불교는 군신, 부자의 관계를 무시하고 마음의 평안만을 구하는 것이라고 지적했다. 그러면서 한유는 자신을 공맹 이후 역대로 이어져 내려오는 유가 도통의 계승자로 자임하였다.

③ 활발한 대외교류

수·당 시기에는 중국 대륙이 통일되고 안정되었으며 교통이 발달하였다. 특히 육로로는 장안에서 출발하여 동으로는 지금의 한국에 이를 수 있었고, 서쪽으로는 육상 실크로드를 거쳐 지금의 인도, 아프리카 등 많은 나라에 이를 수 있었다. 해로로는 동주, 양주에서 출발하여 지금의 한국과 일본에 이르렀고, 광주에서 출발하여 해상 실크로드를 거쳐 페르시아만에 이를 수 있었다. 교통로의 발달로 이어진 교류는 당시 고려, 백제, 신라, 고창(高昌), 토번(吐藩) 등 세계 각국의 사람들이 중국에 와서 다양한 문화를 접할 수 있는 기회를 제공하였다. 이런 국제도시에서 국제적 감각을 기르고자 다양한 국가에서 자제들을 보내 이곳에서 유학을 하도록 했는데, 이들은 대체로 불교를 공부하기 위한 승려나 과거에 급제하기 위한 유학생들이었다.

수나라와 당나라는 지리적으로 근접한 아시아의 여러 나라들과 교류가 빈번했는데, 특히 7세기 후기 신라와 당의 교류가 활발하였다. 당나라에 온 유학생들 중에는 신라의 유학생들이 제일 많았는데 가장 유명한 사람은 최치원이었다. 최치원은 12세에 당나라에 와서 18세에 빈공과(賓貢科)라는 과거시험에 급제하여 중국 내에서 수재라고 일컬었다. 신라의 폐쇄적인 사회와는 달리 당나라는 개방적인 사회였다. 그래서 신라에서 많은 학생들이 당으로 유학을 갔다. 현재의 산동지방에 신라인 집단거주지인 신라방과 신라의 사절을 접대하는 전문숙박시설로 신라관 등이 있어 유학생, 상인, 관료 등의 당나라 왕래에 편의를 제공하였다. 신라는 건국 초에 당의 제도를 모방하여 국학을 설립하고 유학을 가르치기도 했다. 이렇게 수·당의 개방정책으로 대외 교류가 활발해지면서 당시 중국의 교육교류는 전례 없이 번영·발전하였다.

2. 수대의 고등교육

수대는 진대와 마찬가지로 통일된 봉건왕조의 규모를 갖추었지만 역사가 짧은 왕조였다. 수나라 초기 통치자는 정치를 혁신하고 풍속을 바꾸기 위해 특별히 통치자 양성을 중시하여 학교의 건립과 발전에 주력했다. 따라서 중앙에서 지방에 이르기까지 모두 학교를 설립했는데, 이는 당의 학교교육이 체계적으로 발전할 수 있는 기반을 마련하였다.

유학을 숭상하고 학교를 흥성시키자는 문교정책 아래 수·당 시기 통치자들은 학교교육 발전에 매진하였다.

수문제(隋文帝) 양견(楊堅)은 유·불·도를 모두 섭렵하고 이를 통치사상의 근간으로 삼았다. 더불어 그는 유가를 숭상하고 학교를 세워 인재 배양에 힘을 쏟았다. 그리고 국자에 친히 나가 석전례에 참여하고, 국자생을 장려하고 선발하여 관리로 임명하였다. 583년에는 국가의 주요 임무가 배움을 독려하고, 학교를 설립하여 가르침을 행하는 것임을 강조했는데, 당시 예의 교육은 학교교육의 주요내용이었다. 인수(仁壽) 원년(601)에는 학교를 폐지하고, 국자학만 남겼다. 이것은 그가 말년에 유학을 멀리한 것과 관계 깊다. 국자학은 뒤에 박사 5명과 5품 이상 관리의 자제 72명의 학생을 둔 태학으로 개명되었다.[46]

수문제에 이어, 수양제(隋煬帝) 양광(煬廣)은 많은 학교를 세우고, 대업(大業) 3년(607)에 국자학을 다시 국자감으로 고쳤다. 그러나 이러한 노력도 사도들의 태만으로 학교가 유명무실해지게 되는 위기를 맞이하였다. 결국 수나라의 교육은 정치적 부패와 연결되어 더 이상 발전하지 못했다.

---

46) ≪隋書≫ 卷二八, 百官志: 人壽元年, 罷國子學, 唯立太學一所, 置博士五人, 叢五品, 學生七十二人.

　서진(西晉) 함령(咸寧) 2년(267)에 국자학을 태학과 함께 설립하였다. 수문제에 이르러 중앙에 국자사(國子寺)를 세우고, 좨주(祭酒)를 두어 전국의 학교교육사업을 전문적으로 관리하도록 했다. 이것은 중국 역사상 최초로 전문적인 교육행정부를 설립하고 교육장관을 둔 것이다. 국자사 아래에는 오학(五學)을 설립했는데, 즉 국자학, 태학, 사문학(각각 박사 5명, 조교 5명을 두었다), 서학(書學), 산학(算學, 각각 박사 2명, 조교 2명을 두었다)이다. 오학의 학생은 모두 980명이었다. 국자학, 태학, 사문학은 유학지식을 서학, 삼학은 학과지식을 가르치는 것을 목표로 하는 전문학교였다. 수학인재를 배양하는 산학은 수나라에서 시작되었다. 나머지 4학은 전대의 것을 계승한 것이다. 당시 전문학교는 행정업무기구와 결합되어 분리·독립되지 않았다. 예를 들면 대리사(大理寺)에서는 법률박사 8명을 두어 소수의 학생을 가르쳤다. 태상사(太常寺)에 속하는 태의서(太医署)에는 의학박사, 안마박사, 약사 등을 두고 소수의 학생을 가르쳤다. 비서성(秘書省)에 속하는 태사조(太史曹)에는 천문, 역법, 물시계 박사를 두어 소수의 학생을 가르쳤다. 이것은 다양한 형식으로 전문학교를 관리한 것으로 그 후 전문학교 발전에 좋은 본보기가 되었다. 국자감은 중국 고대에 중앙관학을 관리하는 독립된 행정기구이자 교육기구로서, 내부에는 좨주, 사업을 두고 이에 대한 장관을 두었다. 교관으로 박사, 조교, 직강 등이 있었는데, 수대 국자사의 교육관리제도를 보면 다음과 같다.

≪**국자사의 교육관리도**≫[47]

		국자좨주			
		주부(主簿)	녹사(录事)		
국자학		태학		사문학		서학		산학	
국자박사	국자조교	태학박사	태학조교	사문박사	사문조교	서학박사	서학조교	산학박사	산학조교

3. 당대의 고등교육

수대의 교육제도를 기반으로 한 당대는 중국 봉건사회교육이 가장
발달했던 시기 가운데 하나이다. 당대에는 중앙에서 지방에 이르기
까지 비교적 체계적인 교육체계를 갖추어 교사, 학생 수, 모집대상,
학습내용, 수업연한 등에 대한 구체적인 규정이 있었다. 당대의 학제
는 크게 중앙과 지방의 교육 기관으로 나눌 수 있다. 중앙에서 설립
한 것에는 국자감에 귀속되는 국자학, 태학, 사문학, 서학, 산학, 율
학을 포함한 '육학(六學)'과 성(省)에 속하는 홍문관(弘文館)과 동궁
(東宮)에 속하는 숭문관을 포함하는 '이관(二館)'이 있다. 육학과 이
관에서 공부하는 학생 수는 외국에서 온 유학생까지 포함하여 한때
8000여 명에 이르기까지 했다. 반면 지방의 교육기관으로 각 부(府)
에 있는 부학(府學)과 각 주에 있는 주학(州學)이 있었다. 그리고 현
(縣)에는 현학(縣學)이 있고, 시학(市學)과 진학(鎭學)이 있었다. 이
처럼 당대 지방의 교육기관은 그 체계가 비교적 명확하였다.

1) 국자감에서의 고등교육

국자감은 당대의 중앙교육기관이자, 전문교육행정기관이다. 국자감
은 상서성(尙書省)의 예부(禮部)에 속하며, 국자감의 장관을 '국자좨
주(國子祭酒)'라 칭하였다. 한대에도 좨주 박사가 있었고, 진무제때
에는 국자학이 설립되기도 하였다. 그러다가 수대에 국자사를 설립
하고 태상사(太常寺)의 부속기관으로 좨주 한명을 두어 전문적으로
교육 사업을 담당하였다. 후에 점점 그 규모가 커지고 업무가 많아

---

47) 李國鈞·王炳照. ≪中國教育制度通史≫. 濟南: 山東教育出版社. 2000: 241.

지자 개황(開皇) 13년(593)에 태상사에서 분리되어 명칭을 국자학이
라고 하면서 독립된 교육기구가 되었다.48) 607년 국자학을 다시 국
자감으로 바꾸고, 국자좨주는 교육행정장관이 되었다. 618년 당정부
가 수도에 국자학, 태학, 사문학을 세우도록 명령하고, 입학신분 등
급을 제한하였다. 각 인원도 300명으로 제한하였다. 주현에도 학교
를 설립했는데, 주현의 규모에 따라 세 등급으로 나누었다. 교육 내
용뿐만 아니라 그 성격도 대부분 유학에 관한 것이었다. 천보(天寶)
9년(750)에 국자감에 광문관을 설치하고 전문적으로 진사과에 들어
가려고 하는 학생을 배양하였다.49)

무덕(武德) 4년(621)에 다시 문하성에 수문관(修文館)을 설립하고
당태종 정관(貞觀) 원년(627)에 문하성에 설치된 수문관을 홍문관(弘
文館)으로 바꾸었다. 홍문관은 귀족학교이면서 장서기관이기도 하였
다. 관내에는 학사, 박사, 교서랑(校書郎) 등을 두었다. 이들은 주로
학생을 가르치거나 도서 교정(校正)에 종사하였다. 홍문관의 학생은
주로 3품 이상의 관리자제와 중서문하시랑(中書門下侍郎) 및 황제친
척의 자손들로 구성되었고, 이들을 일러 '홍문생(弘文生)'이라고 했
다. 정관 2년(628)에는 무덕(武德) 초기에 폐지하였던 서학을 복원하
고, 그 후 산학, 의학을 설립하였다. 그리고 정관6년(632)에는 율학
을 설립하였다. 정관 13년(639)에는 동궁(東宮)에 직속된 숭문관(崇
文館)을 설치했다. 숭문관은 홍문관과 같은 일종의 귀족학교로서 학
사(學士) 2명이 학생들을 가르쳤고, 시험을 통해 홍문관으로 진학했
다. 당대에는 당고조와 당태종의 제창으로 국자감의 관리 아래 국자
학, 태학, 사문학, 서학, 산학, 율학 등 6학을 두었다.50)

48) ≪隋書≫卷二八, 百官志: (開皇)十三年, 國子寺罷隸太常, 又改寺爲學.
49) ≪舊唐書≫卷二四, 禮儀志: 天寶九載七月, 國子監置廣文館, 知進士業,
博士, 助敎各一人.
50) 熊明安. ≪中國高等敎育史≫. 重慶: 重慶出版社, 1983: 140.

(1) 입학 신분과 입학생 수

국자학, 태학, 사문학의 경우 학생의 출신 성분에 따라 자격조건이 달랐고, 율학, 서학, 산학의 경우에는 학생의 자격이 동일하였다. 국자학은 특별히 귀족자제를 위하여 세웠기에 문무 3품 이상의 자제가 입학했고, 태학은 문무 5품 이상의 자제가 입학했다. 국자학의 경우 개원(開元)과 천보(天寶) 때에 학생수가 300명으로 가장 많았고, 그 이후는 300명 이하로 학생수를 제한하였다.

그리고 귀족학교에 속하는 홍문관, 숭문관은 주로 귀족 자제들을 학생으로 모집하였다. 홍문관의 경우 주로 경관(京官) 5품 이상의 자손을 교육하였고, 숭문관은 황제, 태후, 황후의 친척과 경관 3품의 자손을 가르쳤다.

교육 보급이 목적이었던 사문학(四門學)에서는 평민출신의 자제들이 포함되었다. 개원과 천보 때에 학생수가 1300명까지 이르렀다. 율학, 서학, 산학의 경우 학교자체가 국자학처럼 안정되지 못하여 학생수가 적게는 10명 미만에서 많아야 50명 정도에 불과했다. 지방학교에서는 주로 지방관리 및 중소지주의 자제들을 받았고 이들의 입학연령은 14~19세로 제한하였다.

(2) 교학계획

당대에는 특수 목적을 가지고 설립된 몇몇 학교를 제외하고는 대부분의 학교에서 유교경전을 가르쳤다. 유교 경전도 주로 아홉 가지 경전을 중심으로 학습했다.51) 공영달(孔穎達, 574~648) 등이 편찬한

---

51) 《新唐書》卷四十四, 選擧志: 凡《禮記》, 《春秋左氏傳》爲大經,《詩》, 《周禮》, 《儀禮》 爲中經, 《易》, 《尙書》, 《春秋公羊傳》, 《穀梁傳》 爲小經. 당대에는《역》, 《서》, 《시》, 《삼례》, 《三傳》을 합하여 구경이라 하여 그것으로 관리를 선발하였다. 《예기》와 《좌전》은 대경, 《모시》, 《주례》, 《공양》은 중경, 《주역》, 《상서》, 《의

≪오경정의≫를 주요 교재로 삼았으며, 그밖에 국가에서 정한 것을 사용했다. 그 외에도 각종 의식과 예절 및 붓글씨를 배웠다. 국자학, 태학, 사문학의 경우 교수법과 교육과정은 대체로 비슷했는데, 과거 전통에 따라 주로 유가 경전을 익혔다.

당대 유학교육과정 및 수업연한표[52]

종류	과목	수업연한		비고
		≪新唐書・選擧志≫	≪大唐六典≫	
필수과목	≪孝經≫	1년	1년	각 학교 필수과목
	≪論語≫			
	≪左傳≫	3년	3년	대경
	≪禮記≫	3년	3년	
	≪毛詩≫	2년	2년 반	중경
	≪周禮≫	2년	2년 반	
	≪儀禮≫	2년	2년 반	
전공과목	≪周易≫	2년	2년 반	소경
	≪公羊≫	1년반	1년	
	≪穀梁≫	1년반	1년	
	≪尙書≫	1년반	1년	

례≫, ≪곡량≫은 소경이라 하였다. ≪역≫, ≪시≫, ≪서≫, ≪의례≫, ≪주례≫, ≪예기≫, ≪좌전≫, ≪공양전≫, ≪곡량전≫을 모두 합해 '구경'이라고 했다.

52) 李國鈞・王炳照. ≪中國敎育制度痛史≫. 濟南: 山東敎育出版社. 2000: 335~336.

종류	과목	수업연한		비고
		《新唐書·選擧志》	《大唐六典》	
선택과목	《史記》	·	·	
	《漢書》	·	·	
	《後漢書》	·	·	
	《三國志》	·	·	
	《國語》	·	·	
	《說文》	·	·	
	《字林》	·	·	
	《三蒼》	·	·	
	《爾雅》	·	·	

율학, 서학, 산학은 전문적 성격을 띤 교학기구로 각각 교수법과 교육과정이 달랐다. 이곳에서는 주로 행정에 필요한 인재를 양성하는 것에 목적을 두고 특수 목적에 해당하는 전문 교과목을 가르쳤다.

국자감의 학습기간은 원칙적으로 9년을 넘지 못했다. 율학의 경우는 6년으로 제한하였다.

(3) 학 칙

① 입학식으로 속수(束脩)의 예를 행하였다. 엄숙한 의식을 통해 스승에게 예배(禮拜)를 했는데, 이러한 사제지간을 맺는 예의식은 스승을 존경하고 배움에 힘쓰겠다는 것을 나타낸다. 속수(束修)란 '말린 고기'를53) 가리키는데, 이것은 학생이 스승에게 배움을 청하며

---

53) 속수(束修)에서 '속(束)'은 열 가닥의 육포를 묶은 것, 수(修)는 육포 말린 고기를 일컫는다. 과거 전통교육에서 스승에게 배움을 구하고자 할 때 이 '속수'의 예를 행하였다. 이는 스승과 학생의 상견례에 해당하는 것으로 비교적 가벼운 것이었다.

드렸던 예의의 표시이다. 이러한 속수는 봉록은 아니었고, 비단 외에 상황에 따라 고기나 술을 더 준비하기도 했다. 당대 국자학과 태학에서는 속수로 학생이 스승에게 비단 3~4필을 준비했고, 사문학과 지방학교에서는 각자 비단 2필, 주학이나 현학에서는 비단 1필을 선사했다. 일반적으로 이렇게 들어온 예물은 박사에게는 60%, 조교에게는 40%로 나누어 주었다고 한다.

② 진급, 유급, 퇴학 등이 있었다. 계속 공부하려는 자는 사문학을 마치면 태학에 입학하고, 태학을 졸업하면 국자학에 입학하여 학습할 수 있었지만, 이들이 상호간 하나의 체계를 이룬 과정으로서 순서가 정해졌던 것은 아니다. 학생은 이를 통해 때로는 경제적 대우와 정치적 지위를 높이는 데 사용했다. 준사(俊士)의 경우는 삼경(三經), 그 외의 경우는 이경(二經)에 통과하여야 졸업을 하고 성시(省試)를 볼 수 있었다. 퇴학은 학습 기간이 총 9년을 넘거나, 3년 동안 계속 꼴찌를 하게 되는 경우, 품행이 좋지 않고 가르침을 어기는 경우, 무단결석을 많이 하거나 규정을 어긴 경우 등이다. 그리고 여기에 더하여 제 때에 귀교하지 않는 경우 학생들의 학적을 없앴다.

③ 시험으로 학업을 촉진하였다. 시험은 쪽지시험(貼經)과 구두시험(口義)이 있었다. 시험은 기간에 따라 구분되었는데, 순가(旬假)라고 하는 휴가를 가기 전에 보는 시험으로 매월 10일 보았던 순고(旬考)가 있고, 순고와 비슷한 성격이지만 매달 시험을 보았던 월고(月考)가 있었다. 월고가 당헌종 원화 원년(806)에 생겨난 뒤 순고를 대신하게 되었다. 그 외에도 계고(季考)라는 계절마다 보는 시험, 세고(歲考)라는 해마다 보는 시험, 필업고(畢業考)라는 졸업시험 등이 있었다. 이러한 시험 성적은 진급과 유급의 근거가 되었다.

④ 방학이 있었다. 일반적으로 방학은 상가(常暇)와 국가제가(國家制暇)로 구분된다. 상가는 중앙에서 통일적으로 규정하여 실행하였

다. 여기에는 순가(旬假), 전가(田假), 수의가(授衣假)가 있었다. 순가는 열흘에 하루 쉬는 것이고, 전가는 음력 5월에, 수의가는 음력 9월에 각각 보름을 쉬게 하여 학생들로 하여금 부모를 뵙거나 농사일을 거들도록 했다.

(4) 학사 관리, 교사, 교법

국자감에는 3품 이상의 관리로서 좨주(祭酒) 한 명을 두어 학사관리와 행정을 책임지도록 하였다. 그 아래에는 4품 이하의 관리로 사업(司業) 2명을 두어 좨주의 업무를 보조하였다. 그리고 학생들의 학업 성적관리를 위하여 6품 이하의 승상 한 명, 인감(印鑑)과 문서장부를 관리할 7품 이하의 주부(主簿) 한 명을 두었다.

당대 중앙 6학의 교사에는 박사, 조교, 직강(直講) 등이 포함되었다. 박사는 경을 가르치고, 조교는 박사가 경을 가르치는 것을 돕고, 직강은 박사와 조교를 보조했다. 교사들의 품계와 봉록에 차등을 두었고 학생들이 준비한 속수는 박사와 조교에게 주었다. 당대는 교사의 관리를 중시하여 법령으로 교사들의 선발과 대우, 직책과 징벌에 대한 것을 명시하였다.

학생을 가르치는 방법으로는 강론(講論), 문난(問難), 송독(誦讀)과 독서지도 등이 있었다. 강론은 황제나 황태자가 방문했을 때나 공자의 춘추석전 때에 하는 제강(制講)과 평소에 학생들을 대상으로 하는 상강(常講)으로 구분하였다. 문난은 강독과 강의를 한 뒤 토론하는 것이다. 송독의 경우는 중국 고대의 전통적인 학습 방법으로서 경전을 먼저 읽고 암기하는 방법이다.

[당대의 학제도]

중 앙   지 방

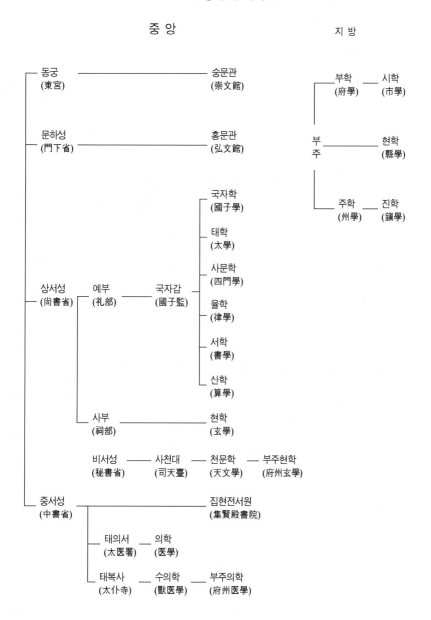

(5) 교사와 교법

교사에는 박사, 조교, 직강(直講) 등이 있다. 박사는 경전을 나누어 제생들을 가르쳤다. 각자 담당과목을 책임지고 가르쳤으며, 도중에 다른 과목으로 바꾸어 가르치면 안 되었다. 조교는 박사가 경을 나누어 가르치는 것을 돕고, 직강은 박사조교가 경을 나누어 가르치는 것을 도왔다. 박사조교는 학교 교사이면서 정부 관리였다. 학교에서 그들의 교직지위는 정부에서 소속된 직위의 높고 낮음을 기준으로 삼았다. 예를 들면, 국자학 박사는 반드시 정5품 이상의 자격이 있어야 하고 조교는 반드시 7품 이상의 자격이 있어야 했다. 기타 육학의 교사 등급과 대우는 순서에 따라 낮아졌다. 교법은 경을 나누어 가르치는 것으로 강독과 강의가 있었는데, 많은 박사가 박식하면서 강의도 잘했다. 예를 들면 서문원(徐文遠)은 새로운 관점을 많이 제기했고, 박식하면서도 논변이 있어, 듣는 사람으로 하여금 지루하지 않게 했다. 학생에게 경 하나를 가르친 뒤 다른 경을 배우도록 했으며, 경전을 숙독한 뒤 이해한 내용을 가르치도록 했다.

2) 전문교육기관에서의 고등교육

중국에서의 전문학교는 당대에 처음으로 출현한 것이 아니다. 178년, 한대 영제(靈帝) 때 환관들이 문학예술을 연구하는 전문학원을 설립했는데, 이를 낙양(洛陽)의 홍도문(鴻都門)에 설립하여, 이른바 '홍도문학(鴻都門學)'이라고 불렀다. 홍도문학은 통치계급 내부의 정치투쟁으로 생겼다. 동한 말년에는 환관집단과 사족집단 간의 정치적 투쟁이 심했다. 이때 환관집단의 정치력은 비록 컸지만 사회적 지위는 낮았다. 태학은 사족의 기반이 되었다. 태학생은 경전을 읽는 것을 중심으로 하여, 유가경전에 의거하여 정치를 논해 출신이 미천한 환관들을 무시하였다. 그래서 환관들은 스스로 새로운 대학을 설립하여 태학에 저항하였다. 이 새로운 대학은 사부(辭賦), 소설(小說), 척독(尺牘), 자화(字畵)를 전문적으로 가르치고, 졸업생에게도 높은 관직을 주어 환관들의 세력을 배양하는 데 기여했다. 홍도문학은 세계 최초의 문학예술 대학으로서 유가경전 위주의 교육내용을 타파하여, 중국 고등교육사에 과감한 변화를 시도하였다. 당대의 각종 전문교육 기관은 이러한 한대의 홍도문학에서 유래했다고 볼 수 있다.[54]

당대 전문학교의 종류는 비교적 많다. 예를 들면 국자감에 속하는 율학(법률전수), 산학(산술전수), 서학(서법전수) 외에 의약학, 수의학, 천문학, 음악학교, 공예학교가 있었다. 당현종 개원 29년(741)에는 숭현학(崇玄學: 도가, 도교지식을 전수하는 것)이 설립되었는데, 이는 상서성(尙書省)의 사부(祠部)에 속했다. 여기에서는 ≪노자≫, ≪장자≫, ≪문자≫, ≪열자≫ 등의 책으로 도가사상을 전문적으로 배웠으며 수업연한은 3년이었다. 그러나 후에 숭현학은 고정된 학생 수가 없어 학교는 폐지된 것과 마찬가지로 유명무실해졌다. 각 전문학교에 대해 구체적으로 살펴보면 다음과 같다.

(1) 율학(律學)

율학은 수대에 설치되었던 것이었는데 한때, 중지되었다가 정관 6년(632)에 다시 부활하였다. 법률에 능통한 행정관리를 배양하고자 하는 것으로, 법률로써 국가의 정권을 공고히 하고 질서를 바로 잡고자 했던 당대의 의지가 반영되었다. 율학에는 박사와 조교를 두었고 국자감에 귀속되었다. 매 시기마다 구성원이 조금씩 달랐는데 박사 3명, 조교 1명에 용삭(龍朔) 2년에는 학생이 20명이었다가 개원 때에는 50명으로 늘어났다. 국자학과는 달리 때로는 폐지되기도 하

---

54) 蔡克勇. ≪高等敎育簡史≫. 武昌: 華中工學院出版社. 1982: 32.

고 때로는 다시 설치되기도 하는 부침(浮沈)의 과정을 겪었다. 학생은 주로 25세 정도의 서민 자제들이었고 학습 기간은 최대 6년이었다.

(2) 서학(書學)

서학의 경우도 율학처럼 수대에 설치되었는데, 한때 중지되었다가 정관 원년(627)에 다시 부활하였다. 문자와 붓글씨에 정통한 인재를 양성하는 것이 목적이었다. 서학에는 박사와 조교를 두었으며 시기마다 구성원의 수가 조금씩 달랐다. 박사 2명, 조교 1명, 학생은 용삭(容朔) 2년에는 10명, 개원 때에는 30명이었다. 율학처럼 때로는 폐지되기도 하고 때로는 다시 설치되기도 했다. 학생은 주로 14~19세 정도의 서민 자제들이었고, 학습 기간은 최대 9년으로 주로 ≪석경삼체서(石經三體書)≫, ≪설문(設文)≫, ≪자림(字林)≫을 수학했다.

(3) 산학(算學)

정관(貞觀) 초년에 당태종은 국자감에 산학전문학교를 설치하고 박사를 두어 학생을 모집하였다. 이곳에서는 주로 천문역법, 제정관리, 토목공정 방면의 인재를 배양하는데 주력하였다. 학생의 신분은 서학과 같았는데, 문무관 8품 이하 및 서민의 자제들이 입학하였다. 산학교사의 지위도 서학교사와 같이 모두 9품 이하로서, 국자학, 태학, 율학의 박사관직보다 다소 낮았다. 산학은 국자학처럼 안정되게 운영되지 못했지만 박사와 조교를 두어 전문교육을 하였다. 학생은 용삭 2년에는 10명, 개원 때에는 30명이었다. 산학은 크게 두 과정으로 나누었는데, 한 곳에서는 고전 산술을 강조한 ≪구장산술(九章算術)≫, ≪오조산경(五曹算經)≫, ≪손자산경(孫子算經)≫, ≪주비산경(周髀算經)≫ 등을 배웠고, 다른 곳에서는 실용성을 강조한 ≪철술(綴術)≫, ≪집고산경(輯古算經)≫을 배웠다. 이러한 분류는 고전수학과 응용수학으로 구분한 것으로 각각 7년 동안 학습했고, 수업 연한은 9년으로 제한하였다.

(4) 의약학(醫葯學)

의학 전반에 대한 인재를 양성하는 것이 목적이었다. 중서성 태의 서에 부속되었다. 그래서 행정, 의료, 제약(製藥)이 결합되어, 의약 이론과 실제 상황을 결합할 수 있었다. 이곳은 의(醫), 침(針), 안마 (按摩), 주금(呪禁), 약원(藥園) 등으로 구분되었다. 박사와 조교가 있 었고 학생은 93명 정도 되었다. 침을 전공하는 학생은 경락과 혈의 위치, 9가지 침구법 등을 가르쳤다. 안마를 전공하는 학생에게는 뼈 를 교정하고, 질병을 치료하는 법을 가르쳤다. 약학을 전공하는 학생 에게는 다양한 약재를 심고 채집하는 것에서부터 실습을 통해 약을 만드는 과정을 직접 가르쳤다. 의학교육은 이론과 실습을 잘 조화시 켜 진행하였다.

(5) 수의학(獸醫學)

태복사(太僕司)에 부설되어 짐승을 치료하는 기술과 방법을 가르 쳤다. 그래서 학습과 실습을 함께 병행하였다.

(6) 천문학(天文學)

당나라가 건국된 후 천문학 발전에 심혈을 기울였다. 수대의 제도 를 계승하여 중앙정부에 태사국(太史局)을 설치하였고, 사천대(司天 臺)에서 천문, 역법, 물시계 세 분야를 배웠다. 박사는 학생을 실무에 참여시켜 학생들이 실제로 실험해보면서 배울 수 있도록 가르쳤다.

(7) 음악학교(音樂學校)

음악학교는 태악서(太樂署) 부설로서 배우는 기간에 따라 장기와 단기로 나누었고, 그 속에서 난이도에 따라 3단계로 구분하여 악공 (樂工)을 가르쳤다.

(8) 공예학교(工藝學校)

전문적으로 수공업품을 만드는 소부감(少府監) 부설로서 기술이 뛰어난 장인들을 초빙하여 학생을 가르치도록 하였다. 예모(禮帽)와 스카프 같은 장신구에서부터 무기제조나 악기 같은 것 등의 다양한 물건을 제작하는 기술을 가르쳤다. 학습기간은 9개월에서 길게는 4년까지 다양했는데, 그것은 제작품의 난이도와 비례하여 정해졌다.

4. 과거제도와 고등교육

과거는 시험으로 관리를 선발하는 방법으로, 수대에 정식으로 시작되었다. 수문제 시기에 위진남북조의 구품중정제가 폐지되고 수양제(煬帝) 대업(大業) 2년(606)에 진사과를 포함하여 10개의 과를 설치했는데, 이것이 중국 과거제도의 시작이다. 그러나 과거제도를 정착시킨 것은 당왕조였다. 신분에 제한을 두지 않고 시험에 응시할 수 있으므로 일반 백성이 고급관료가 될 수 있었고, 중앙으로 진출할 수 있었다. 후에 과거출신의 관료가 급증하고, 이들이 점차 중앙의 요직을 차지하게 되자 과거제도는 귀족세력을 견제하는 수단이 되었다.

과거시험은 크게 상과(常科)와 제과(制科)로 구분해 볼 수 있다.

상과는 수재(秀才), 명경(明經), 명법(明法), 명서(明書), 명산(明算) 등을 기본 과목으로 매년 거행하는 것이다. 상과를 주관하는 곳은 상서성 아래의 예부였다. 시험관은 최초로 시험에 공을 세운 외랑(外郞)이다. 매년 시행되는 상과와 달리, 제과는 필요할 때 황제가 직접 시험하는 것으로서 '제(制)'자에는 황제의 명령이라는 뜻이 내포되어 있다. 제과의 시험 과목은 예를 들어 행동이 반듯하고 올바로 말할 수 있는 '현량방정능직언극간(賢良方正能直言極諫)', 고전에 능통하고 교화에 유능한 '박통분전달어교화(博通墳典達於敎化)', 군대의 장수가 될 만한 '군모굉원감임장수(軍謀宏遠堪任將帥)', 슬기롭고 뛰어난 사람임에도 세상에서 소일거리나 하는 사람의 '철인기사일륜도조(哲人奇士逸淪屠釣)', 지조가 가을날의 서리 같으면서 속세를 떠나 살고 있는 '지열추상고도구원(志烈秋霜高蹈丘園)' 등으로 그 이름이 화려한 것까지 포함하여 그 수가 많게는 백여 개에 달했다.

당대의 인재선발은 과거시험을 통해서 이루어졌고, 시험에 응시하는 사람은 주로 학교교육을 통해 배양된 지식인이었다. 과거제도는 고등교육의 발전을 촉진시켰다. 학교에서의 교육내용은 주로 과거시험 내용인 유가경전이었다. 따라서 학교의 학습내용은 과거시험의 제한을 받았고, 학습 분위기도 과거시험의 영향을 받아 암기하는 것을 중시하고 의리를 구하지 않는 분위기가 농후하였다. 이러한 상황에서 내실 있는 공부를 하여 좋은 인재를 배양하기란 어려웠다. 학생들은 단지 경전장구를 암송하는 책벌레에 불과하였다.

과거제도를 위해 당은 많은 학교를 설립했는데, 이러한 학교 설립은 국자감과 같은 교육 기관 및 전문고등교육기관의 발전을 촉진했다. 또한, 당 주변국의 많은 학생들이 이곳에 유학하여 공부하였으므로 당 문화의 전파에 큰 역할을 하였다. 그러나 과거제도의 실시로 학교교육기관이 과거시험 준비기관으로 전락하여 지식인의 사상을 억제했다. 과거급제에 급급한 나머지 진정한 학문적 연구를 자유롭게 하지 못하였다. 현종이 즉위했을 때는 이미 사회에 사치와 방종이 심하였고 과거제도가 지나치게 팽창되어 각종 부정부패가 만연하였다. 따라서 후에 황제가 직접 시험장에 암행어사로 나타나기도 하고 직접 시험문제를 출제하기도 하였다.

과거제도와 학교교육을 구분해서 말하자면 과거제도는 관리를 선발하는 것이고 학교는 관리를 배양하는 장소이다. 따라서 이 둘 사이에는 기본적으로 모순이 존재하였다. 당 이전 학교교육에서는 관리를 양성하기도 했지만, 올바른 관리양성을 위해 학문 연구에도 힘을 기울였다. 그러나 당대에 과거제도가 적극적으로 시행되면서 이둘 사이에 모순이 생겼다. 즉 학교교육은 오로지 과거에 합격하여 관리가 되고자 하는 방향으로 편중되어, 과거시험과목을 가르치는 것에 치중하였다. 따라서 학교교육의 목표는 학생들이 과거시험에 합격하는 것으로 변하여 과거시험의 내용이 학교교육의 내용이 되었다. 이리하여 당대의 국자감 교육은 점점 과거의 부속품이 되어 자주적으로 발전하지 못했으며, 과거시험에 대한 각종 부정이 나타났다. 경제적, 정치적, 문화적인 측면에서 번영하였던 수·당시대 고등교육의 특징을 살펴보면 다음과 같다.55)

첫째, 수대 국자사의 설립이다. 당대에서 이것을 계승하여 국자감이라 했는데, 이는 수·당시대 고등교육을 체계화한 것이다. 우리나라에서도 당대 국자감을 모방하여 고려시대에 국자감을 설립하였고, 국자감 아래에 6학을 설치하여 국자학, 태학, 사문학에서는 유교교육을, 율학, 서학, 산학에서는 이에 해당하는 전문교육을 하였다.

둘째, 학교교육에 있어 신분제한이 매우 엄격하였다. 당대 고등교육의 성격을 띤 대학으로 홍문관, 숭문관, 국자학, 태학, 사문학 등

---

55) 熊明安, 앞의 책, 145쪽.

이 있었는데, 이곳의 입학자격을 모두 몇몇 등급의 관리 자제만이 들어갈 수 있도록 엄격히 규정하였다. 학생이 입학함에 등급의 제한이 있었을 뿐만 아니라 각 학교 간에도 등급의 구별이 있었다. 그중 홍문관, 숭문관의 자격은 육학보다 높았고, 사문학이 가장 낮았다.

셋째, 다양한 전문교육기관의 체계화이다. 산학, 천문, 의학 등 전문 인재를 배양하기 위한 전문교육기관을 설립하였다.

넷째, 수대에 시작된 과거제도가 당대에 제도화되면서, 개인의 능력에 따른 관리등용의 객관성이 상당히 높아졌다. 그러나 이러한 과거제도로 말미암아 학교에서의 교육내용, 방법, 시험은 모두 과거를 위한 것이 되어 과거의 부속품으로 전락했다. 과거제도는 고등교육의 발전을 촉진시켰지만, 학생들의 사상적 자유는 억제되었다. 결국 학문의 진정한 발전을 저해했다.

다섯째, 오늘날로 말하자면 해외유학생에 대한 유치가 활발하였다. 당의 수도 장안은 경제, 문화, 교육, 정치 등의 중심지로 선진문화를 전파하는 곳이었다. 따라서 여러 나라의 학생들이 장안으로 유학을 와서 국자감에 입학하여 중국의 역사, 종교, 법률, 예제 등을 배우고 고국으로 돌아가 중국의 문화를 전파하고 고국의 문화수준을 높이는 데 기여하였다. 이에 중국에서도 유학생을 유치하기 위해 유학생들에게 학비, 생활비 등 다양한 혜택을 주었다.

여섯째, 행정기구, 교육기구, 연구기구가 하나로 통합되었다. 예를 들면 당대의 태의서, 사마태, 태복서, 태악서 등은 모두 행정, 교육, 연구기구의 작용을 겸했다. 이러한 기구는 모두 박사 혹은 악사를 두었고, 행정뿐만 아니라 교학과 연구 기능도 병행하였다.

제 7 장

송 · 원시대의
고등교육

1. 시대적 배경

주전충(朱全忠)이 당의 마지막 황제 애제(哀帝)를 폐위시킨, 907년부터 송이 건국되어 재통일될 때까지 54년(907~960) 동안 분단 상태가 지속되었다. 역사에서 이 시기를 5대10국시대라고 한다. 5대는 북방 민족에 의해 건국된 나라로 후양(後梁), 후진(後晋), 후당(後唐), 후한(後漢), 후주(後周) 5개 왕조를 일컫는다. 그 후 960년에 조광윤(趙匡胤, 927~976)이 후주를 멸하고 북송(北宋, 960~1127)을 세워 개봉(開封)을 도읍으로 정하였다. 조광윤은 당나라가 무관의 지나친 권력에 의해 국가를 혼란시킨 것을 교훈 삼아 문관정치를 위한 과거제도를 널리 시행하였고, 이에 새로운 관료사회가 형성되었다.

당시, 북방에서는 거란족과 여진족이 흥기하여, 각각 요(遼)나라와 금(金)나라를 수립했는데, 이들은 끊임없이 송을 침략했다. 이에 수도를 개봉(開封)에서 항주(杭州)로 옮기고 남송(南宋, 1127~1279)이라고 칭했다. 후에 몽고족이 남송을 멸하고 쿠빌라이 칸에 의해 원(元, 1279~1369)이 수립되었다. 송·원시대는 중국의 봉건사회가 지속적으로 발전하던 시기로 정치·경제의 변화, 과학문화의 발전, 학술사상의 변동에 따라 고등교육사업 또한 끊임없이 변화와 발전을 거듭했다. 특히 송대에 교육적 성과가 컸다. 송·원 시기에 고등교육이 발전할 수 있었던 사회적 상황은 다음과 같다.

첫째, 문치주의의 표방, 과거제도의 개혁이다. 절도사 출신으로 황제의 자리에 오른 송태조 조광윤은 전국을 통일한 후, 정권을 바로잡기 위해 문(文)을 숭상하는 문치주의를 표방하여 전통윤리도덕과 정치질서를 바로잡고자 하였다. 이에 과거제도를 전면적으로 개혁하고 능력위주의 인재선발방식을 통해 많은 사람이 과거에 급제하여 관료로 진출하도록 했다. 이러한 과거시험에 합격하기 위해서는 유가적 학식, 지식, 소양을 갖추어야 했다. 이로 인해 학교교육에서 문(文)과 관련된 교육이 더욱 중시되었는데 각 과별로 시험 보는 내용이 달랐다. 예를 들면 진사는 시, 부, 론, 첩경이었고 기타 과는 경서, 예서, 사서, 첩경 및 묵의(墨義, 문장 해석)를 시험 보았다. 이를 통해 새로운 지식인 계층이 형성되었다.

송의 관료는 대부분 이들 과거 급제자들이 차지하였다. 송 태종에 이르러 문치주의적 중앙집권을 확립하기 위해 더 많은 문신관료가 필요했다. 이에 국가는 과거제를 통해 관료를 충원하고자 했다. 과거의 등용문이 넓어지자 많은 지식인이 과거를 통해 관직에 나아갔다. 특히 평민들이 관직에 등용될 수 있는 기회가 많아졌다. 따라서 고위 관리에서 하급관리까지 과거출신이 대폭 증가했다. 문치주의 표방에 의한 관료제도는 이후 명, 청을 거치면서 더욱 강화·확립되었다.

둘째, 활자 인쇄술의 발명에 따른 서적의 보급이다. 이러한 서적의 보급은 문화지식의 전파를 가속화하고 고등교육의 발전을 촉진하였다. 인쇄술의 발명 시점에 대한 견해는 학자마다 이견이 있다. 동한(東漢)시대에 발명되었다고 보는 동한설 외에 진(晉)나라설, 육조(六朝)설, 수(隋)나라설, 당(唐)나라설이 있는데 그 중 당조설이 유력하다.

인쇄술이 발명되기 전 지식의 전수는 주로 구전에 의해 이루어졌다. 문자가 발명된 후, 이를 전문적으로 기록하게 되었는데, 이러한 기록은 대부분 나무나 동물의 뼈에 직접 새기거나 손으로 직접 쓰거나 베낀 것들이었다. 이후 한대에 채륜이 종이를 발명하면서 서적의 복제 기술에 대한 요구가 점차 강해졌다. 북송 경력(慶歷) 연간(1041~1048)에 평민 필승(畢升)이 활자 인쇄술을 발명하면서부터 교육의 보급과 교육을 받을 수 있는 계층에 커다란 영향을 주었다.

당대 조판인쇄술에서 송대 활자 인쇄술의 발명은 책을 일일이 손으로 베끼는 수고를 덜어 주었다. 위진남북조 시기는 중국에서 불교의 발전이 최고의 전성단계로 신도들이 많았을 뿐만 아니라 조선, 일본 등 주변국가에서도 많은 승려들이 건너와 불경을 공부했다. 이때 필요한 불경의 수요가 매우 많았지만 모두 손으로 쓸 수 없었다. 따라서 인장과 탁본을 이용한 복사본을 만들어 수요를 충족시켰다. 이렇게 인쇄술은 초기에 불교 사찰을 중심으로 발달했으며, 인쇄품은 거의 모두가 불교의 경전, 주문, 소불상 등이었다. 예를 들면 ≪금강경(金剛經)≫은 1908년 돈황(敦煌)에서 나왔는데, 이를 근거로 사람들은 인쇄술의 발명이 9세기 중기보다 늦지 않을 것이라고 추측한다.

우리나라에서 1966년 경주 지역에서 ≪무구정광대다라니경(無垢淨光大陀羅尼經)≫이 발견되었는데, 이것이 현존하는 최초의 인쇄품이다. 인쇄술의 발달은 송대에 더욱 가속화되어 서적의 출현을 촉진했는데, 문자를 인쇄할 수 있어 경전을 인쇄하고 싶은 대로 인쇄할 수 있었다. 인쇄술의 발달로 필기의 수고로움이 줄어들었으며, 책을 구입할 수 있는 시간도 단축되어 사람들이 과거보다 쉽게 책을 구할 수 있었다. 책의 출판은 교육의 발전을 촉진시켰으며 고등교육의 수요층을 증가시켰다.

송대 이전의 서적은 필사본이었기 때문에 서적수집과 대량소장이 상당히 어려웠다. 그러나 인쇄술의 발명으로 서적의 생산방법에 변화가 일어남으로써 서적의 생산량은 대폭 증가하게 되었다. 특히 송대에 과거 수험자가 증가함에 따라 서적의 수요가 비약적으로 증대되었을 때, 그 수요와 공급의 균형을 어느 정도 맞추어 줄 수 있었다는 점에서 송대 인쇄술의 발달은 중요한 역할을 하였다고 볼 수 있다. 교학적인 측면에서 이러한 서적의 공급은 독서층의 팽창을 가능하게 하고, 인쇄술의 발달에 따라 서적의 보급을 용이하게 하였다. 결국 인쇄술의 발달은 직접 또는 간접적으로 서적을 입수할 수 있는 기회를 확대시켜 줌으로써 송대에 많은 독서인의 출현을 가능하게 해 주었던 것으로 송대 독서인층의 팽창 기반이었다.

셋째, 송대 신유학(新儒學)의 형성이다. 송대 학문과 사상의 분야에서 가장 획기적인 사실은 신유학의 출현이다. 신유학은 일반적으로 이학(理學), 도학(道學), 성리학(性理學) 혹은 대성자의 이름을 따서 정주학(程朱學) 또는 주자학(朱子學)이라고 부른다. 주돈이(周敦頤)가 유학에 불교 및 도교의 요소를 도입하고 주희(朱熹)가 집대성하여 신유학을 확립하였다. 남송 이후 신유학은 주희가 사서를 오경보다 높이 평가하고, 명・청 시기에 과거제 시제가 사서에서 출제되어 오경보다 사서를 더 중시하였다. 지금까지 사서는 많은 사람들의 뇌리에 정신적 지주가 되어 우리나라, 일본 등 동아시아 사상계에 큰 영향을 미치고 있다. 송대의 신유학은 한・당 이후의 학술전통을 계승하고 이를 새롭게 발전시켰다. 이에 송대의 유학은 한대, 당대와 다를 뿐만 아니라 학술도 한・당 시기보다 발달하였다. 한대의 유학은 오경을 중심으로 자구해석에 치중하는 훈고학에 얽매이고 또 형식적인 예에 치중하였으므로 후한 말 이래 사회적 지도이념의 위치를 상실하였다. 그러나 송대의 신유학자들은 유가의 경전을 연구하는 동시에 한・당 유가학자와 함께 주소(注疏)의 서로 다른 점을 훈고하는 것을 중시하고 유가경전의 의리(義理)를 연구하는 것을 중시하였다. 따라서 학술사상 이것을 '훈고주소'의 학이라거나 한학(漢學)이라고 한다.

이에 반해 송유학을 의리의 학이라고도 하고 송학(宋學)이라고도 한다. 그러나 송학은 유가의 경전을 연구하는 것이 아니라 ≪논어≫, ≪맹자≫, ≪대학≫, ≪중용≫ 등 사서를 중심으로 연구하는 것이다.

따라서 송대 이후 사서의 지위는 오경을 뛰어넘었다. 즉 신유학은 유가의 의리를 연구하는 것으로 봉건통치와 봉건도덕의 근본도리와 개인수양 공부를 중시하는 이론이다. 이 같은 상황 속에서 당 후기에 한유(韓愈) 등이 맹자 이후에 상실된 유학의 부흥을 주장했는데, 이는 송대에 신유학이 출현하는 기반을 마련하였다.

신유학은 도교와 불교로부터 영향을 받은 것이 적지 않지만, 그 중심사상은 유가의 윤리강상에 있었다. 북송 시기에 봉건지주계급은 백성의 사상통치를 강화하고 중앙집권제의 통치와 봉건적 도덕질서를 공고히 하기 위해 정통적인 철학사상이 필요하였다. 신유학은 이러한 필요에 의해 탄생하였다. '북송오자'라고 부르는 북송의 저명한 신유학자로 주돈이, 장재, 소옹, 정이, 정호가 있는데 특히 정호와 정이 형제의 사상은 주희가 신유학사상을 집대성하는 데 큰 영향을 주었다. 남송 때 주희는 각 학파를 종합하고 특히 정이의 이학을 계승·발전시켜 정통적인 신유학이론을 세웠는데, 이것을 정이, 정호형제의 영향을 받았다고 해서 정주이학(程朱理學)이라고도 부른다. 이러한 신유학은 송대에 교육이라는 매개체를 통해 확립되었다. 신유학자들은 봉건교육의 교학목적, 교육작용, 교학방법과 학생의 도덕수양 등에 대하여 자신의 주장을 적지 않게 언급하였다. 더불어 이러한 주장은 송대의 고등교육 내용에 사상적 기반이 되었다. 그리고 《논어》, 《대학》, 《중용》, 《맹자》라는 사서를 확립한 주희의 영향은 당시 아시아 예를 들면 조선, 일본, 베트남까지 전파되어 현재까지 영향을 미치고 있다.

그러나 원대에 이르러 송대만큼 유학이 활성화되지 못하였다. 그렇다고 신유학에 대한 학문적 활동이 전혀 없었던 것은 아니다. 원을 세운 쿠빌라이 칸은 원을 통치하기 위해서 유학의 필요성을 인식하고 재능 있는 인재를 추천하도록 여러 번 조서를 내렸다. 또한 중앙집권적 관료제도를 위해 과거시험을 실시하지 않을 수 없었는데 과거시험의 내용이 유학의 경전이었으므로 그동안 위축되었던 유학이 다시 장려되기 시작하였다. 그러나 유목민의 통치하에서 유학의 진흥은 한계가 있었기 때문에 대대적으로 발달하지는 못했다.

넷째, 서원의 발달이다. 서원은 당말에 생겨 송대에 크게 성행했는데, 주로 개인이 설립했다. 원래 도서를 보관하고 서적을 편찬하는 장소였다. 송대에 이르러 서원은 초기의 성격에서 벗어나 점점 고등교육기관으로써 그 면모를 갖추었다. 송대에 과거제도가 활성화되자 과거를 통해 세속적인 명리를 쫓고자 하는 사람들로 관학이 흥성했지만 과거의 준비기관으로 전락하여 유명무실하였다. 서원은 당시의 이러한 사회적 분위기에 회의를 느낀 지식인이 유가학설을 연구하고 자신의 학술사상을 전파하기 위해 명승지를 선택하여 건물을 짓고 지식인을 모아 함께 강학활동을 하는, 이른바 교학활동과 학술연구를 하는 고등교육의 성격을 띤 장소가 되었다. 학술사상과 학술연구의 새로운 성과는 서원의 강학과 서원교육의 전파에서 나와 학술사상을 활발하게 하였다. 특히 남송 말에 신유학자들이 강학을 위한 장소로 서원을 부흥시켜 자신의 학술을 전파하기 위해, 학생을 모집하는 기지로 삼고 많은 사람을 모아 강학활동을 하였다. 이러한 신유학자들의 제창으로 송대의 서원은 매우 성행하였다. 특히 송 초의 백록동서원은 주희와 육구연의 강학활동으로 더욱 유명해졌다. 송 이후 서원은 학술문화의 중심역할을 하며, 청말까지 천 여 년간 지속되었다. 그러나 지식인의 관리진출이 시작되면서 서원도 과거준비를 위한 장소가 되었는데, 문치주의를 표방하는 송대에 특히 많은 서원이 설립되었다.

이렇게 송·원 시대는 문치주의의 표방, 과거제도의 개혁, 인쇄술의 발명에 따른 서적의 보급, 송대 신유학의 형성, 서원의 발달 등

으로 고등교육의 발전을 촉진했고, 고등교육의 팽창을 가능하게 하
였다.

2. 송대의 고등교육

송대에는 봉건적 중앙집권제를 위해 통치에 종사할 많은 지식인이 필요하였다. 그래서 학교를 세워 인재를 배양하고자 하였고, 이에 따라 세 차례의 학교개혁이 일어났다.[56]

첫째, 송인종(仁宗) 경력(慶曆) 4년(1044)에 범중엄(范仲淹, 989~1052)을 중심으로 일어난 학교개혁운동이 있는데, 이를 경력흥학(慶曆興學)이라 부른다. 범중엄이 제시한 10개의 개혁방안 중 교육개혁에 관한 내용을 크게 세 가지로 살펴보면 다음과 같다. 첫째, 학교를 세워 인재를 배양하는 것으로 주현에 학교를 세울 것, 더불어 태학과 국자학을 개혁하고 과거시험에 참가하는 사람은 먼저 일정기간 학교교육을 받아야 할 것을 주장했다. 둘째, 과거시험제도를 개혁하여 과거시험에서 먼저 '책(策)', 그 다음에 '논(論)', 그 다음에는 '시부(詩賦)'를 보도록 규정하고, '첩경(貼經)'과 '묵의(墨義)'를 폐지하여 과거에서 기계적으로 암기만 하던 시험방법을 개혁하였다. 셋째, 태학을 창건하고 더불어 태학의 교육제도를 개혁하였다.

둘째, 왕안석(王安石, 1021~1086)이 추진한 '희령흥학(熙寧興學)'이다. 송신종(神宗) 희령(熙寧), 원풍(元豐)년간에 왕안석이 신종의 지지하에 신법(新法)을 시행했는데, 이에 상응하는 교육을 개혁하지 않을 수 없었다. 이 개혁이 바로 희령흥학이다. 그 주요내용은 다음과 같다. 첫째, 태학을 개혁하고 '삼사법(三舍法)'을 제정하는 것이다. '삼사법'이란 태학을 서로 다른 등급의 외사(外舍), 내사(內舍), 상사

---

56) 毛禮銳·瞿菊農·邵鶴亭 編. ≪中國古代敎育史≫. 北京: 人民敎育出版社. 2000: 298~302; 熊明安. ≪中國高等敎育史≫. 重慶: 重慶出版社. 1983: 178~180; 郭濟家. ≪중국의 고대학교≫. 서울: 원미사. 2004: 144~146 참조.

(上舍) 세 가지를 점진적으로 상승하는 등급으로 나눈 것이다. 둘째, 주현의 지방학교를 회복하고 발전시킨 것이다. 셋째, 무학(武學), 율학(律學), 의학(医學) 등 전문학교를 회복·설립한 것이다. 넷째, ≪삼경신의(三經新義)≫를 편집하여 유가경전 ≪시경≫, ≪상서≫, ≪주례≫ 삼경에 대해 다시 해석하여 책을 완성한 후, 태학, 주학, 부학에 공포하여 통일된 교재로 삼은 것이다. 또한 이것을 과거시험의 기본 내용과 모범답안으로 간주하도록 했다. 그밖에 왕안석은 과거시험에 대해서도 개혁을 실행하여 명경제과(明經諸科)를 폐지하도록 명령했다. 즉 진사과(進士科)시험에 경의(經義), 논(論), 책(策)을 시험 보도록 하고, 시부(詩賦), 첩경(貼經), 묵의(墨義)를 시험보지 않도록 했다.

셋째, 채경(蔡京, 1047~1126년)이 송나라 휘종(徽宗) 숭령년간에 추진한 '숭령흥학(崇宁興學)'이다. 이 개혁의 주요 내용은 과거, 희령 원풍시기에 실시했던 것을 다시 회복하고 강화하는 것이다. 채경이 상서(尚書) 우복사(右仆射)로 있었을 때, 휘종의 뜻을 받들어 희령신법을 계승했는데, 이는 통치위기에 놓인 북송을 구하고자 한 것이다. 따라서 '희령흥학'의 일부 시책이 회복·발전하였다. 그 주요 내용은 다음과 같다. 첫째, 전국에 지방학교를 보편적으로 설립하고, 둘째, 현학, 주학, 태학 3단계가 서로 연계된 학제체계를 세워, 현에 있는 학생은 시험에 의한 선발로 주학에 진학하며 주학에 있는 학생은 3년마다 시험성적에 따라 태학의 서로 다른 재사(齋舍)에 진학하도록 규정했다. 셋째, 벽옹을 새로 건립하고 태학을 발전시키는 것이다. 벽옹는 '외학(外學)'이라고도 부르며 태학의 외사다. 넷째, 의학을 회복하고, 산학, 서학, 화학(畫學)을 설립한다. 다섯째, 과거시험을 중단하고 학교에서 사(士)를 뽑는 것으로 고친다. 이것은 사를 뽑는 제도에 대한 중대한 개혁이다.

비록 흥학이 일어난 시기는 각기 다르지만, 세 차례의 흥학운동은 송대 고등교육의 발전에 큰 공헌을 하였다. 송대의 고등교육은 대체로 당의 제도를 계승하여 발전시켰는데, 대표적인 고등교육기관을 살펴보면 다음과 같다.

(1) 국자감

국자감은 송대 최고의 고등교육기관으로, 그 아래에 국자학, 태학, 벽옹, 사문학, 무학, 율학을 설치하고 그밖에 중앙에 속한 전문교육기구로 산학이 있었다.

① 국자학: 국자학생은 7품 이상 관리의 자제가 입학할 수 있었다. 또한 8품 이하 서민의 자제 중 우수한 사람도 입학할 수 있었다. 교육의 내용은 주로 오경으로 박사들이 가르쳤다. 국자감은 후에 입학생에 대한 제한이 완화되면서 과거준비기관으로 전락하였다.

② 태학: 송대의 고등교육은 주로 태학을 중심으로 발달하였다. 태학의 입학자격은 8품 이하의 자제 및 서민 가운데 우수한 자였다. 설립된 시기도 국자학보다 늦지만 성과가 있어 송대에 학교를 흥성시켜 인재를 배양하는 것에 중점적인 역할을 했으며, 중앙관학의 핵심이기도 했다. 신종(神宗) 때 왕안석이 신법을 실행하여 경에 능통한 인재를 배양하는 것을 매우 중시하여 태학을 확충하고 삼사법(外舍, 內舍, 上舍)을 설립하였다. 송휘종 숭령(崇寧) 때 각주에 주학을 두고 3년마다 한번 선발하여 태학에 입학시켰다. 남송 고종 때에는 주학에서 만 1년을 공부하고 세 차례의 시험을 거쳐 통과한 자, 학교에서 거주하지 않는 자 그리고 두 차례의 석전 및 향음주례에 참여한 자가 태학에서 공부할 수 있었다. 송효종 때는 이 두 가지 방법이 뒤섞여 있었다. 이러한 방법은 과거시험에 떨어진 거인들이 응시하여, 합격한 자는 태학에 후보로 들어갈 수 있었는데, 이들 혼보

(混補)라고 불렀다. 후에 낙제자인 거인(擧人)이 너무 많아 제한을
두고 낙제자 중 다시 시험을 보아 선발된 자는 태학에 가서 시험을
보도록 하였다. 그밖에 각 주에서 온 학생들은 서울에 도착해서 태
학에 들어갈 때 각 주의 공문을 받고 시험을 보아 선정되면 외사로
들어가 외사생이 되었다.[57] 그밖에 태학의 외학(外學)에 벽옹을 설
립하였다. 한·당 이후 태학의 교학방법은 교사들은 주로 강의를 하
고 학생은 자율학습을 하는 것이었다.

③ 사문학: 송인종 경력 3년(1043)에 일반적으로 태학에 들어가지
못한 지식인들을 위해 설립한 단기 보통대학이다. 8품 이하 및 서민
자제는 모두 입학할 자격이 있었다. 학습기한은 1년이다. 만기를 채
우고 시험에 합격한 사람에게 졸업증서를 주었다. 불합격한 사람은
계속 남아 있었는데, 3년이 되면 학적부에서 없앴다. 이러한 학교는
얼마 되지 않아 폐지되었다.

④ 광문관: 철종(哲宗) 조후(趙煦) 원우(元祐)년간에 설립되었다.
학생이 2400명 정도로 목적은 사방에서 시험을 보러 서울에 오는
사람들을 모시는 것으로, 과거제도 준비를 위한 일종의 서비스기관
이었다. 사문학과 광문관은 모두 사들의 과거시험 준비를 위해 설립
된 일종의 예비학교였다.

⑤ 율학: 율학은 송 신종 희령 6년에 설립되었다. 이것이 설립되
기 전에 박사를 두어 법률을 강의하게 했는데, 정식적인 법률학교는
아직 성립되지 않았다. 율학의 입학자격은 크게 두 가지로 나누어
볼 수 있다. 하나는 관리, 다른 하나는 거인이다. 거인은 반드시 두
명의 관리가 명하여 보냈다. 최초 입학한 사람은 예비생으로 상당시
간 강의를 들은 후 입학시험을 거행하였다. 시험을 보아 합격하면
비로소 정식 학생이 되고 대우를 받을 수 있었다.

---

57) 熊明安, 앞의 책, 180쪽.

⑥ 무학: 인종(仁宗) 조정(趙禎) 경력 3년(1043)에 설치되었으나 오래지 않아 폐지되었다. 무학은 광문관(廣文館)과 더불어 송대 초기에 생긴 교육기관으로, 단기 훈련반 또는 강습반 성격의 고등교육기관이었다. 학기가 구분되지 않고 입학자격도 제한이 없었으며 시험도 엄격하지 않았다. 무학(武學)은 제가병법(諸家兵法), 보기사(步騎射)를 배우고 상(上)·내(內)·외(外) 삼사(三舍)로 나누며, 100명의 학생을 모집했는데, 당시 외세의 침략을 방어하는데 적합했다.

그밖에 산학, 서학, 화학, 종학 등이 있다. 산학은 송휘종 숭령 3년(1104)에 설립되어 태사국(太史局)에 예속되었다. 학생수는 210명 정도였다. 입학자격은 관리와 서인 두 종류이다. 교재는 ≪구장(九章)≫, ≪주비(周髀)≫, ≪해도(海島)≫, ≪손자(孫子)≫, ≪오조(五曹)≫, ≪장구건(張丘建)≫, ≪하후양(夏候陽)≫ 등이다. 더불어 역산삼식(曆算三式), 천문서 등 본과가 있었고, 본과 외에 하나의 소경을 배웠다. 대경을 배우고자 하는 자는 배울 수 있었으며 다양한 과목을 선택하는 것은 학생의 자율에 맡겼다. 서학(書學)은 송휘종 때 건립되어 서예국(書藝局)에 예속되었다. 이것은 출신성분, 학생수에 제한 없이 모집했으며 학생들은 주로 전(篆), 례(隷), 초(草) 삼체를 배우고 동시에 ≪설문해자(說文解字)≫, ≪자설(字說)≫, ≪이아(爾雅)≫, ≪박아(博雅)≫, ≪방언(方言)≫ 등도 배웠다. 화학은 송휘종 때 설립되어 화도국(畵圖國)에 예속되었다. 화학의 학생수는 제한이 없었으며, 입학자격은 크게 두 종류였다. 이른바 사류와 잡류의 사람이다. 화학(畵學)에서는 불도(佛道), 인물, 산수, 조수(鳥獸), 화죽, 집과 나무등 전문과정을 개설했다. 의학은 태의국(太醫局)에 예속되어 신종(神宗) 때 제거판국관(提擧判局官) 및 교수 1명을 두고 학생 300명을 받았다. 맥(脉), 침(針), 양(瘍) 세과로 나누고 맥과는 다시 대, 소 2경으로 나누어 가르쳤다. 귀족자제를 위해 소흥(紹興) 14년 종학을 임안(臨安)에 설립하여 학생수가 100명에 이르렀는데 그중 대학생은 50명, 소학생은 40명이었다. 행정사무를 보는 사람 5명, 더불어 소학 교수 1명을 두었다.

송대의 국자학, 태학, 광문관, 사문학, 외학 등은 모두 유가의 경전을 주요교재로 삼았다. 기타 율학, 서학, 화학, 의학, 무학 등도 전공에 따라 교재를 선택하였다. 현재 북경에 남아있는 국자감은 원대 성종(成宗) 대덕(大德) 10년(1306)에 건립된 것으로, '좌묘우학(左廟右學)'의 건축 예제에 의해 공묘의 동쪽에 위치하고 있다. 명초 국자감은 연이어 북평군학(北平郡學), 국자감이라고 칭했는데 후에 국자감이라는 명칭을 계속 사용하게 되었다. 남경의 국자감은 남감(南監)이라고 칭하고 북경의 국자감을 북감(北監)이라고 칭했다. 국자감은 현재 도서관 및 관광지로 활용되고 있다.

[송대의 학제도]

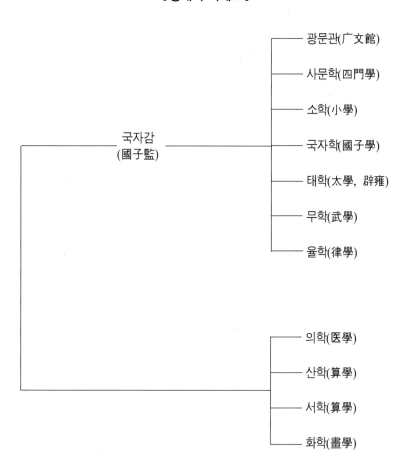

3. 원대의 고등교육

원나라 통치자는 한나라의 법을 채택하여 통치하였고, 송대의 제도를 모방하여 중앙집권을 실행하였다. 더불어 한족 지주계급과 그들의 지식인을 끌어들여 비한족 지역을 한화시키고자 학교를 설립하고 유가의 학설을 보급했으며, 과거제도로 인재를 선발하였다. 학교제도와 관리 선출방법은 당·송과 대체로 비슷하였다. 원대의 고등교육기관 설립 상황에 대해서는, 중국 사료에는 기록이 자세하지 않지만 일부 알 수 있는 내용을 살펴보면 다음과 같다.

원대의 교육기관으로 중앙에 국자감, 몽고국자감, 회회국자감(回回國子監)이 있었다. 이러한 국자감 아래에 국자학이 있었다. 태종(太宗) 6년(1234)에 금나라가 멸망한 후 금나라의 수도였던 연경(燕京)의 추밀원(樞密院)을 선성묘(宣聖廟)로 고치고 국자학을 설립하여 시신(侍臣)의 자제 18명이 입학을 했다고 했는데,[58] 이것이 원대 국자학에 대한 최초의 기록이다. 원세조 지원(至元) 7년(1270)에 세조가 국자학을 설립하여 "사신자제 11명을 입학하도록 했는데, 나이가 많은 네 명은 허형(許衡)을 따르도록 하고 동자(童子) 7인은 왕순(王恂)을 따르도록 하였다.[59] 그리고 지원 24년(1287)에 정식으로 국자학을 설립하였다. 이때부터 국자감의 관리가 체계적으로 이루어지기 시작하였다. 당시의 국자학은 한학계열로 몽고국자학, 회회국자학과 구별되었다.[60] 학생은 종족을 구분하지 않고 몽고인, 색목인 모두 입학할 수 있었으며 그 자격은 숙위대신의 자제, 위사세가(衛士世

---

58) ≪元史・選擧志・學校≫.
59) ≪元史・選擧志・學校≫.
60) 李才棟・譚佛佑・張如珍・李淑華. ≪中國敎育管理制度史≫. 南昌: 江西敎育出版社. 1996: 329.

家)의 자제 및 7품 이상 조정의 관리 자손으로 제한하였다. 무릇 평민 중 우수한 학생은 조정의 3품 이상 관리의 추천을 받아 배당생(陪堂生)이 되었다. 학생수는 약 80명에서 많을 때는 400명에 이르렀다. 그 밖에 청강생도 있었다.

국자학에는 박사(博士)를 두어 학문적인 일을 맡겼으며, 조교를 두어 이를 돕도록 하였다. 그밖에 학정(學正), 학록(學錄)을 두어 학생들의 관리 및 수업을 감독하도록 하였다. 교육내용으로 먼저 ≪효경≫, ≪소학≫, ≪논어≫, ≪맹자≫, ≪대학≫, ≪중용≫을 배우고, 그다음에 ≪시≫, ≪서≫, ≪예기≫, ≪주례≫, ≪춘추≫, ≪역≫을 배웠다. 교관의 강의에도 명확한 규정이 있었는데, 교관이 친히 음훈을 읽으면 학생들이 이를 따라 하고 학정, 학록이 그 다음에 공부한 바를 확인하였다.

국자학에서의 교육과정은 '승재등제법(升齋等第法)'과 '적서법(積書法)'을 채택했다. '승재등제법'이란 국자학을 상, 중, 하 3등급 6개의 재사(齋舍)로 나눈 것으로 학생 수준에 따라 각 재사에 들어가 다른 내용을 공부하였으며, 학업성적과 품행에 근거하여 다음 단계로 올라갈 수 있었다. 이것은 송대의 '삼사법'을 계승하고 발전시킨 것이라 볼 수 있다. 국자학 시험은 사시(私試)와 승재시(升齋試) 두 종류가 있었다. 사시는 월마다 한 번씩 치르고, 시험성적이 상등급인 사람에게는 1점을 주고 중등급인 자에게는 반점을 주었다. 일 년 중 누적된 점수가 8점 이상인 자는 고등생원이 될 수 있는데 한인 20명, 몽고인과 색목인(色目人) 각각 10명씩 총 40명으로 제한하였다. 승재(升齋)시험은 중재생이 3개월마다 시험을 치러 우수한 순서대로 상재에 올라가는 것이다. 하재생은 3개월마다 시험을 치러 성적의 우수 정도, 질서와 규율을 지키는 여부에 따라 중재에 올라갈 수 있었다. '적분법(積分法, 점수누적법제도)'은 학생의 일 년 학업성적을 누적하여 계산하는 방법으로 송대 태학에서 시작했지만 원대에 이르러 국자학에서 완성되었다. 이것은 학생의 평소 시험성적을 중시함으로써 학생들이 평소에 열심히 공부하도록 촉진하는 긍정적인 작용을 하였다. 이러한 원대의 국자학은 한학을 가르치는 것으로, 몽고국자학과 회회국자학과는 차이가 있다.

둘째, 몽고국자감이다. 지원 14년(1277)에 설립하였으며 여기에는 좨주(祭酒), 사업(司業), 감승(監丞), 령사(令史), 필도적(必闍赤, 황제를 위해 문사를 장학한 관원) 등이 있었다.

셋째, 회회국자감은 인종 연우(延佑) 원년(1314)에 설립하여 회회국자학을 관할하도록 하였다. 서원은 각로에서 관할하도록 했지만 한학 국자감에 예속되어 이들의 지도를 따랐다. 각국의 국자학과 서원의 내부관리는 송대와 같았다. 그러나 학생의 징벌방법은 서로 달랐는데 ≪원사(元史)・선거지(選擧志)≫를 통해 이를 살펴보면 다음과 같다. 첫째, 만약 열심히 공부하지 않거나 학규를 어긴 자는 1점을 벌하고 두 번하면 2점을 벌하고 세 번하면 학적부에서 없앴다. 둘째, 이미 고등생원이 된 사람이 학규를 어기면 1년동안 시험을 볼 수 없고 두 번 범하면 학적부에서 없앴다. 셋째, 국자학의 학생이 일 년에 2분의 1이상 결석하면 학적부에서 없앴다. 넷째, 한족학생이 국자학에서 공부한 지 3년이 되었는데 한 개의 경을 통달하지 못하거나 혹은 열심히 공부하지 않으면 퇴학당했다. 만약 몽고와 색목의 학생이 3년 동안 공부하여 1개의 경에 통달하지 못하면 다른 방법으로 처벌하였다. 원대 대학교학의 기본형식은 한・당 이후의 강의 방식을 따랐다. 강의 다음날에는 학생에게 강의한 내용을 물어보고 알고자 하는 내용을 명확하게 알려주고 복습하며 월마다 시험을 보아 학생이 배운 내용을 정확히 이해하도록 하였다.[61]

---

61) 熊明安, 앞의 책 235쪽.

몽고국자학은 원대 경사(원대의 大都, 지금의 북경)에 원세조 지
원 8년(1271)에 설립되었는데 몽고국자감에 예속되었다. 학생의 입학
자격은 몽고인, 한인백관 및 서민 자손 중 우수한 자이다.[62] 학생의
정원은 원래 규정이 없어 후에 150명까지 증가하기도 했는데 몽고
학생은 대략 70명, 색목학생 20명, 한족(漢族)의 학생은 60명이었다.
학생은 정식생과 배당생(陪堂生) 두 종류였다.[63] 현재 남아 있는 자
료에 의하면 몽고국자학의 교재 및 교육내용은 다음과 같다. 첫째,
몽고문자를 가르치는 것이다. 둘째, 성적이 좋은 관리자제에게 산술
을 가르치고, 그 외에 봉건예절도 가르쳤다. 교재는 몽고문으로 번
역된 ≪통감절요(通監節要)≫이다.[64] 교육목적은 몽고족 인재를 배
양하는 것이었지만, 기타 민족의 학생도 입학할 수 있었다. 학업을
이수한 후, 학생의 성적에 따라 관직을 수여하였다. 몽고국자학이 앞
서 말한 국자학과 다른 점은 교육목표에 있어 몽고자제를 배양하는
것으로 교육과정, 시험 등에 있어서도 달랐다. 그 밖에 지원(至元) 8
년에 지방에 제로몽고자학(諸路蒙古字學)이 설립되었다.

원대에 회회는 그 세력이 강했다. 회회도 그들의 회회국자학을 원
세조 지원 26년(1289)에 설립했는데, 이는 회회국자감에 예속되었다.
학관 및 학생은 50여 명이었다. 모두 정부에 의해 름선(廩膳)을 제
공받았다. 입학자격은 공경대부 및 부유층의 자제로 한정하였다. 교
육내용은 주로 페르시아문자를 가르치는 것이었으며, 교육의 목적은
번역전문가를 배양하는 것이었다. 그 밖에 회회국자학에 대한 내용
은 문헌의 부재로 자세히 알 방법이 없지만 당시 서역과의 교류가
활발했던 것으로 보아, 국제교류를 담당할 수 있는 인재를 양성하기

62) ≪元史·選擧志·學校≫: … 始下詔立京師蒙古國子學, 教習諸生, 于隨
　　朝蒙古, 漢人百官及怯薛歹官員, 選子弟俊秀者入學 ….
63) 高時良. ≪中國古代教育史綱≫. 北京: 人民教育出版社. 2003: 392.
64) 熊明安, 앞의 책, 232쪽.

위해 세웠을 것으로 유추해 볼 수 있다. 이러한 기관은 모두 소수
민족이 설립한 학교로 시험과목 및 출신에 따라 당시 일반학교와 그
대우가 달랐다.

그 밖에 원대의 지방고등기관으로 서원이 있다. 서원은 송대에 흥
성하기 시작한 후, 원대에 이르러서도 쇠하지 않았다. 송나라 멸망
후, 많은 유학자들이 금, 원의 관리를 원하지 않고 서원을 세워 학
생들을 모아 강학하였다. 동시에 원대의 통치자도 서원을 세우는 것
을 제창하였다. 태종 8년(1236) 연경(지금의 북경시)에 송유(宋儒) 주
돈이(周敦頤) 비를 세워 태극서원(太極書院)을 설립하였는데, 이것이
원대 정부에서 처음으로 서원을 설립한 것이다. 원 세조 지원 28년
(1291)에 "강남의 제로학 및 현학 내에 소학을 설립하라"는 조서 중
에도 서원을 설립할 것을 제창하였다.[65] 원대에는 지방행정조직으로
로(路), 부(府), 주(州) 등이 있었는데, 이러한 지방행정기구에도 학교
를 설립했다. 로에는 로학(路學), 부에는 부학(府學), 주현에도 학교
가 있었다. 그 밖에 제로의학(諸路醫學), 제로몽고자학(諸路蒙古字
學), 제로음양학(諸路陰陽學)이 있었다. 이러한 지방학교의 입학자격
에는 제한이 있었다. 예를 들면 제로몽고자학생의 입학자격은 제로
관부의 자제로 상로(上路) 2명, 하로(下路) 2명, 부(府) 1명, 주(州) 1
명 등 인원에 제한이 있었고, 민간자제는 상로 30명, 하로 20명을
두었는데 추후 이러한 인원수 제한에 변화가 생겨났다.[66] 원대의 학
제도를 살펴보면 다음과 같다.[67]

---

65) 熊明安, 앞의 책, 234쪽.
66) 李才棟・譚佛佑・張如珍・李淑華, 앞의 책, 333쪽.
67) 高時良, 앞의 책, 405쪽.

[원대의 학제도]

중앙
학제

- 국자감(國子監) ─────── 국자학(國子學)
- 몽고국자감(蒙古國子監) ─────── 몽고국자학(蒙古國子學)
- 회회국자감(回回國子監) ─────── 회회국자학(回回國子學)

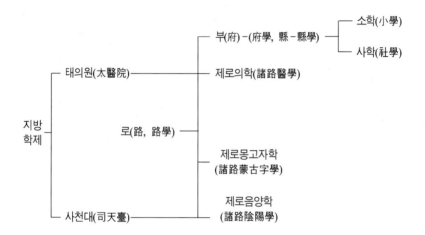

지방
학제

- 태의원(太醫院) ─────── 부(府) - (府學, 縣 - 縣學) ─ 소학(小學)
                                              사학(社學)
- 제로의학(諸路醫學)
- 로(路, 路學)
- 제로몽고자학(諸路蒙古字學)
- 사천대(司天臺) ─────── 제로음양학(諸路陰陽學)

4. 과거제도와 고등교육

북송의 과거제도는 당조에 비하여 한층 더 발전하였다. 시험은 향시, 성시, 전시 세 등급으로 나뉘었다. 과거시험은 전대보다 그 절차가 엄격했는데, 전시를 제도화하고 황제가 선발권을 직접 장악하였다. 선발인원도 당조에 비하여 크게 늘어났다. 이러한 과거제도의 발전은 지주계급의 각 계층에게 벼슬에 오를 수 있는 길을 열어주었고, 북송 정권의 기초를 한층 확대했으며 중앙집권을 강화하는 역할도 하였다. 그러나 과도한 선발로 관리들이 많아지자 복잡한 국면이 나타났다. 과거시험에 대한 부정적 현상도 많아져 태조 조광윤 때부터 당대 과거제도의 폐단에 대한 일련의 정돈과 개혁을 실시함으로써 과거제도에 관한 법률이 점점 엄격해졌다. 이에 시험방법상 호명법, 즉 시험지의 이름과 적관을 밀봉하여 시험 감독의 부정행위를 막는 방법을 실시하기도 했다.

남송에 이르러 과거제도는 이미 심각할 정도로 폐단이 커졌는데, 주희는 "경전을 공부하는 자들이 더 이상 경전의 원문과 선현들의 주석은 보지 않고, 근래 과거시험에 합격된 문장만 가져다 외우고 모방하며 경전 가운데 제목이 될 만한 구절을 뽑아 그 뜻을 견강부회하여 제멋대로 주장한다"고 하였다. 당시 일반 학교들 역시 이미 과거시험의 준비 기구로 전락해 교육과 학술연구 기구로서의 기능을 상실하였다. 그리하여 과거 출신문관들도 대부분 공소하고 학식이 없어 "조정이나 각 주현에서 의문 나는 일이 생길 때마다 공경대부와 백관들은 모두 놀라 서로 멀뚱멀뚱 쳐다만 볼 뿐 그 출처를 알지 못하였다"[68]고 한다.

---

68) 진정(金靜), 김효민(金曉民) 옮김. ≪중국과거문화사≫. 서울: 동아시아. 2003: 186.

송대에는 일반인들도 독서능력만 갖추고 있으면 과거를 거쳐 자신의 정치·사회적 지위를 향상시키는 것이 수월하였다. 이로 인해 과거를 목표로 공부하는 사람들이 계속 증가하였다. 송대에는 문치주의 정책으로 과거제도가 활성화되자, 이를 통해 사회적으로 계층상승을 하려는 사람들이 늘어났다.

원대에 이르러 당·송의 과거제도가 원의 관료임용제도로 자리를 잡게 되었다. 원대의 과거제도는 3년에 한 번 거행했으며, 향시·회시·전시 등 3단계로 나뉘었다. 과거시험의 내용은 주로 정주이학에 대한 내용으로 남송의 주희에 와서 집대성된 이학이 원대에 들어와 과거시험의 기준이 되었다. 이후 과거제도가 폐지될 때까지 과거시험 영역에 주희가 정한 사서는 지배적인 지위를 확립하는 데 토대가 되었다. 원대 초기 한때 과거제도가 폐지되어 다양한 학파의 학설이 사라지기도 했지만, 이학은 그 자리를 공고히 하였다. 향시, 회시의 명칭은 금나라의 과거제도에서 계승된 것이다. 향시는 당·송 시기의 발해 시에 해당되는 과거제도로 몽고인과 색목인은 경의와 대책 두 가지만 시험을 보았고, 한인들은 여기에 부와 잡문 각 한 편씩을 추가하여 짓게 하였다. 향시는 각 성에서 거행하였는데, 매년 300명을 선발하여 경사의 회시에 응시하게 하였다. 원대의 과거제도는 민족차별정책으로 인하여 한인과 남인, 몽고인, 색목인은 시험에 대한 내용 및 요구조건에 다소 차이가 있었다. ≪원사·선거지≫에 의하면 몽고, 색목인은 두 번까지 시험을 보았다. 첫 번째 시험에서는 경에 대해 다섯 가지를 물어보았는데 사서 내에서 다섯 문제를 물어보았다. 주희의 ≪사서장구집주(四書章句集注)≫를 기준으로 자수에는 제한을 두지 않으면서 의리(義理)를 명확히 하고 문필이 훌륭하면 합격하였다. 두 번째는 시책(試策)으로 시무로써 출제하였는데 오백자 이상으로 제한하였다. 한인, 남인은 세 번의 시험을 보았다. 첫

번째 시험은 두 가지 형태로 나뉘는데 첫째, 명경(明經), 경의(經疑)
두 가지를 물어보았다. 이 또한 사서에서 출제되었는데 주희의 ≪장
구집주(章句集注)≫를 기준으로 그 뜻을 자신의 생각과 더불어 삼백
자 이상 적어야 했다. 둘째, 경의(經義)라는 것은 ≪시≫, ≪서≫, ≪역≫,
≪예기≫, ≪춘추≫ 오경에서 출제하였는데, 각각 한경을 연구하였
다. ≪시≫는 주희의 주를 기준으로 하고, ≪상서≫는 채씨(蔡氏)의
주를 중심으로 하고, ≪역≫은 정씨, 주씨가 주를 한 것을 위주로 했
는데 이상 삼경은 고대 주소를 사용하기도 했다. ≪춘추≫는 삼전,
즉 공양전, 곡량전, 좌씨전 및 호씨전(胡氏傳)을 참고하고 ≪예기≫
는 고대의 주소를 사용하였다. 오백 자 이상으로 제한했지만 율에는
제한이 없었다. 두 번째, 부(賦), 조고(詔誥), 장표(章表) 세 종류 중
하나를 선택하였다. 세 번째 시책은 경사시무 내에서 출제하였는데
천자 이상으로 제한을 두었다. 몽고, 색목인은 본인이 원하면 한인,
남인 과목으로 시험을 볼 수 있었다. 시험결과 몽고, 색목인, 한인,
남인을 구별하여 발표하고 1등을 한 사람에게 진사급제를 알리고 6
두품에 명했다. 2등은 정7품에 명했다.[69]

---

69) 李才棟·譚佛佑·張如珍·李淑華, 앞의 책, 338쪽.

5. 서원의 발전과 고등교육

서원은 당말에 생겨나 오대에 형성되었으며, 송대에 크게 흥성하였다. 처음에는 장서(藏書)와 수서(修書)의 장소로, 진정한 교육기관은 아니었다. 서원이 교육기관으로서의 성격을 띤 것은 남당 승원(昇元)년간(937~942)의 일이다. 즉 여산의 백록동에 학사를 세워 학전을 두고 학도를 모집하고, 이선도(李善道)를 동주로 하여 학생들을 가르친 시기부터이다. 이를 계기로 송대에 고등교육기관의 성격을 띤 서원이 출현하게 된 것이다. 서원의 교육내용 및 학생의 자율성은 관학보다 비교적 자유로웠다.

특히 서원이 송대에 많이 출현하게 된 것은 당말 오대(五代) 학술이 쇠퇴하고, 끊임없는 전란으로 국가에서 학교를 관리·설립하는 것을 중시하지 않아 학교가 유명무실해지자 일부 덕행과 학식이 있던 지식인이 유가학설을 연구하고 자신의 학술사상을 전파하기 위해 명승지를 찾아 건물을 짓고 청년지식인을 모아 함께 강학활동을 했기 때문이다. 서원의 출현은 사회·역사적 원인에서도 찾을 수 있는데, 관학의 쇠퇴 외에 당시의 경제, 정치적 상황과 관련이 있다. 당말 이후 등급대로 전제(田制)를 받던 것이 무너졌다. 사회에서 문벌계급에 의지하던 중소지주는 부는 있으나 권력이 없었다. 이러한 사람들은 자신의 이익을 위해 정치를 논하고 통치집단에 나가고자 경쟁하였다. 정치적 목적을 위해 그들은 학술의 자유를 요구하고 정치적 의견을 말할 수 있도록 요구하였다. 이와 함께 서원이 탄생한 것이다.

송대에 이르러 전란이 끝난 후 관학이 보편적으로 설립되기 시작했지만, 대부분 과거의 준비기관으로 전락하고 유명무실해져 서원이 계속해서 발전할 수 있었다. 특히 송대의 유학자들이 그들의 학술을 전파하기 위해 서원을 학생 모집의 기지로 삼고, 많은 사람들을 모아 강학활동을 하였다. 이러한 유학자들의 제창으로 송대에 서원이 크게 흥성하였다. 그중 숭양서원(嵩陽書院), 하남등봉태실산(河南登封太室山), 악록서원(岳麓書院), 호남장사악록산(湖南長沙岳麓山), 응천부서원(應天府書院), 하남상구(河南商丘) 등의 서원이 나타나 백록동서원(白鹿洞書院), 강서여산(江西廬山)과 더불어 사대서원(四代書院)이라 칭해졌다. 그 밖에 석고서원(石鼓書院), 호남형양석고산(湖南衡山石鼓山), 모산서원(茅山書院), 강서강령삼모산(江蘇江宁三茅山) 등이 있다. 송초의 서원은 특히 그 특유의 강한 생명력을 지니고 있어, 이 시기에 크게 발전을 했으며 중요한 교육형태가 되었다.

서원의 배양목표는 일반적으로 명확하지 않다. 그러나 저명한 서원은 모두 학규가 있었다. 송대 고등학교의 수업연한은 규정된 제한이 없었다. 그 성격에 따라 어떤 곳은 학습연한이 5년, 어떤 곳은 3년, 심지어 1년인 곳도 있었다. 서원은 수업연한이 비교적 활발하고 자유로워 구체적인 규정이 없었다. 이것은 관학보다 비교적 자유로웠다. 이러한 서원은 과거에 급제하는 것만을 추구하지 않고 사람의 품덕을 기르는 것을 중시하였다. 그래서 서원에서의 사제관계가 매우 돈독하였다. 서원의 책임자는 시대마다 그 명칭이 다소 달랐다. 일반적으로 동주(洞主), 산장(山長), 당장(堂長), 원장(院長), 교수(敎授) 등으로 불렸지만, 사서에서는 산장이라는 명칭을 자주 볼 수 있다. 규모가 비교적 큰 서원에는 부산장(副山長), 부강(副講), 조교(助敎) 등이 있어 산장이 하는 일을 도왔다. 서원의 교육내용은 주로 사서와 오경 외에 당시 명유들의 저작물이나 강의 어록 등이었다. 예를 들면 주돈이(周敦頤)의 ≪태극도설(太極圖說)≫ 정이(程頤), 정호(程顥)가 강학할 때 기록한 ≪명도학안어록(明道學案語錄)≫과 ≪이천어록(伊川語錄)≫, 주희의 ≪소학집주(小學集注)≫, ≪근사록(近思

錄)≫, ≪주자어록(朱子語錄)≫ 및 육상산(陸象山)의 ≪어록(語錄)≫ 등이다. 송대 서원의 주요 업무에는 이러한 강학활동뿐만 아니라 서원 본래의 기능이었던 장서를 보관하는 기능도 있었다. 또한 선현(先賢), 선사(先師), 선성(先聖)에게 제사를 지내는 제사기능도 있었다. 송·원 시기 서원의 특징을 살펴보면 다음과 같다.

첫째, 자유로운 학습 분위기이다. 서원은 교학기관이자 동시에 학술연구기구이다. 서원의 관리자 또는 강학자는 대부분 당시의 저명한 학자로서 어떤 사람은 한학파의 대표적인 인물이기도 했다. 각 서원은 한 학파의 교학과 연구장소이기도 했다. 교학활동과 학술연구는 상당히 밀접했으며 상호 촉진제 역할을 하였다. 서원 내부에서는 서로 다른 학파들이 공동으로 강학할 수 있도록 하고, 학술적 교류와 논변을 중시하고 대외적으로 문호를 개방하였다. 따라서 학자들은 서원에서 자유롭게 강학하고, 오가는 사람을 거절하지 않았으며 서로 토론하여 장점을 취하고 단점을 보완하였다. 이것은 서원 내부의 교학과 서원 외부의 학술활동을 유기적으로 결합시킬 수 있게 하였다. 이러한 방법과 경험은 학생의 안목을 넓히고 각 학파 간의 상호편견을 제거하는 데 유리했으며, 교학의 질과 학술수준을 높이는 데도 매우 유익했다. 예를 들면 남송 때 주희가 주관한 백록동서원은 다른 학파의 육구연(陸九淵)을 초빙하여 강학하도록 했다. 주희와 육구연은 서로 다른 관점을 지녔지만 그가 백록동서원에서 강학할 때 육구연을 여러 번 초빙하여 강학하도록 했고, 손수 학생들과 함께 그의 강연을 들었다.

둘째, 학생의 능동적인 태도 배양을 중시하였다. 서원의 교학방법은 관학의 수동적인 독서와 달리 학생이 스스로 공부할 것을 중시하였다. 수양, 독서를 위주로 교사의 지도를 받았으며 궁금한 것이 있으면 언제든지 질문을 하였다. 예를 들면 백록동 서원에서 강연을 하던 주희는 학생에게 자주 질문을 하고 학생이 그 뜻을 이해할 수 있도록 적극 도와주었는데, 이러한 사생관계 속에서 형성된 감정은 매우 좋았다. 또한 이곳에서 강학하고 토론을 하며 변론을 폈는데, 강의가 끝난 후 의견이 서로 다른 사람끼리는 어려운 것을 따져 묻고 명확하지 않는 부분은 서로 물어 배우고 의논하였다. 질문과 변론 형식의 강회는 관학보다 학술적 토론을 더 많이 했고, 학문을 논하기도 하고 정치를 논하기도 하면서 당시 지식인의 속박된 사상과 팔고의 학문을 타파하였다. 교사의 강의 원고를 '강의(講義)'라고 하고 교사와 학생 간의 대화의 기록을 '어록(語錄)'이라고 했는데, 서원에서는 학생의 학습을 자극하여 주동성과 창조정신을 배양하도록 힘썼다. 이는 오늘날의 크고 작은 학술모임을 연상하게 한다. 서원의 교학내용도 유가의 지식을 전수하는 것뿐만 아니라 의리(義理)를 밝히는 것을 중시하였으며, 심신의 수양, 실천궁행을 중시하였다. 이처럼 서원에서 학술연구와 교학이 서로 결합하게 되었는데, 이것이 서원의 중요한 특징 중 하나이다.

서원의 세 번째 특징은 사생지간의 감정교류를 중시한 것이다. 서원 내에서 사생관계는 매우 도타웠다. 주강하는 선생님은 매우 박학했으며 품덕도 탁월하고 더불어 헌신적으로 교육하고 인재양성에 온 정성을 다했다. 학생 대다수는 선생님을 사모했으며 쓸모 있는 인간이 되고자 하는 뜻을 품고 스승을 존경하였다. 중국 고대에 스승을 존경하고 학생을 사랑하는 우수한 전통은 서원에서 특별하게 중시되었다.

넷째, 그 밖에 많은 서원은 산수가 좋은 자연환경에 지어졌다는 것이다. 예를 들면 백록동서원은 여산의 오로봉(五老峰) 아래에 세워졌는데, 이곳은 나무와 샘이 솟는 곳이다.[70] 악록서원은 악록산의 포황동

---

70) 백록동 서원은 송나라의 학교 지금의 강서성 성자현 북쪽 여산 오로봉

(抱黃洞) 아래에 숲과 절벽이 아름다운 곳에 지어졌다. 이처럼 아름다운 학교환경은 학생들의 정서를 도야하고 기르는 데 매우 유리하였다.

원대에는 송대 서원의 전통을 계승하면서도, 서원에 대한 적극적 개입으로 서원의 발전을 도모하여 서원의 관학화에 기여하였다. 예를 들어 관에서 서원의 교사를 임명한 것이나 서원의 학생모집 등에 규제를 한 것, 그리고 서원에 학전을 주어 경제적으로 지원을 한 것이다.

원대의 서원이 가장 처음 세워진 것은 태종 8년(1236)에 이르러서다. 지금의 북경인 연경(燕京)에 태극서원(太極書院)을 창건하였다. 이를 시작으로 원세조는 중통 2년(1261) 서원을 훼손하는 행위를 못하게 하였고, 지원 28년(至元28年, 1291)에는 조서를 내려 서원건립을 독려하였다. 이로부터 원대의 서원은 중흥기를 맞이하여 커다란 발전을 하였다. 원대의 서원 대부분은 민간에서 세웠지만, 관에서는 교사를 관리하고 임명하여 서원을 통제하였다.

원대의 서원은 주로 정주이학(程朱理學)을 중심으로 하여 유가의 경전을 가르쳤다. 그리고 기타 과목도 가르쳤다. 예를 들면, 복주역산서원(濮州歷山書院)에는 의학, 남양부박산서원(南陽府博山書院)에는 수학(數學), 서학(書學), 파양현(鄱陽縣) 파강서원(鄱江書院)에는 몽고자학(蒙古字學) 등을 강의했다. 이것은 원대 서원 중에서 매우

밑에 있었는데, 이곳은 당나라 때 문인 이발이 은거하여 백록을 기르면서 독서를 하여 즐거운 나날을 보냈기 때문에 백록동이라 부르게 되었다. 오대십국 때에는 이곳에 학교를 설립하여 여산국학이라 하였으며 송나라 시기에는 이 서원이 건립되어 지방 자제를 교육하였다. 주희가 남강군의 지사가 되었을 때, 재흥시켜서 스스로 백록동서원 원장이 되어 삼강오륜과 중용을 강의하는 동시에 천하의 학자를 초청하는 등 유교의 이상 실현에 힘썼다. 한국에서는 1542년(중종 37) 풍기군수 주세붕이 고려 시대의 학자 안향을 기리기 위하여 백록동서원을 따라 경북 영주시 순흥면에 백운동 서원(서수서원)을 세웠는데, 이것이 한국 서원의 효시가 되었다.

특색 있는 것이다.[71] 그러나 원대의 서원은 관의 개입으로 관학화 되어가면서 과거시험을 준비하는 곳으로 변모되었고, 이에 서원 원래의 학술적 특징은 점차 소멸되어갔다.

송·원 시기 고등교육의 범주는 당대보다 확대되고, 학교의 유형도 증가하였다. 특히 관학으로서의 국자감과 사학으로서의 서원은 이 시기 고등교육에서 중추 역할을 하였다. 지금까지 살펴본 송·원 시기 고등교육의 특징을 정리하면 다음과 같다.

첫째, 수·당시대의 고등교육제도는 송대에 이르러 보다 체계화되고 그 기관도 다양해졌다. 경력, 희령, 승령을 통한 흥학활동으로 체계적인 관학체제가 수립되었고, 과거제도도 끊임없이 개선되어 기본적인 체계를 갖추었다. 특히 태학 내에 삼사법을 만들어 학생의 능력에 따라 가르쳤다. 한대의 관립대학은 유가경전을 주로 가르쳤다. 남조에 이르러 사학, 문학, 유학, 현학 등 전문학과가 설립되었지만 지속 기간이 매우 짧았다. 당대에 이르러 국자학, 태학 외에 율학, 서학, 산학, 의학 등 전문대학이 정식으로 설립되었다. 송대에 이르러서는 당대의 토대 위에 무학과 화학이 증가하였다. 고등교육기관의 유형도 다양해졌다.

둘째, 교육의 대상과 범주가 넓어졌다. 당대 고등교육의 대상은 거의 각급 관리의 자제로서 고등교육의 등급이 매우 분명하였다. 송대 고등교육의 수혜자는 각급 관리의 자제 외에도 일부 서민의 자제도 포함되었다. 학생들의 입학자격도 당대만큼 제한을 두지 않았다. 송대 국자학 학생은 7품 이상 관리자제로 태학은 8품 이상 관리자제 및 서민 중에서 우수한 자가 들어갈 수 있었다.

셋째, 교육내용이 다양해졌다. 예를 들면 송대에 무학(병법, 보기사步騎射 등을 익힘)과 화학(畵學: 불도, 인물, 산수, 조수, 화죽, 옥

---

71) 郭濟家, 앞의 책, 165쪽.

목屋木 등 회화)을 들 수 있다. 원대의 회회국자학(파키스탄 문자를
가르침)에서의 교학내용은 상당히 광범위하고 끊임없이 확충되었다.
또한 ≪사서≫ 외에 ≪오경≫과 ≪13경≫을 배웠다. 관리의 수준을
높이기 위한 사학, 문학과 경세치용의 학문(천문, 역산, 부역, 율령
등)은 그 깊이와 실용 방면에서 모두 끊임없이 증강되었다.

넷째, 서원의 흥성이다. 당대에 시작된 서원은 송대에 신속하게
발전하기 시작하여 주, 군까지 보급되고 송대 및 이후 고등교육의
중요한 장소가 되었다. 서원의 발달뿐만 아니라 서원 내에서 이루어
지는 교육의 내용은 당시를 지배하였고 또한 후세에 상당한 영향을
주었다. 서원 중 백록동서원은 주자와 육구연의 강학으로 많은 학생
들이 모여들어 그 규모가 가장 컸다. 또한 이곳에서 이루어졌던 강
학활동은 당시 중요한 교육내용이 되었다.

그 밖에 고등교육성격의 사학을 설립하여 강학활동을 했는데, 송
대의 유명한 유학자로 주돈이(周敦頤), 장재(張載), 정이(程頤), 정호
(程顥), 주희(周熹), 육구연(陸九淵), 장식(張栻), 여조겸(呂祖謙) 등이
있었다. 이들은 모두 사학을 설립하고 강학활동을 하였다. 이러한 서
원교육의 발전은 후세 서원교육 및 동남아시아의 교육에 크게 영향
을 주었다.

제 8 장

명 · 청시대의
고등교육

1. 시대적 배경

주원장(太祖, 1368~1398)이 국호를 명(明), 연호를 홍무(洪武), 응천부(應天府, 지금의 남경)를 도읍으로 정하고 1368년에 명을 건국하였다. 그는 왕권을 강화하기 위해 중앙 행정을 이, 호, 예, 병, 형, 공으로 나누고 법전을 제정하여 통치기반을 공고히 하고자 했다. 이러한 왕권강화책 중 하나로 홍무(洪武) 3년(1370)에 과거시험을 실시하여 문신들은 모두 과거시험을 통해 관직에 오를 수 있도록 규정하기도 했다. 이로써 북송 이래의 문관정치가 명·청시대에 부활하게 되었다. 이 시기는 중앙집권통치가 보다 강화되던 시기이며, 자본주의가 꽃을 피운 시기이기도 하다. 정치 방면에서 명왕조의 통치자는 고도의 봉건전제 집권제를 실행하여 모든 권력이 중앙정부로 집중하게 하였다. 경제 방면에서 농업경제의 회복과 발전에 발맞춰 농업생산력이 좋아짐에 따라 농업, 수공업, 상업이 새롭게 발전하였고, 상품경제도 원래의 토대 위에서 점점 발달하고 수공업도 흥성하기 시작하였다. 그러나 청 가정 이후에 이르러 국자감, 서원 등의 교육기구는 형식만 있을 뿐 사실 유명무실하였다. 교학은 단지 과거제도의 부속 또는 과거시험의 예비기관으로 과거에 종속되었고 학교는 과거시험을 준비하는 기관으로 전락하였다. 이 시기 동서 간의 경제, 문화 접촉도 날로 빈번해졌으며, 새로운 항로의 개척으로 신구대륙의 관계도 밀접해졌다.

명 초의 고등교육은 명왕조가 중앙정부에 설립한 양경의 국자감에서 이루어졌는데, 명 중엽 이후에는 서원이 점점 흥성하기 시작하여 학술연구와 통치인재를 배양하는 중요 기구가 되었다. 명·청시대에 고등교육 발전에 영향을 미친 시대적 특징을 살펴보면 다음과 같다.

첫째, 교육이 보급되고 인쇄술이 발전하여 관(官)과 사(私)를 불문하고 많은 서적을 출판했다. 대규모의 편찬사업이 활발하게 이루어졌는데, 명 초의 가장 대표적인 편찬사업으로 ≪영락대전≫이 있으며, ≪고금도서집성(古今圖書集成)≫, ≪속통지(續通志)≫, ≪속문헌통고(續文獻通考)≫ 및 백과전서식 도서인 ≪사고전서≫가 편찬되었다. 인쇄술의 발전 및 활발한 편찬사업은 가난한 사람, 서민들에게 지식을 보급하는 데 커다란 기여를 했다. 그러나 전문화되고 비싼 책은 가난한 이들은 살 수가 없어, 고등교육은 여전히 부유층 및 관리들의 전유물이었다.

둘째, 유학을 중심으로 새로운 사상이 정립되었다. 명대의 유학으로는 송대의 주자학이 유행되었다. 명태조의 창업을 도왔던 송렴(宋濂), 방효유(方孝孺), 왕위(王緯) 등이 모두 주자학자였으므로 홍무(洪武) 초에 남경에 국자학을 설치하고 이어서 과거제도를 부활하면서 유학을 고시과목으로 정해, 주자학은 관학으로 계속 자리를 유지하였다. 또 명태조는 유학의 도덕을 가족윤리로 간결하게 요약한 육유(六諭)를 제정하여 농민교화의 지침으로 삼았다. 육유의 내용은 부모를 공경하고, 어른을 존경하며, 이웃과 화목하고, 자손들을 잘 교육시키고, 생업에 열중하며, 부정을 저지르지 않는 것 등 6개 사항이다. 명태조는 각 지방 향신들의 협력하에 이 육유를 통해 농민들을 교화시켰다. 성조 영락제는 주자학설에 의한 ≪오경대전≫, ≪사서대전≫, ≪성리대전≫ 등을 편찬케 하여 주자학에 의한 학문과 사상의 통일을 추진하고 또 과거시험 지침서로 삼게 하였다. 그리하여 유학을 중심으로 한 새로운 사상은 명대의 학술과 사상의 주류를 형성하고 명 제국의 국가 이념으로 확립되었다.[72]

셋째, 선교사에 의한 서양 학문의 전래이다. 16세기 이후 이탈리

---

72) 李春植. ≪中國史序說≫. 서울: 敎保文庫. 1991: 386.

아 예수회 선교사 마테오리치(Matteo Ricci, 1552~1610)가 중국에 건너오기 시작하면서 선교사를 통해 서양의 천문학, 수학, 물리학, 지리학, 철학, 예술, 건축 등이 전해졌다. 이것은 중국의 학술사상, 학교교육내용과 과학기술의 발전에 모두 커다란 영향을 미쳤다. 또 중국의 유학과 도가학설을 서양에 소개하면서 중·서 문화 교류에 크게 기여하였다. 사대부들은 서학을 적극적으로 받아들이고 중국에 온 선교사들과 함께 서양의 학술서적을 번역하여 중국 과학기술의 발전에 새로운 생기를 불러일으켰다. 중국에 온 일부 선교사들은 중국의 내정을 간섭하여 1723년에 옹정황제가 전도를 금지시키기도 했지만, 이 시기 동·서 간의 경제, 문화 교류는 과거에 비해 빈번해져 동·서 간의 관계가 더욱 밀접해졌다.

넷째, 근대교육에 대한 움직임이다. 양무운동은 1860년부터 1890년대까지 자강과 부강을 표방하면서 양무파 관료들이 군사, 정치, 경제, 교육, 외교적 방면의 혁신 운동을 펼쳤다. 전국적으로 전개된 양무운동은 중국의 군사, 경제, 과학기술, 문화, 교육 등 여러 방면에서 큰 성과를 거두었고, 중학은 나라를 세우는 근본이고 서학은 나라를 부강하게 한다는 중체서용(中體西用)을 내세우면서, 서양의 앞선 기술을 도입하여 당시 낙후된 중국을 부강하게 하고자 했다. 이들은 교육 방면에서 서양의 무기 제조, 함선 제작, 기계를 다루는 기술을 배울 수 있는 전문학교를 설립하고, 많은 학생들을 영국, 미국, 프랑스 등으로 유학 보낼 것을 주장했다. 이른바 서양학문 및 기술을 배워 외교 인재를 배양하여 애국자를 양성하고자 한 것이다. 또한 내부적으로는 학교를 보급하고, 서학과정을 개설하며 과거제를 폐지하며, 유학기술을 장려하자고 주장하였다. 당시 서양의 학문을 배우기 위해 설립한 전문학교로 경사동문관(1862), 상해광방언관(1863), 광주동문관(1864), 호북의 자강학당(1893) 등이 있었다. 양무파의 대

표적 사상가인 증국번, 이홍장, 좌종당, 장지동 등의 관료가 중심이
되어 양무운동이 이루어졌지만, 내부적으로는 관리들의 부패와 대외
적으로는 청·불, 청·일전쟁의 연속적인 실패로 끝내 실패하고 말
았다. 그러나 양무운동의 교육개혁은 봉건교육제도에 대해 문제를
제기하고 처음으로 근대학교를 세워 서학을 실천에 옮겨, 중국 최초
로 과학기술인재를 배양했다는 데 교육사적 의의를 남겼다.

　이러한 당시 시대적 상황에서 주요 고등교육기관을 통해 본 명·청
시대의 고등교육은 다음과 같다.

2. 명대의 고등교육

명대의 고등교육은 설치 및 종류에 있어 당·송 시대만큼 발달하지 못했지만 남경과 북경 두 곳에 모두 국자감이 있었다. 명이 건립되기 전 지정(至正) 25년(1365)에 응천부(應天府)를 국자학으로 고치고, 관리의 자제 및 서민 가운데 우수한 자가 입학할 수 있도록 하였다. 홍무 15년(1382)에는 계명(鷄鳴) 산하에 새로운 학사를 건립하고 국자학을 국자감으로 개명하였다. 이후 영락 19년(1421)에 북경으로 천도하여 북경에 경사국자감을 설립하고 원래의 국자감을 남경국자감으로 고쳤다. 이로써 남북에 국자감이 생겼다. 남경의 국자감은 주로 교학활동 장소 외에 도서관, 식당, 학생기숙사, 병원, 창고, 문묘 등 학생들의 생활에 필요한 시설을 두루 갖췄다. 북경의 국자감 규모는 남경의 국자감 규모에 미치지 못했다.

명대 국자감에 입학한 학생은 크게 네 종류, 즉 거감(擧監), 공감(貢監), 음감(蔭監) 예감(例監)으로 구분해 볼 수 있다. 거감과 공감은 학생선발을 자주하여 학생이 비교적 많았고, 음감과 예감은 임시로 채택한 방법으로 비교적 학생이 적었다. 이른바 거감은 한림원(翰林院)에서 선발한 우수한 사람으로 경사의 회시에 참가했지만 탈락한 거인으로서 국자감에서 배우는 학생이다. 이러한 감생은 국자감에서 공부하면서 교관의 급여를 받았다. 홍무 초기의 규정에 따르면 공감은 부, 주, 현에서 매년 한 명을 천거하여 국자감에서 배우도록 했는데, 바로 이에 해당하는 학생이다. 명세종 가정 이후 학생수에 변화가 있었는데 부학에서는 매년 2명을 뽑고, 주학에서는 2년마다 3명을 뽑았으며, 현학에서는 1년마다 한 사람씩 뽑았다. 공감의 학생은 단정하고 문리에 우수한 자를 기준으로, 후에 배우는 장소에서 름미를 먹는 연한의 기준이 되었다. 즉 기한이 비교적 긴 사람은 국자감에 들어갈 수 있었다. 음감은 명대 초기에 실행한 것으로 아버지의 관직 은음(恩蔭)을 자식이 이어받도록 하는 제도이다. 이 제도로 문관 1품 이상에서 7품까지 그 아들은 모두 봉록을 세습받았다. 후에 은음의 감생도 관생(官生)이라고 불렀다. 특수한 은음자는 품급에 제한하지 않고 은생이라고 불렀다. 예감은 대종(代宗) 경봉(景奉) 원년(1450)에 실행한 것으로, 기부에 의해 정부가 특별히 입학을 허락하여 공부를 하는 감생이다.[73] 그밖에 주변국가 고려, 일본, 섬라(暹羅, 현재의 태국) 등으로부터 국자감에 와서 공부하는 유학생을 '이생(夷生)'이라고 불렀다.

명태조 홍무 초년 고려에서 파견한 김도(金濤) 등 네 명도 국자감에서 유학하였다. 홍무 4년 김도는 진사에 합격하여 현(縣)의 승(丞)으로 임명되었지만 관직을 원하지 않아 네 명 모두 고국으로 돌아갔다. 홍무 22년(1389) 일본에서도 국자감에 자제를 보냈는데, 국자감을 증설하여 숙사를 제공하고 공부하도록 하였다. 유구(琉球, 지금의 대만지역)의 왕은 홍무 25년(1392) 그의 자제 및 신하들의 자제를 국자감에 보내 유학시켰다. 명태조는 유학생과 유학생을 돌보는 하인들에게도 의복을 주었다. 그후 명 성조 영락에서 명 무종 정덕년간에 유구에서 3~4차례 유학생을 국자감에 파견하여 유학하도록 하였고, 명세종 가정년간에는 두 차례 유학생을 보내 국자감에서 유학하도록 하였다.[74]

명대 국자감에는 좨주(祭酒), 사업(司業), 감승(監丞), 박사(博士), 조교(助敎), 학정(學正), 학록(學錄), 전적(典籍), 전부(典簿), 장찬(掌饌) 등의 관직이 있어 학교의 관리와 교학일을 맡았다.[75] 국자감의

73) 熊明安, 앞의 책, 252쪽.
74) ≪南雍志≫, 卷十五.

교학조직은 육당(六堂)으로 구성되었다. 육당에는 정의(正義), 숭지 (崇志), 광업(广業) 삼당을 초급으로 하고, 수도(修道), 성심(誠心)을 중급으로 했으며, 솔성(率性)은 고급에 해당했다. 감생 중에서 '사서' 에는 통과했지만 오경에 능통하지 않은 사람은 초급반에서 배우고, 일년 반 이상 배워 시험에 합격하고 문리에 트인 사람은 중급에 들 어갔다. 중급에서 일년 반 이상 배우고 심사를 통해 경서와 역사에 능하며 문리에 모두 우수한 사람은 고급에 들어갔다. 고급에 들어간 후, 누적제를 사용할 수 있었다. 누적제는 송·원 시기의 방법을 계 승한 것으로 월마다 한 번의 시험을 보며 우수한 자에게는 1점, 합 격자에게는 반점, 불합격자에게는 점수가 없었다. 일년 내에 점수가 8점이 되면 합격이 되어 관리가 되는 자격(出身, 최초의 벼슬아치의 경력)을 주며, 관직을 받을 수 있었다. 그리고 8점이 될 수 있는 자 는 당(堂)에 남아 계속 공부를 했다.

명초 국자감에는 조교 15명, 학정 10명, 학록 7명을 두고, 솔송·수 도는 각각 4반, 성심·정의·숭지·광업은 각각 6반으로 구성하여 모두 32반으로, 국자학생의 관리를 분별해서 맡도록 하였다. 국자감 의 학생수는 홍무 26년(1393)에 관민 및 백성을 포함하여 8124명이 었는데, 영락 20년(永樂, 1422)에는 거인, 관민, 백성이 9972명으로 증가하였다. 그러나 선덕(宣德) 때부터 점점 감소하여 정덕(正德) 이 후 1000여 명, 최후에는 870명만 남았다. 비록 고등교육기관이 설립 되었지만 그 교육적 성과가 그다지 크지 않았음을 유추해 볼 수 있 다.76) 국자감의 학생은 수업 시간에 당장(堂長) 한 명을 두어 전 당 을 관리하는 일을 맡도록 하고, 당장은 집건부(集愆簿)를 보고 평소 에 규칙을 지키지 않고 규율을 어기는 횟수의 다소에 따라 학생을

---

75) ≪明史·選擧志≫
76) ≪南雍志≫, 卷七.

처벌하였다. 명대 국자감의 관리제도는 비교적 엄격했는데, 수업, 기거, 식음, 의복, 목욕 및 휴가 등 모두 명확한 규정이 있었다. 학생들이 고향에 돌아가 부모님을 보살피거나 결혼할 때 휴가를 주었고, 휴가 기간은 노정에 따라 그 차이를 두었다. 만약 약속한 기한을 넘어 국자감에 돌아오지 않으면 이에 상응하는 벌을 주었다. 국자감 학생의 생활에 대한 대우는 비교적 좋았다. 음식, 의복, 신발 등 모두 국가에서 제공했는데, 명절 때마다 그에 해당하는 돈과 선물을 주었고, 기혼자에게는 처자의 생활비까지 주었다. 또한 결혼을 하지 않은 사람은 결혼비용을 주었다. 또한 집에 돌아가 부모를 살피는 사람에게는 의복, 돈, 노비를 주었다. 그리고 멀리서 온 관생과 외국 유학생에게는 본인이 누릴 수 있는 각종 대우를 해 주고, 그들의 하인에게도 후한 대우를 해 주었다.[77]

《명사·직관지》에 의하면, 국자감에서는 《역》, 《시》, 《서》, 《춘추》, 《예기》를 배우고 또한 《대학》, 《중용》, 《논어》, 《맹자》와 유향의 《설원(說苑)》, 율령, 서, 수, 어제대고(御制大誥) 등을 배웠다고 한다. 또한 명 성조 영락 때 반포한 《사서오경대전》과 《성리대전》 등의 책을 공부했으며, 모든 학생들이 배우기를 원했다. 그 밖에 특히 습자를 중시하였다. 또한 매월 삭망일에 활쏘기를 배웠는데, 이것은 현재의 과외활동과 비슷하다. 활쏘기의 좋고 나쁨에 따라 상품을 주었다. 국자감 교학활동 계획은 매월 삭망일에 쉬는 것 외에 매일 수업을 하였다. 오전에는 좨주, 사업이 국자학의 모든 사람이 출석하도록 통솔하였다. 좨주, 사업은 당상에 앉아 강의를 하고 학생은 정숙하게 앉아 강의를 들었다. 오후에는 박사 조교가 학생에게 회강, 복강, 배서, 논과(상호 토론 연구)하였다. 수업에 대한 시험은 매월 한 번 보았는데, 그 내용은 사서 및 오경의 대의

---

77) 熊明安, 앞의 책, 260쪽.

에 관한 것이었다.[78]

현재 대학에서 행하고 있는 실습제도와 비슷한 형태의 것이 홍무(洪武) 5년(1372)에 국자감에서 역사제도(歷事制度)를 제정함으로 시행되었다. 감생들은 이부(吏部), 호부(戶部), 예부(礼部), 대리사(大理寺), 통정사(通政司), 행인사(行人司), 오군도독부(五軍都督府) 등과 같은 곳에 실습하였는데, 이를 '선습리사(先習吏事)' 또는 '발력(拔歷)'이라고 했다. 실습 기간은 각기 달랐고, 실습을 통해 해당기관에 임용되기도 했다. 이러한 실습제도를 통하여 감생은 풍부한 경험을 쌓을 수 있었고, 조정은 명초의 부족한 일손을 보충할 수 있었다.

웅명안(熊明安)은 명대 국자감의 관리와 교학의 특징을 크게 네가지로 정리하였다. 첫째, 교육대상의 범주가 매우 광범위했다는 것이다. 당, 송, 원대의 관리자제가 입학할 수 있는 국자감 규정과는 다르게 명대에는 관리의 자제가 아니더라도 입학할 수 있었고, 중소지주 및 상인의 자제도 모두 입학할 수 있었다. 이것은 관료귀족학교에 속하는 것이 아닌 것으로 당, 송, 원대보다 발전한 것이다. 국자감 학생에 대한 물질적 대우는 비교적 좋았다. 이미 결혼한 사람에게는 처자 및 하인의 양육비까지 주었다. 이것도 당, 송, 원 시기에는 미치지 못했던 것이다. 셋째, 성적이 우수한 학생은 조기졸업을할 수 있었고 파격적으로 임용되었다. 넷째, 역사제도를 규정하여 역사를 통해 학생의 관리능력을 배양하였다. 이는 역대의 국자학에서책에 있는 지식만을 강조한 형태에서 진일보 발전한 것이다. 그 밖에 명대 국자감은 학문연구에 있어 사상의 자유가 상당히 제한되었고, 규율도 매우 엄격하였다. 예를 들면 학규를 위반한 자는 체벌을받았고 군역을 하거나 심지어 살인 등의 징벌을 받았다. 이렇듯 학생의 사상 행위를 엄격하게 통제하여 전대에 없는 일을 낳았다.[79]

---

78) 熊明安, 앞의 책, 261쪽.

　명대의 종학(宗學)은 전문적으로 귀족자제를 위해 설립한 것이다. 학교의 소재지는 양경(兩京)에 속한 지방으로 학생은 '종생(宗生)'이라고 불렸으며, 주도자는 '종정(宗正, 교장에 해당됨)' 한 명, '종부(宗副, 부교장에 해당함)' 두 명이 있었다. 학습내용은 '사서'와 '오경' 외에 ≪황명조훈(皇明祖訓)≫, ≪효순사실(孝順事實)≫, ≪위선음치(爲善陰治)≫를 주요 교재로 삼고 ≪사서≫, ≪오경≫, ≪통감(通監)≫, ≪성리(性理)≫ 등을 보충했다. 무학(武學)은 홍무년간 설립되었는데 초기에는 대령등위유학(大寧等衛儒學) 내부에 무학 과목을 설치하여 무관자제를 가르쳤다. 교수, 훈도 각 한 사람씩 두어 가르치는 것과 행정일 사무를 담당하도록 하였다. 무학 내에는 육재(六齋)가 있었는데, 즉 거인(居仁), 유의(由義), 숭례(崇禮), 굉지(宏智), 돈신(惇信), 권충(勸忠)이다. 이러한 육재에서의 교육은 크게 두 가지로 구분되는데, 하나는 ≪소학≫, ≪논어≫, ≪맹자≫, ≪대학≫을 배우는 것이고, 다른 하나는 무경(武經)과 칠서(七書), ≪백장전(百將傳)≫을 배우는 것이다. 사람들마다 이 중 한 과를 선택해서 배웠다. 숭정(崇禎)제 때에는 천하에 있는 부주현에 모두 무학을 설립하도록 하여 전국에 보편화되었다. 학규는 학제 5년으로 규정하고, 매년 제학관(提學官)이 시험을 조직한 후 학생이 과거시험에 참여할 수 있도록 했다. 그 밖에 홍무 17년(1384)에 의학과 음양학이 설립되었으나 문헌의 부재로 자세한 내용은 알 수 없다.

---

79) 熊明安, 앞의 책, 262쪽.

[명대의 학제도]

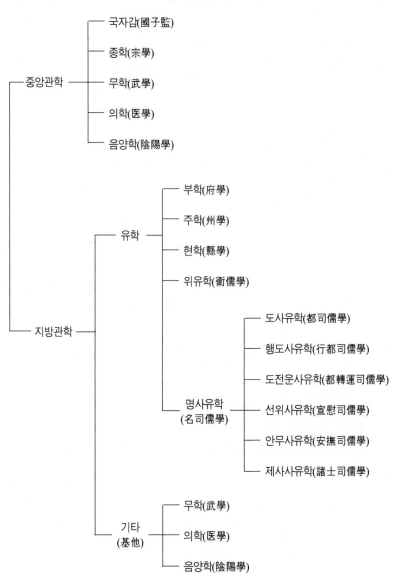

- 중앙관학
  - 국자감(國子監)
  - 종학(宗學)
  - 무학(武學)
  - 의학(医學)
  - 음양학(陰陽學)

- 지방관학
  - 유학
    - 부학(府學)
    - 주학(州學)
    - 현학(縣學)
    - 위유학(衛儒學)
  - 명사유학(名司儒學)
    - 도사유학(都司儒學)
    - 행도사유학(行都司儒學)
    - 도전운사유학(都轉運司儒學)
    - 선위사유학(宣慰司儒學)
    - 안무사유학(安撫司儒學)
    - 제사사유학(諸士司儒學)
  - 기타(基他)
    - 무학(武學)
    - 의학(医學)
    - 음양학(陰陽學)

3. 청대의 고등교육

청대는 명대의 제도를 계승하여 순치(順治) 원년(1644) 경사에 국자감을 설치하였다. 중국교육사에서 청대의 국자감은 중국 전통 교육에서 최고 고등교육기관이다. 당시 국자감은 국학 또는 태학이라고 불렸고, 여기에는 좨주(祭酒), 사업(司業), 감승(監丞), 박사(博士), 조교(助敎), 학정(學正), 학록(學彔), 전부(典簿) 등의 관리를 두었다. 그리고 일년 뒤인 순치 1년에 이곳에 육당(六堂), 즉 국자감의 주요 교학 장소로서 솔성(率性), 수도(修道), 성심(誠心), 정의(正義), 숭지(崇志), 광업(廣業)을 설치하였다.[80] 청초에 국자감은 그 기초가 수립되는데, 이때 국자감에는 기숙사가 없고 경비가 적었다. 그러던 것이 옹정(擁正) 때에 이르러 국자감의 좨주 손가금(孫嘉金)에 의해 국가로부터 지원을 받아 경비 부족 문제와 기숙사 문제를 해결하였다.

국자감은 국가에서 필요한 인재를 양성하는 것이었으므로 교학, 예의, 교화와 과거시험을 준비하는 것과 관료가 되어서 필요한 것들을 학습하는 데 치중하여 가르쳤다. 국자감에서의 학습 기한은 통일되지 않았지만, 감생의 경우 학습기간은 3년이었다.

청대 국자감 학생의 신분은 어느 시대보다 다양하고 복잡했다. 청대 국자감의 학생은 각 지방관학에서 선발한 공생(貢生)과 국자감에서 직접 모집한 감생(監生)으로 구분되었다. 그러나 일반적으로는 국자감의 학생을 감생이라고 불렀다. 좀 더 구체적으로 살펴보면 공생은 여섯 종류로 구분되고, 감생은 은감(恩監), 음감(蔭監), 우감(優監)과 예감(例監) 등 네 종류로 분류되었다. 여섯 종류의 공생은 세공(歲貢), 은공(恩貢), 발공(拔貢), 우공(優貢), 부공(副貢)과 예공(齬

---

80) 《淸史稿·選擧志》

貢)이다. 세공은 상공(常貢)이라고도 불렀다. 이들은 부, 주, 현학의 름선생으로 오랜 재학기간과 많은 예비시험을 통해서 선발한 학생이다. 그러다보니 연령대가 비교적 높았다. 은공은 국가에 특별한 일이 있어 황제가 조서를 내려 선발한 학생이며, 발공은 선발시험에서 선발한 학생이다. 각 성에서 3년마다 '학문과 행동이 뛰어난 사람'의 우열을 가려 보고했는데, 우공은 이때 우수한 자로 선발되어 국자감에서 수학하게 된 학생을 말한다. 부공은 향시와 순천(順天)에서 선발된 사람을 말한다. 예공은 생견(生絹), 즉 기부금을 내고 입학한 사람이다. 그리고 국자감에는 외국 유학생도 있었는데, 이들에게 물질적 지원도 하였다.

감생의 경우 은감은 명대의 은생(恩生)에서 기원하였기 때문에 은생이라고도 한다. 3년에 한 번씩 시험으로 선발하였다. 음감은 은감과 마찬가지로 명대에 있었던 것이 청대까지 계승된 것이다. 이들 중 북경에 거주하는 만주족은 4품 이상, 한족은 문관의 자제, 지방은 만주족이나 한족은 3품 이상, 무관은 2품 이상의 자제들 가운데 선발되었다. 우감은 각성의 부, 주, 현학의 우수한 부생(附生)과 무생(武生) 가운데 추천을 받아 예부와 국자감에서 선발하였다. 예감은 생원자격을 얻지 못한 자가 기부하여 국자감에 들어간 것이다. 예감과 예공의 경우에서 보았듯이 국자감에 기부 입학을 허용한 것은 결국 교육의 질적 저하를 초래하였고, 상업의 발달에 따른 경제의 발전과 상인 계층의 교육적 욕구에 따른 것이다.

국자감 내에서 시행하는 시험은 매월 보름에 보는 대과(大課), 매달 초하루에 보는 월과(月課), 초삼일에 보는 당과(堂課), 3개월 마다 보는 계과(季課) 등이 있었다. 청대의 국자감은 명대와 비교하여 시험 횟수가 많은 반면에 수업 시수가 적었다. 이것은 과거시험의 영향이 커지자 시험을 중시하게 된 것과 깊은 관계가 있다. 그리고 국자감 시험에서 좋은 성적을 거둔 사람은 이부(吏部)로 보낸 뒤, 실습을 하고 그 다음에 관직 시험을 거쳐 채용되었다.

국자감은 국자감 내부의 자율권을 존중받으면서 예부로부터 주로 관리를 받았다. 그러나 예부와 국자감의 관계는 상황과 시대에 따라 독립과 예속을 반복했다. 국자감에서 이루어지는 강의는 주로 박사, 조교, 학정(學正), 학록(學錄) 등이 책임졌다. 그리고 상황에 따라 달랐지만, 국자감의 관리는 관리대신, 좨주(祭酒), 사업(司業) 그리고 그 밑에 네 개의 청과 여섯 개의 당을 두었다. 네 개의 청은 승건청(繩愆廳), 박사청(博士廳), 전적청(典籍廳), 전부청(典簿廳)이었고, 여섯 개의 당은 솔성(率性), 수도(修道), 성심(誠心), 정의(正義), 숭지(崇志), 광업(廣業)이었다. 각 당에는 조교 1명, 학정 1명이 수업을 담당하였다. 학생들은 육당관이나 박사가 강의하는 수업을 듣고, 이해가 잘 되지 않는 부분은 강관처(講官處)나 서상(西廂)에서 묻고 확인하였다.

그밖에 국자감은 산학관에서 주도하면서 청대의 과학기술 인재를 양성하기 위해 설립한 산학(算學), 팔기 제자를 위해 설립한 팔기관학(八旗官學), 왕실자체를 위한 종학(宗學), 청나라 애신각나씨(愛新覺羅氏) 자제를 위해 설립한 각나학(覺羅學) 등과 직·간접적으로 연관되었다. 그 외에도 의학, 음양학, 러시아어를 학습하기 위한 러시아문관 등이 있었다.

[청대의 학제도]

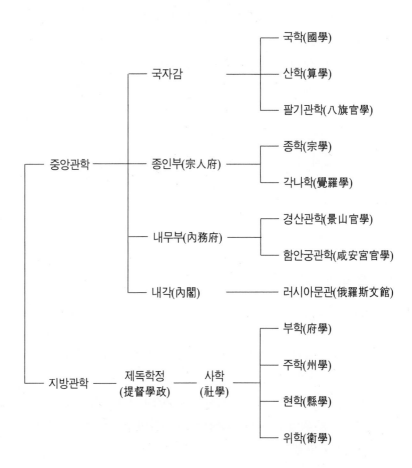

중앙관학
- 국자감
  - 국학(國學)
  - 산학(算學)
  - 팔기관학(八旗官學)
- 종인부(宗人府)
  - 종학(宗學)
  - 각나학(覺羅學)
- 내무부(內務府)
  - 경산관학(景山官學)
  - 함안궁관학(咸安宮官學)
- 내각(內閣)
  - 러시아문관(俄羅斯文館)

지방관학 —— 제독학정(提督學政) —— 사학(社學)
- 부학(府學)
- 주학(州學)
- 현학(縣學)
- 위학(衛學)

4. 근대화를 향한 고등교육의 움직임

1) 선교사들의 서학전래에 따른 교회대학의 설립

아편전쟁(1840~1842) 이후 중국은 그동안 펴오던 폐쇄정책을 뒤로하고 문호를 개방하기 시작하였다. 이러한 문호개방과 더불어 영국, 프랑스, 미국과의 불평등조약을 체결함으로써 청은 제국주의의 침략에 굴복하고 각국의 교회가 선교활동을 위해 학교를 설립할 수 있는 합법적인 권리를 인정하였다. 외국 자본주의가 중국을 침입하면서 청은 반봉건·반식민지화되어 갔다. 경제 방면에서 외국자본의 침투는 중국의 자급자족의 자연경제형태를 파괴하고, 중국 도시의 상품경제의 발전을 저해하였다. 학술 방면에서 청에는 여전히 송 이후의 정주이학을 주창하고 송명이학의 전통을 옹호하는 이학가도 있었다. 그러나 선교사들에 의한 서학의 전래는 중국의 전통교육에 대해 재고하게 되었다. 이러한 청조의 정치·경제의 요구 및 학술사상의 발전 변화에 따라 청대의 고등교육은 초기에는 명대의 고등교육제도를 계승하다가 이후 제국주의 문화가 침투해 오면서 전통 고등교육제도가 점점 와해되고 서양의 자본주의 고등교육제도가 형성되었다.

제국주의의 침략과 더불어 들어온 많은 선교사는 문화침략의 수단으로 교회학교를 세우기 시작했는데, 연해도에 최초의 아동교육학교를 세우고 그후 점점 내륙으로 영향을 확대하기 시작했다. 1877년 기독교 선교사대회의 보고에 의하면 1842년부터 1877년까지 기독교에서 세운 학교는 350곳, 학생은 5975명이나 되었다고 한다. 이렇게 제국주의자는 중국에 교회학교를 세웠을 뿐만 아니라 많은 선교사들이 중국에서 학교, 병원을 세우고 서적 및 기타 간행물을 발행하였다. 동시에 그들은 교회기금을 이용하여 유학생을 받아들이는 방법으로 중국 고등교육을 통제하였다. 교회에서 설립한 대학과 당시 청 정부에서 세운 대학의 형식은 서로 비슷했는데, 교회에서 설립한 대학은 처음에는 '서원'이라는 명칭으로 사용되다가 후에 '대학'으로 개명되었다. 20세기 초기에 제국주의는 원래의 서원을 합병하여 대학의 규모를 확대하였다. 동시에 새로운 교회대학도 건립하였다. 예를 들면 1894년 성요한 서원을 성요한 대학으로 바꾸었고, 1901년 상해 소주의 중서서원을 동오(東吳)대학으로 바꾸었으며, 1902년 장사(長沙)에 아례(雅禮)대학(후에 문화대학과 합병하여 화중대학이 됨)을 세웠다. 1904년 광주에 격치(格致)서원을 광동 영남(嶺南)으로 바꾸었다. 1905년 화북에 협화여자대학(후에 연경대학과 합병)을 건립하고, 광주에 하갈(夏葛)의과대학을 건립하였다. 1906년에는 강호대학을 건립하고, 북경에 협합(協合)의과대학을 건립했다. 1908년에는 화남(華南)여자대학을 건립하였다. 1909년에는 문화대학, 1910년에 화서(華西)협화(協和)대학, 같은 해에 지강(之江)대학을 건립하였다. 1908년 후 미국에서 문화침략의 경비로 경자(庚子)배상을 하여 이것으로 청화대학을 세웠다. 더불어 미국유학을 한 청년학생들을 모아 대학에서 강의를 하도록 하였다. 더불어 과학연구기구와 도서관 경비를 보조받았다.81) 이러한 선교사들의 계획에는 중국을 그들의 식민지로 만들고자 하는 야심이 있었다. 따라서 당시 많은 교회학교의 학생은 제국주의자의 압력에 대항하여 수업을 듣지 않는다거나 자퇴을 요구하며 투쟁을 하기도 했다. 이러한 서학 전래에 따른 교회대학의 설립은 아편전쟁까지 수십 년 동안 지속된 경전위주의 한학교육을 와해시켰다. 그 당시 적지 않은 전통 한학자들이 있었지

---

81) 熊明安, 앞의 책, 322~324쪽.

만 그들은 저술에만 전념했을 뿐 사상계에서 활약하고 있던 인물들
은 새로운 인물들이었다.

2) 서원제도의 개혁

청대의 교육제도는 19세기 말에 이미 당시 사회발전의 수요에 적
합하지 않았다. 청조의 통치자는 통치적 지위를 공고히 하고 통치정
권에 필요한 인재를 배양하기 위해 구교육제도에 대해 개혁을 단행
하였다. 그 구체적인 방법은 크게 세 가지이다. 첫째, 원래 있던 서
원을 개혁하는 것이고 둘째, 신식서원을 설립하는 것이며 셋째, 서원
을 신식학당으로 개혁하는 것이다. 청대 서원의 교학내용은 크게 세
가지로 살펴볼 수 있다. 첫째, 의리와 경세의 학을 중시하는 서원이
다. 둘째, 시험과목을 중심으로 강의하는 서원이다. 셋째, 박학정신으
로 학술연구를 강조하고 팔고문을 가르치지 않는 서원이다. 청대 정
부는 서원을 제창하였고, 더불어 서원을 국립대학으로 간주하였다.
그 목적은 지식계의 사상을 통제하는 것이어서 서원도 과거제도의
부속기구가 되었다. 소수서원은 오로지 경, 사, 문, 산, 천문 등을 공
부하고 실학의 인재를 배양하고자 하였다. 그러나 당시 학자들의 적
극적인 제창은 서원의 학습분위기를 바꾸고 학술연구의 발전을 촉진
하였다.[82] 이로부터 청대서원은 이미 관학화되어 가는 추세로, 조정
에서 서원을 설립하는 것을 통제하고 서원의 경비를 장악하고 있었
으며, 서원 사장(師長)의 초빙권, 서원의 학생모집과 학생에 대한 심
사도 통제했다. 대다수의 서원이 이미 시험과목을 가르치는 장소로
변해 과거시험제도의 부속기관이 되었음을 알 수 있다.

서원이 본래의 취지와는 달리 과거시험을 위한 준비기관으로 전락

---

82) 熊明安, 앞의 책, 288~299쪽.

하여 교육의 목적에는 크게 기여하지 못했지만, 당시 관학의 부족을
보충하는 데에는 커다란 기여를 하였다. 중국 역사 중 송대에 가장
많은 서원이 건립되고 자유로운 학문적 분위기로 인해 유명한 학자
들이 강의하는 장소로서 서원의 기능을 발휘하여 주희, 육구연과 같
은 뛰어난 학자도 모두 서원에서 활발한 강학 활동을 하였다. 그러
나 명대에 이르러 관학의 흥성으로 서원은 일시적으로 퇴보하였다.
그러나 청대에 서원이 다시 한번 번성하였다. 명대의 서원이 주로
송대를 이어 강학활동에 초점을 두었다면, 청대에는 과거 시험준비
기관으로 전락하여 서원은 사실상 거의 관학의 보조적인 성격이 되
었다. 따라서 광서 27년(光緒 27年, 1901) 8월에 청 조정은 장지동
(張之洞, 1837~1909년), 유곤일(劉坤一, 1830~1902년)의 건의를 받
아들여 각 성에 있는 서원을 '학당'으로 바꾸도록 명령했다. 이때부
터 천년을 이어온 고대의 서원제도가 막을 내렸다.

청대에 서원은 통제되었지만 여전히 중요한 고등교육기관 중의 하
나였다. 서원은 약 천여 년 동안 내려오다가 막을 내렸다. 이러한
서원은 개인이 설립한 것과 정부에서 설립한 서원이 있는데 모두 2
천여 곳이나 되어 중국고대 학술발전과 인재의 배양에 많은 기여를
했으며, 중국 고등교육의 발전에도 크게 기여했다.

3) 근대학제의 설립

청대 서구물결의 영향으로 중국의 전통교육이 와해되기도 했지만,
이를 통해 선진기술을 받아들이고 근대학제가 설립되는 계기가 되기
도 했다. 청대 근대교육제도는 광서(光緒) 28년(1902) 장백희가 제시
한 《흠정학당장정(欽定學堂章程)》으로 임인년에 제정되어 '임인학
제'라고 부른다. 그 후 1904년 《주정학당장정》이 제정되었는데 광

서 29년, 즉 계묘년에 반포되어 '계묘학제'라고 불렀다. 이 학제는 청정부에서 정식으로 반포한 후 전국에 보급된 학제이다. 청말 민초의 신학교 교육제도는 주로 이것에 의거하였다.

청말에 설립된 새로운 고등교육은 다음과 같다. 첫째, 청정부가 설립한 새로운 형식의 대학교육은 1895년에 시작되었다. 당시 성선회(盛宣懷)가 천진에 설립한 '천진서학학당'은 중국 최초의 신식대학이었다. 이 학당 내에는 공정, 전학(電學), 광무, 기기, 율례 5과가 있었고, 수업연한은 모두 4년이었다. 1897년 성선회는 상해에 남양공학(南洋公學)을 세웠다. 둘째, 청말 가장 저명한 신식대학은 경사대학당이다. 최초의 경사대학당을 설립하자고 한 사람은 이단분(李端棻)으로, 1896년 광서황제에게 ≪학교를 보급해야 한다는 청원서≫를 제출하고, 1898년 '백일유신' 기간에 경사대학당을 설치하였다. 1902년에 장백희가 관학대신을 맡고 초보적으로나마 경사대학당을 정돈하기 시작하여, 1905년 정식으로 예과를 설립하였다. 1909년 8개 전공의 분과대학을 두었다. 셋째, 1902년 산서대학당이 설립되었다. 이것은 신식대학의 시작으로 예과와 대학 본과로 구분하여 설립하였다. 본과는 다시 법과, 공과, 이과로 나누고, 1911년에 이르러 대학졸업생 44명을 배출하였다. 그중에는 법과 16명, 공과 19명, 이과 9명, 그 밖에 예과졸업생이 44명이다. 1903년 하반기에 장백희가 초안의 ≪주정학당장정≫을 공포한 후, 각 성 대학 경사대학당과 산서대학당을 제외한 모든 학당이 이 장정에 의해 성립고등학당으로 고쳤으며, 1922년까지 성립대학의 제도가 실행되었다. 청대정부가 1906년부터 법정교육을 보급하여 경사대학당의 사학관은 경사법정학당으로 각 성에 법정학당을 설립하였다. 1910년 사립법정학당을 보급하고 관료와 변호사를 배양하였다. 청말에는 공립신식대학 외에 몇 개의 사립대학도 세웠다. 중국의 공립학교는 1905년에 세워졌다. 당시 일본 정부는 중국유학생을 단속하였다. 일본으로 유학을 떠났던 많은 중국유학생이 귀국하였고, 이 학생들이 지속적으로 공부를 할 수 있도록 상해에 공립학교를 설립하여 귀국하는 학생을 받아들였다. 1906년에 이르러 이러한 학교는 학생이 318명으로 8개 반으로 편성 됐는데, 그중에는 속성사범 1반, 이화(理化)전수과 1반, 중학 보통과 4반, 고등보통예과 2반이 있었다. 1903년 프랑스 천주교 선교사가 상해에 진단학원을 설립하였다. 1905년(광서 31) 진단학원의 일부 학생이 프랑스 선교사의 억압에 반대하여 퇴학을 당하기도 했다.[83]

청말 ≪주정학당장정≫의 규정에 의하면 대학교육은 크게 세부분으로 나눌 수 있다. 고등학당 혹은 대학 예과, 분과 대학당, 통유원이다. 고등학당 혹은 대학 예비과의 교과목은 셋으로 구분할 수 있다. 첫째, 인륜도덕, 경학대의, 중국문학, 외국어, 역사, 지리, 법학, 체조 등이다. 졸업 후 경학과, 정법과, 문학과, 상과대학으로 올라간다. 둘째, 인륜도덕, 경학대의, 중국문학, 외국어, 산학, 물리, 화학, 지질, 광물, 도화, 체조이다. 졸업 후 격치(格致)과, 공과 농과대학에 들어갈 수 있다. 셋째, 인륜도덕, 경학대의, 중국문학, 외국어, 라틴어, 산학, 물리, 화학, 동물, 식물, 체조가 있다. 졸업 후 의과대학에 갈 수 있다. 고등학당 혹은 대학 예과는 각 성에 1개씩 설립하는 것이 원칙이다. 중학당 졸업생은 고등학당에 갈 수 있고, 3년간의 수업을 마친 후 시험에 합격하면 분과대학에 갈 수 있다. 각 분과 대학의 수업연한은 정치과 및 의학 계통이 4년, 그 외에 기타 각 과는 모두 3년으로 제한하였다. 각 분과 대학의 전문학과는 다음과 같다.

(1) 경학과 대학: 주로 유가경전을 학습한다. 11개의 전문 과목을 설립하였다. 학생이 임의로 한 과목을 선택하여 공부한다. 주

---

83) 熊明安, 앞의 책, 316쪽.

역, 상서, 모시, 춘추삼전, 주례, 의례, 예기, 논어, 맹자, 이학 (理學)이 있다.

(2) 정치과 대학: 주로 정치와 법률에 관한 지식을 습득한다. 두 개의 전공, 즉 정치와 법률로 구분하였다. 학생들이 임의로 한 개의 전공을 선택하여 공부한다.

(3) 문학과 대학: 주로 중국과 외국의 문사를 배운다. 9개의 전공 학과를 설립했는데 학생이 임의로 한 개의 전공을 선택하여 공부한다. 중국사학, 만국사학, 중외지리, 중국문학, 영국문학, 법국문학, 러시아문학, 독일문학, 일본문학이다.

(4) 의과 대학: 주로 의약학 지식을 배운다. 의학과 약학 2가지 전공만 개설되었다. 학생은 임의로 하나의 전공을 선택하여 배운다. 의과대학의 내과, 외과, 부녀과, 아동과 등은 중국의 의학 경전을 배우고, 나머지 학과에서는 서양의학을 배운다.

(5) 격치과 대학: 주로 산학, 천문학, 물리학, 화학, 동식물학, 지질학 등 6개의 전공을 설치하여 학생으로 하여금 한 과목을 선택하여 배우도록 하였다.

(6) 농과 대학: 농학, 농예화학(農藝化學), 임학, 수의(獸醫)이다. 4개의 전공을 설치하여 학생들이 한 과목을 선택하여 공부하였다. 농과대학은 각 전문학과가 모두 실험중심으로 과목이 비교적 적다.

(7) 공과 대학: 토목공학, 기계공학, 조선학, 조병기학, 전기공학, 건축학, 응용화학, 화약학, 채광 및 야금학 등 9개의 전공을 설립하였다. 학생들이 한 과목을 선택하여 공부한다.

(8) 상과 대학: 은행 및 보험학, 무역 및 운수학, 관세학을 배운다. 세 개의 전공 영역으로 나누었는데 학생이 한 과목을 선택하여 배운다.

각 단과대학은 전공 과정을 주전공과목, 부전공과목, 선수과목 세 종류로 나누었다. 주전공과목과 부전공과목은 필수과정이고, 선수과목은 학생이 자유롭게 선택할 수 있다. 학생이 졸업할 때 모두 논문한 편을 쓰고, 졸업계획, 졸업성적을 참고한다. 통유원은 연구중심의 최고학부로 경사대학당 내에 설립하였다. 통유원의 학생은 단과대학 졸업 또는 동등학력 소유자였다. 학생은 교실에서 수업을 듣지 않고 스스로 연구를 하며 필요시 교사에게 어려운 문제를 의논하고 가르침을 구했다. 연말이 되면 평소에 연구했던 상황 및 성적을 대학의 교장에게 보고했다. 연구기한은 5년이다. 학생이 학비를 내지 않았을 때 또는 학생이 연구로 인해 다른 지역을 조사할 때 이에 소요되는 경비는 대학회의를 통해 지급해 주었다.[84]

4) 과거제도의 폐지

주원장이 명왕조를 건립한 후, 홍무(洪武) 3년(1370)에 과거시험을 실시하면서 문신들은 과거에 선발된 자가 아니면 관직에 오를 수 없게 하였다. 이로써 북송 이래의 문관정치가 명대에 전면적으로 부활하는 계기가 되었다. 그러나 얼마 후 주원장은 선발된 거인과 진사들이 모두 문사에만 능하고 실질적인 재능은 부족하다고 여겨 과거제도의 중단을 선포하고, 시험관에게 현재(賢才)를 찰거하도록 명하면서 과거시험은 10여 년간 중단되었다.

그러는 동안 찰거의 폐단들이 불거지자 홍무 15년(1382)에 주원장은 다시 과거제도를 회복하도록 하였다. 이후 청조가 들어선 뒤에도 대체로 명대의 기존 법규를 따랐으며, 1905년 과거제도가 폐지될 때까지 유지되었다. 명 중엽 과거제도가 부활하자 국자감생은 과거를

다시 중시하게 되었다. 명대 과거시험과목은 진사과 하나였다. 시험
은 보통 4단계로 나누었다. 첫째 단계는 군에서 거행하는 것으로
'소고(小考)'라고 불렀다. 둘째 단계는 각성에서 거행하는 것으로
'향시(鄕試)'라고 불렀다. 이는 정부에서 파견된 시험관의 주관하에
거행되었다. 셋째 단계는 경사에서 예부에 의해 거행하는 것으로
'회시(會試)'라고 불렀다. 회시에 합격한 이들은 '공사(貢士)'라고 칭
했다. 넷째 단계는 궁궐에서 거행하는 것으로 '전시(殿試)'라고 불렀
다. 궁궐에서 치르는 시험에 합격하면 '진사'라고 불렀다. 진사는 다
시 세 개의 등급으로 구분하였다. 첫째, 갑방(甲榜)은 3명에게만 진
사급제를 주었다. 일등은 장원(壯元)이라고 하고, 2등은 방안(榜眼)
이라고 하며, 3등은 탐화(探花)라고 불렀다. 둘째, 이갑(二甲)은 소수
의 진사출신에게 주었다. 셋째, 삼갑(三甲)도 이갑과 마찬가지로 소
수의 진사출신에게 주었다.

시험의 내용은 크게 셋으로 구분하였다. 첫째, 경의 둘째, 당대의
조고(詔誥), 율령 셋째 사사(史事) 및 당시 시무책이다. 경의류는 사
서 및 역, 서, 시, 춘추, 예기 등 오경으로 제한하였다. 명 성조 영락
년간에 《사서오경대전》을 반포하여 과거시험의 유일한 기준으로
삼았다. 시험의 요구조건은 매우 식상한 것이었다. 향시, 회시는 모
두 세 장소로 나누어서 시행하였다. 각 장소에서 보는 시험의 내용
과 분량은 서로 달랐다. 이러한 시험장소의 문장은 통칭 '제의(制義)'
라고 하는데, 일반적으로 '팔고문'이라고 한다. 팔고문은 시, 부, 론
등 기존의 문체와는 달리 오로지 과거 시험에만 사용되었던 문체로
의도적으로 만들어진 것이다. 청말에 이르러 과거시험에 모두 이 문
체를 사용하였다. 사서의(四書義)는 200자 이상, 오경의는 300자 이
상이라고 글자수까지 엄격히 제약하였다. 팔고문의 사용은 학생들의
자유스런 사상과 감정의 표현을 제약하였다. 그러나 당시 독서인들

은 그들의 신분 계층 이동을 위해 팔고문을 배워야 했고, 그들의 노력을 다해야 했다. 명·청 두 시대의 학교교육은 모두 과거시험의 내용과 팔고문으로 인해 학교가 과거시험제도의 부속기관으로 전락되어 우수한 인재의 성장을 제한하였다.

명대의 관료는 과거시험 합격자들로 구성되었다. 그 외에도 고위관료의 자제들이 음서에 의해 고위관리가 되는 경우도 적지 않았으나, 중앙과 지방 관서의 요직은 과거 출신의 관료들이 장악하여 명 통치의 중추를 이루었다.

과거제도는 재능 있는 인재를 선발하는 가장 객관적인 방법으로 1300여 년 동안 유지되었다. 긍정적인 측면에서 보면 신분사회에서 신분을 타파하여 능력에 따라 관리로 진출할 수 있는 기회를 부여했다. 그러나 부정적인 측면에서 보면 유가경전에 의한 학습으로 유교의 가치체계만을 강조하며 학생들의 창의력을 억압하여 획일적인 교육을 조장했다. 그리고 경제, 과학기술, 공업 등의 간과로 명·청시대 중국의 사회·문화적 환경은 과학기술의 발전에 거의 기여하지 못했다. 또한 과거시험은 사회적으로 경쟁이 매우 치열했기 때문에 인간의 노력과 재능을 소모시켰다. 그럼에도 불구하고 오랜 기간 동안 지속되면서 신분이동을 가능하게 했다는 점과 개인의 능력을 평가받을 수 있다는 점에서 과거제도는 오늘날까지도 긍정적인 평가를 받고 있다.

광서 말년 강유위와 양계초 등 유신파가 유신변법을 통해 과거제 폐지를 주장하기 이전부터 과거제도는 자기 몫을 제대로 하지 못하고 있었다. 1898년 무술 개혁을 통해 기존의 팔고문을 폐지하고, 책론으로 시험을 보도록 했으나 유신파가 무너지면서 시행되지 못했다. 또한 청대 공자진과 같은 많은 학자들이 불합리한 과거제도에 대해 비판을 하고, 청말에 과거제도 개혁과 폐지에 대한 거센 요구에 따라 청 조정은 1905년에 과거제 폐지 조치를 내림으로써 마침내 과거제도는 폐지되었다. 역대로 유능한 인사의 등용문으로 자리 잡았던 과거제는 이렇게 사라졌다. 과거제도가 폐지된 이후 청정부는 유학생 파견과 신식 교육으로 인재를 육성하고자 했지만, 당시 혼란스러웠던 정국으로 인해 아무런 영향력도 발휘하지 못하였다.

반면 한국에서는 중국의 과거제도를 받아들여 광종 9년(958)에 처음으로 과거시험을 거행하였다. 당시에는 당대 과거제도를 수용해 진사와 명경 등의 제과를 설치하고, 시부와 시무책 및 첩경, 묵의 등을 시험하였다. 이후 과거제도는 조선에서 천여 년 동안 이어지다가 1894년 갑오개혁과 더불어 폐지되었다.

5. 명·청시대 고등교육의 특징

첫째, 학교와 과거제도의 결합이다. 관학뿐만 아니라 사학기관이 과거에 합격하기 위한 준비기관으로 전락하였다. 이는 오늘날 우리나라의 고등학교가 고등학교 순수 교육목적을 달성하기 위한 노력에 기울이기보다 좋은 대학교를 가기 위한 준비기관으로 전락한 것과 마찬가지이다. 대학에 들어가서도 이러한 성격을 벗어나지 못하고 막상 원하는 대학에 들어갔어도 다시 취업의 문을 두드리기 위해 대학 본연의 목적을 상실해가는 것과 비슷하다고 할 수 있다. 명·청시대 통치자는 학교를 통해 방대한 생원집단을 통제하였다. 그리고 그들 중에서 고학위소지자와 관리들을 선발하였다.

둘째, 과거제도가 보편화됨으로써 자연히 귀족정치를 부정하게 되었다. 이것은 최고 권력인 황권으로 하여금 세습귀족을 초월하여 중·하층 사회의 인재들을 등용하여 광범위한 사회기초를 얻도록 하였다. 그러나 유학의 테두리를 벗어나지는 못했다.

셋째, 아편전쟁 이후 서구 물결의 전파로 일부 지식인들은 중국의 전통교육에 대해 비판적 시각을 갖게 되었다. 이러한 시각은 양무운동, 변법유신 등을 거쳐 중국 고등교육이 근대화로 향하는 계기가 되었다. 이러한 계기로 근대학제가 탄생하였고, 이것은 중국의 고등교육이 근대화로 전환되는 데 큰 기여를 하였다.

넷째, 인쇄술의 지속적인 발전과 서원의 성장은 교육의 기회를 확대시키는 계기가 되었다.

제 9 장

청말부터 90년대
이전까지의 고등교육

1. 시대적 배경

청말 중국 사회는 서구열강의 침입과 내적 갈등으로 커다란 혼란을 겪었다. 1825년 무렵부터 아편밀수에 의해 중국의 은이 해외로 유출되기 시작했고, 이것은 결국 아편전쟁으로 연결되었다. 특히 19세기 후반에는 아편전쟁과 애로호사건 등으로 쇄국정책(鎖國政策)이 무참히 깨지고, 태평천국운동 등으로 인하여 그동안 유지되었던 정치체제가 흔들리게 되었다. 그런 가운데 홍수전(洪秀全)은 농민반란군과 태평천국(太平天國, 1851~1864년)을 세우면서 농민전쟁을 일으켰다. 이들은 '대동(大同)'의 평등적 개념에 입각하여 성별, 신분별 차별을 타파하려 하였지만 자신들의 군대를 벗어난 다른 곳에서는 시행하지 못했다. 결국 1860년 베이징조약 이후 태평천국에 반대하면서 중국 내정에 참여한 영국 등 서구열강의 영향으로 몰락하고 말았다.

이와 연관되어 서유럽으로부터 근대기술을 배우려 했던 양무운동(洋務運動)이 시작되었고, 이로써 중국에서 자본주의가 싹틀 수 있는 토대를 마련하였다. 그러나 양무운동은 외적인 근대화에만 치중하여, 내적인 근대화, 즉 사회와 정치체제의 변화에는 주의를 기울이지 못했다.

1911년 신해혁명(辛亥革命)은 결국 쓰러져가는 청나라를 무너뜨리고, 2000여 년간 지속된 전제정치를 바꾸면서 중화민국이라는 새로운 정치체제의 공화국을 건설하였다. 그러나 이것은 외형적으로만 청나라를 무너뜨렸을 뿐이었다. 1912년에는 남경에서 중화민국 남경 임시정부가 성립되었고, 그해 4월 원세개(袁世凱)가 북경에서 임시 대총통에 취임하였다. 1919년 5월 4일에는 중국 북경의 대학생들을 중심으로 과학과 민주주의를 옹호하면서 제국주의와 봉건주의에 반대하는 대규모 운동인 5·4운동이 일어났다.

1921년 7월에는 중국공산당(中國共産黨)이 성립되었다. 중국공산당은 1934년에서 1936년까지 1만 2000㎞를 걸으면서 국민당과 전투를 한 대장정(大長征)과 1924년에서 1927년까지 했던 1차 국공합작, 1937년 9월부터 1945년 8월까지 했던 2차 국공합작 등을 거치면서 1948년 삼대(三大)전투에서 인민해방군이 승리한 것을 계기로, 1949년 10월 1일 우여곡절 끝에, 중국 역사에 또 하나의 이정표인 중화인민공화국 성립을 선언하였다.

중화인민공화국이 성립된 뒤, 중국 대륙에서는 1966년부터 1976년까지 중국공산당 내부의 반대파들을 숙청하기 위한 문화대혁명(文化大革命)이 일어나, 사회적으로 커다란 충격과 손실을 가져왔다. 이것은 모택동(毛澤東) 자신에 의해 주도된 일종의 권력투쟁이었다. 그 속에서 300만 명 정도의 공산당 당원이 희생되고, 경제는 퇴보하였으며, 사회 기강은 무너졌다. 결국 1976년 10월에 사인방(四人邦)을 체포함으로써 중국 대륙을 붉게 물들였던 문화대혁명은 막을 내렸다. 1976년 9월 9일 모택동이 사망하면서 그의 뒤를 이은 등소평(鄧小平)에 의해 중국은 제2의 약진을 도모하였다. 그것이 바로 1978년 12월 중공 11기 3중전회에서 결정한 경제개방정책이다. 이로써 중국은 개혁개방이란 기치 아래 문호를 열고 지금까지 꾸준한 발전과 성장을 거듭하고 있다. 개혁개방을 통하여 중국은 경제적 개방뿐만 아니라 사회적·문화적 개방을 이루었고, 이것은 교육에도 많은 영향을 미쳤다.

2. 청말 이후부터 중화인민공화국 건국까지의 고등교육

쇄국정책을 시행한 청나라는 광주(廣州) 지역과 공행(公行)으로 불리는 상인단체를 통해서 외국과의 무역을 제한적으로 실시했다. 그중 특히 영국과의 무역은 비교적 활발하게 진행되었다. 중국이 영국에 비단이나 차, 도자기 등을 수출한 반면, 영국은 중국에 모직물과 향료 등을 수출해 양국 간의 무역은 심각한 불균형을 이루었다. 특히 대 중국 무역에서 막대한 손실을 안은 영국은 인도에서 나온 목화와 아편을 중국에 수출함으로써 무역수지 불균형을 조정하려 하였고, 이를 계기로 양국 간에 아편전쟁이 발발하게 되었던 것이다.

아편전쟁(1840~1842년)을 치른 청은 서양에 문호를 개방해야 했다. 반면 서양 자본주의 세력은 아편전쟁을 계기로 자신들의 문화를 중국에 깊숙이 전파하기 시작했다. 서양 자본주의 침략세력들은 불평등한 조약에 근거하여 중국에 학교와 병원 등을 세우면서, 중국을 반식민지(半植民地)·반봉건(半封建)사회로 전락시켰고, 이는 교육에도 많은 영향을 미쳤다.

19세기는 서구 열강이 앞 다투어 제국주의 침략을 일으켰던 때이다. 아편전쟁 전후로 서구열강에서 전해 준 자본주의는 중국에 진보적인 사상가를 탄생시켜 변법혁신을 주장하고 외래의 침략에 저항하는 분위기를 조성하였다. 예를 들어, 서양의 학문을 배우고 교육을 개혁할 것과 과거제를 폐지하여 인재를 배양할 것을 주장한 공자진(龔自珍)의 사상은 유신운동에 많은 영향을 미쳤다. 그리고 서양의 학문을 배우고, 개혁된 교육 내용으로 외세에 대항하자던 임칙서(林則徐), 외국어와 과학기술, 무기 제조에 대한 교육을 강조하면서 현실과 격리된 경학을 반대하고 실용적 학문을 강조했던 위원(魏源) 등이 바로 아편전쟁을 전후하여 생겨난 중국현대 진보주의 교육사상가들이다.

아편전쟁 이후, 외국의 자본주의 침략세력은 불평등한 조약에서 얻은 특권으로 중국에 교회(敎堂), 학교, 병원을 설립하고 책을 발행하여 중국 문화교육에 영향을 미치기 시작했다.

과거와 달리 외국의 선교사를 중심으로 서양의 다양한 사상과 학문이 전파되었고, 이것은 선교사들이 주축이 되어 세워진 교회대학(敎會大學)을 중심으로 진행되었다. 교회대학은 기독교 문화를 중국에 전파시킬 뿐만 아니라 서양의 학문과 정신을 중국에 전달했다.

아편전쟁 이후 거세진 서양 문물의 중국 잠식은 중국인들의 사고와 사상에 변화를 불러일으켰다. 그리고 서양에 비해 낙후된 자신들의 모습을 보면서 적극적으로 서양을 배울 필요성을 느끼게 되었고, 중국 사회에서는 서양의 학문을 따라 배우는 것이 전반적으로 유행하기 시작하였다. 이로 인하여 중국의 전통문화와 전통교육은 크게 위협받게 되었다. 특히 밀려드는 외국인들과의 접촉을 원활히 하기 위하여 외국어 교육이 중시되었는데, 1862년 동치(同治) 원년에 총리아문에서 제창하여 설립한 경사동문관에서 서양언어 교육이 집중적으로 이루어졌다.

아편전쟁을 계기로 중국은 새로운 근대사가 시작되었고, 그 속에서 수천 년 이어져 내려왔던 고등교육은 무너졌다. 아편전쟁의 충격 속에 많은 지식인들은 전통 교육의 개혁을 주장했고, 이것은 결국 과거제도의 폐지, 서원의 학당으로의 전환, 실용과학의 중시 등으로 나타났다.

1861년에서 1894년까지 청의 봉건통치 집단 내부에는 혁흔(奕欣, 1833~1898년), 증국번(曾國藩, 1811~1872년), 이홍장(李鴻章, 182

3～1901년), 좌종당(左宗棠, 1812～1885년), 장지동(張之洞) 등을 주축으로 하여 '자강(自强)', '부강을 도모한다(求富)'는 구호를 중심으로 한 양무파가 형성되었다. 이들은 외국에 인재를 보내 항해학이나 군기계학을 배워 오게 했고, 1862년에서 1882년까지 제포국, 병공창, 조선국, 화포국 등을 창설했다. 1872년 용굉(容閎, 1828～1912년)이 중국 청소년을 데리고 미국으로 유학 보낸 것이 중국 최초의 관비유학이다. 또한 양무파는 과학기술서적을 번역하고 과학기술 인재를 양성하였다. 이들은 특히 경사동문관(京師同文館, 1862년)과 같은 외국어 중심의 학당, 천진(天津) 수사학당(水師學堂, 1881년)과 같은 군사 중심의 학당, 기기학당(机器學堂, 1865년)과 같은 기술 중심의 신식학당을 세워 학생들을 가르쳤다. 그러나 당시 학당은 학제나 학교 체제가 제대로 구비되지 않았다. 양무파에서 세운 신학관은 대부분 서양국가의 통제를 받았다. 그리고 여기에 사용되는 경비 대부분은 주로 세관을 통해 얻은 수익금이었다. 양무파에서 세운 학교의 교장과 교원은 대부분 당시 해관세무사 혁덕(赫德)이 소개한 사람이었다.

역사적인 관점에서 보면, 양무파가 행한 양무교육은 2천 년의 봉건학교교육제도를 처음으로 개혁하고 전문기술학과와 외국어학교를 개설하면서 신학교를 세웠다. 양무교육의 방침은 '중학을 체로 하고 서학을 이용하자(中學爲體)'는 바로 중국 봉건주의의 구학을 일체의 정치 문화교육의 주체로 삼자는 것으로, 삼강오상의 도덕윤리를 옹호하는 입장에서 이것을 특별히 정치교육의 중심으로 하자는 것이다. 이러한 전제하에 서학(서문, 서예西藝를 포함)을 응용하여 중국을 공고히 하자는 것이다.

1856년부터 1860년까지 영국과 프랑스의 침략자들은 연합하여 전쟁을 일으켰다. 그 이후로 서양 세력에 자극받은 중국은 양무파들을 중심으로 서양의 학문을 배우기 시작하였다. 중국은 1861년에서 1894까지 양무운동을 통하여 서양의 기술을 배우고 서양의 무기를 사는데 많은 돈을 투자했지만, 1894년 중·일 갑오전쟁의 패배로 커다란 시름에 빠졌다. 물론 30여 년의 활동이었지만, 양무파들이 중심이 된 양무교육은 중국 역사상 최초로 봉건교육제도를 개혁하고 신학교를 세우면서 전문기술학과와 외국어학교를 개설하는 근·현대 교육의 시금석을 세웠다.

1894년 갑오전쟁의 실패는 중국에 또 다른 노선을 탄생시켰다. 그것이 바로 유신파다. 1898년에 중국자본계급 가운데 개량파를 주축으로 변법자강의 유신운동을 펼쳤다. 유신운동의 지도자는 주로 강유위(康有爲, 1858~1927년), 양계초(梁啓超, 1873~1929년), 엄복(嚴復, 1853~1921년), 담사동(譚嗣同, 1865~1898년) 등이다. 유신운동의 특징 중 하나는 바로 사회의 모든 것을 개혁하자는 것이다. 이들 대부분은 서양의 자본주의의 영향을 받고 자라면서, 서구식으로 중국의 발전을 도모하려 생각했던 사람들이다.

특히 이들은 중국이 쇠약한 원인이 불량한 교육과 낙후된 학술에 있다고 여겼다. 또한 교육이 국가 부강의 근본이라고 생각했다. 이들이 말하는 '대동'사회에서 학교교육은 가장 중요한 위치를 차지한다. 그래서 서양의 학문을 받아들이는 교육개조를 통하여 중국의 현재 상황을 벗어나고 중국의 발전을 도모하려 하였다. 그리하여 학교와 학회를 세우고, 신문사와 출판사를 설치하여 서양의 사상과 문화를 적극적으로 받아들일 수 있도록 환경과 조건을 갖추어야 한다고 황실에 상서를 올렸다.

과거 양무파가 '중학을 중심으로 서학을 채용할 것'을 주장했듯이, 유신파도 봉건통치를 보호하면서 개혁을 단행하려 하였다. 강유위는 과거제도를 폐지하면서 학교를 세울 것을 강조하였다. 유신법에서도 팔고를 폐지하고, 학교를 세우며, 자본주의 교육제도를 건립하고, 서양의 자연과학, 토목기술과 사회정치학설을 배울 것을 제시했다. 강유위는 1898년 7월 ≪학교를 세우는 것에 대해≫ 청정부에게 조서를 올리고 독일, 일본의 학제를 모방하여 전국의 각 성, 부, 현, 향에 학교를 개설할 것을 구체적으로 건의하였다.

보수파는 팔고로 사를 뽑는 과거제도를 지지하고, 중학을 보호하고 서학을 반대했다. 청왕조는 붕괴될 듯한 봉건통치를 보호하기 위해서 일부 개선하지 않을 수 없었다. 따라서 당시의 서원과 과거제도에 대한 개선책을 끊임없이 내놓았다.

유신파들은 학교교육의 필요성과 그에 따른 구체적인 내용까지 꼼꼼히 주장하였다. 강유위는 ≪대동서≫에서 '태평세계는 개인의 지혜를 넓히는 것으로 학교를 가장 중시한다'고 하면서 교육의 힘으로 변법인재를 배양하고 변법유신을 실현하려 하였다. 그는 실과교육, 현대자연과학, 사회과학을 개설하여 학생에게 덕, 지, 체, 미의 교육을 실시하고 새로운 학문에 따른 새 인재를 양성하자고 주장하였다. 그리고 ≪청개학교절(請開學校折)≫과 ≪대동서(大同西)≫에서 학제를 소학, 중학, 대학으로 구분하고, 대학은 경학, 철학, 율학, 의학 4개 분과로 나누면서, 규모가 비교적 큰 경사대학을 설립하자고 주장하였다.

양계초 역시 1896년 발표한 ≪과거를 논함≫이라는 문장에서 과거를 폐지하고 학교를 세워 인재를 양성해서 중국을 부강하게 하자고 주장했으며, 엄복도 과거제도의 폐해를 지적하면서, 학교의 교육내용과 방법을 제시하였다. 과거제도는 수(隋)나라 말기 양제(煬帝) 대업(大業) 2년(606)에 '진사과(進士科)'가 설치되면서 1300여 년 동안 실시되어 왔다. 그러다가 무술(戊戌)변법 때 폐지되었다. 과거제도를 대체한 새로운 교육제도의 시행은 학교교육을 발전시켰다. 이를 통해 과거 신분에 제한을 두면서 관리를 뽑던 한계에서 벗어나 능력 있는 사람을 선발하였다.

유신파의 건의는 모두 근대적인 색채를 띠면서 중국의 발전에 이바지했다. 그러나 보수파의 저항에 결국 유신파들이 제시한 정책은 받아들여지지 않았다. 수천 년 이어져 내려왔던 봉건주의의 사상을 일순간에 제거하기 어려웠지만, 이것은 중국의 지식인들이 새로운 세계로 나아가게 하는 데 일조하였다.

1911년 손중산(孫中山)을 중심으로 일어난 신해혁명은 결국 이천여 년간 중국을 지배했던 봉건통치의 막을 내리고, 이민족이 세운 청 왕조를 무너트리고 중화민국을 세웠다. 1911년 12월 17개 성의 대표자들이 남경에 모여 임시 정부를 세우고, 제1대 임시 총통으로 손중산을 추대한 뒤, 1912년 1월 3일 손중산은 중화민국의 임시 총통이 되었다. 그리고 1월 9일 교육부를 세우고, 전국의 교육을 관리하였다. 교육부 내에는 전문 교육사(敎育司)를 두어 교육 기관에 대한 업무를 책임지게 했다. 그해 1월 11일 중국 역사상 처음으로 마침내 백성이 주인이 되는 중화민국이 탄생하였다. 그 후, 교육자 채원배(蔡元培)가 초대 교육부 장관에 취임하여 1912년 1월 9일 교육부는 ≪보통교육잠행판법(普通敎育暫行辦法)≫, ≪보통교육판행과정표준(普通敎育辦行課程標準)≫ 등의 교육법령을 반포하고 새로운 교육개혁을 단행하였다.

1912년 7월 임시교육회의를 열고 ≪교육종지(敎育宗旨)≫, ≪학교계통(學校系統)≫, ≪중학교령(中學校令)≫, ≪대학령(大學令)≫ 등 일련의 법령을 제정했으며 교육제도에 대한 전면적인 개혁방안을 제시하였다. 당시 일련의 교육정책에 대한 채원배의 생각은 1912년 4월 발표한 ≪교육방침에 대한 의견≫에 반영되어 있다.

1912년 7월 북경에서 중앙임시교육회의를 개최하였다. 당시 교육부가 제시한 교육취지의 핵심내용은 다음과 같다. '도덕교육을 중시하고 실리교육과 국민교육을 보조로 하면서, 미감교육으로 그 도덕을 완성한다. 공민도덕을 튼튼하게 한다.' 더불어 학교시스템, 교육취지, 다양한 학교에 관한 법령, 소학교 교원의 봉급 규정, 주음자모의 채택 등에 관하여 논의하였다. 이것을 '임자(壬子)학제'라고 한다.

1912년 10월 ≪대학령≫과 ≪전문학교령≫을 공포하면서 대학설립에 관한 새로운 규정을 만들었다. 당시 공포한 ≪대학령≫을 살펴보면 다음과 같다.

민국 원년(1912) 10월, 교육부는 ≪대학령≫을 반포하고 민국 6년(1917) ≪대학령≫에 대해 2차 수정을 하였다. 이 두 가지 법령은 모두 민국 초기에 시행한 것이다. 이를 살펴보면 다음과 같다.

1. 대학은 심오한 학술을 가르치는 곳으로 훌륭한 석학을 배양하여 국가에서 필요한 인재를 배양하는 것이 취지이다.

2. 대학은 문, 리, 법, 상, 의, 농, 공 7개 과로 구분한다. 설립 시 문과, 이과 위주여야 한다. 다음의 항목이 충족되어야 대학이라고 할 수 있다. 문리과는 두과가 병설되어야 하는데 문과는 법과, 상과 이과는 의과, 농과, 공과 세 개의 학과이다.

3. 대학은 예과 및 본과가 있다. 예과는 고등학교 졸업생 또는 이와 동등한 학력의 소유자, 본과는 예과 졸업생 또는 이와 동등한 학력자이다.

4. 예과는 수업연한이 3년이고 본과는 각 과의 성격에 따라 3년 또는 4년으로 동일하지 않다.

5. 대학을 심오한 학술을 연구하는 기관으로 보아 예과 및 본과 외에 대학원을 설립한다. 대학원은 대학본과 졸업자로 수업연한은 제한이 없다.

6. 대학본과 졸업생은 학사라고 부른다. 대학원생은 대학원에서 이

수과정을 거치고 이에 준하는 성적을 취득한 후, 대학평의회 또
는 교수회의에서 인정할 때 학위령에 따라 학위를 수여한다.

7. 대학에는 총장 1명 및 각 과 학장 1명을 둔다. 교사의 자격은
   교수, 조교수 및 강사 세 종류로 구분한다.

8. 대학의 각 과에 강좌를 설립하고 교수가 이를 맡도록 한다. 그
   러나 교수가 부족할 때 조교수 또는 강사가 역임할 수 있다.

9. 대학평의회는 각 과 학장 및 각 과 교수로 구성하고, 평의회는
   대학 내에 모든 중대한 문제를 평의한다. 이것은 계묘학제의
   대학회의 성격과 비슷하다.

10. 대학은 개인이 설립한 것으로 교육부에서 입안을 비준한다.[85]

민국 6년의 대학령 규정의 주요내용은 다음과 같다.

1. 대학의 취지는 민국 원년의 대학령 규정과 서로 일치한다.

2. 대학의 분과와 민국 원년 대학령의 규정은 서로 일치한다. 그
   러나 설립대학의 조건은 제한이 많지 않았다. 단지 두과(단과대
   학)가 있으면 모두 대학이라고 불렀다.

3. 대학예과 및 본과, 입학자격도 민국 원년학령의 규정과 같다.

4. 수업연한은 짧게는 1년, 본과는 4년, 예과는 2년이다.

5. 대학원도 연한이 없지만 강좌가 개설되지 않으면 지도교수를
   초빙하여 나누어 연구하고, 정기적으로 강연토론을 한다.

6, 7, 8, 9 각 조항은 민국 원년 대학령의 규정과 같다.[86]

≪대학규정(大學規程)≫: 민국 2년(1913) 1월 교육부는 ≪대학규정≫
을 반포하였다. ≪대학규정≫에서는 대학 각 과의 부문 및 과목에
모두 명확한 규정을 하였다. 예를 들면, 대학 문과는 철학, 문학, 역

---

85) 熊明安. ≪中國高等敎育史≫. 四川: 重慶出版社. 1983: 361.
86) 熊明安, 앞의 책, 362쪽.

사학, 지리학 4개의 부문으로 나누고, 이과는 수학, 천문학, 이론물리학, 실험물리학, 화학, 동물학, 식물학, 지질학, 광물학 9개 학과로 나누고, 법과는 법률학, 정치학, 경제학 3과로 나누고, 상과는 은행학, 보험학, 외국무역학, 영사(領事)학, 세무(稅關倉庫)학, 교통학 6개 학과로 구분한다. 의과는 의학, 약학 2개로 나누고, 농과는 농학, 농예화학, 임학, 수의학 4개로 나누고, 공과는 토목공학, 기계공학, 선용(船用)기관학, 조선학, 조병학, 전기공학, 건축학, 응용화학, 화약학, 채광학, 야금 등 11개로 구분하였다.

《전문학교령》: 민국 원년 10월 교육부는 《전문학교령》을 공포하였다. 이 법령의 주요 내용은 다음과 같다.
1. 전문학교는 '고등학술을 가르치고 전문인재를 양성하는 것'을 취지로 한다.
2. 전문학교는 다음과 같이 나뉜다. 법정, 의학, 약학, 농업, 공업 상업, 미술, 음악, 외국어 등이다.
3. 입학자격은 중학교 졸업 또는 시험을 통과한 동등 학력자로 시험에 합격해야 한다.
4. 전문학교는 예과와 연구과로 설립한다.
5. 전문학교는 본과 3년, 예과 1년, 연구과 수업 1년 이상이다.
후에 예과를 폐지하고 본과 4년으로 개편했다.

1915년 5월에 성립한 전국교육연합회는 학제개혁운동을 통해 학제 개혁을 시도했다. 그러나 1915년 원세개가 총통이 되어 총통의 명의로 '7개의 교육취지(愛國, 尙武, 崇實, 法孔孟, 重自治, 戒貧爭, 戒躁進)'를 공포하면서 이전의 교육 취지를 바꿨다. 그는 《학교에서 공자에게 제사지내는 것을 다시 시행하는 것》 등을 공포하면서 교육의 봉건성과 등급성을 강화하는 한편, 정치적 요구에 적합하도록 조절하였다. 진독수는 이러한 봉건으로의 복고교육에 대하여 비판하였다. 원세개가 사망한 후, 북양군벌은 기본적으로 원세개의 사상을 계승했던 교육의 개혁을 포함한 모든 계획, 조치를 파괴하였다. 호적과 진독수 등은 민국 6년에 '죽은 문자' 폐지를 주장하고, '신문학' 건설을 주장하는 문학혁명을 주도하였다.

5·4 운동 이후에는 구시대 윤리 도덕을 반대하고 서양의 과학문명을 받아들이는 것이 주축이 된 신문화운동이 더욱 활기를 띠면서, 서양 문물에 대한 열의와 관심이 더욱 깊어갔다. 아편전쟁 후 불기 시작한 서양에 대한 관심은 가시적인 효과를 안겨주지 못했지만, 결국에는 중국을 변화시키고 발전시키는 원동력으로 작용하였다.

1925년에는 제1기 전국대표대회의 결의에 따라 국민정부가 수립되었다. 국민정부는 1·2차 국공합작과 4년간에 걸친 내전 끝에 결국 1949년 중국공산당에게 대륙을 내어주고, 대만으로 건너가게 되었다. 반면 중국공산당은 1949년 10월 1일 중화인민공화국을 정식으로 세상에 공포하였다.

중국 사회는 20세기 초까지 경제, 사회, 교육, 종교, 오락, 정치 등에서 자신들의 전통을 유지한 채, 변하지 않고 존재해 왔다. 그러나 서양의 문물이 중국 사회 전반에 전해지면서 수천 년 이어져 내려온 봉건사회제도와 가족제도는 동요되기 시작했고, 이에 따라 교육도 변화하기 시작했다. 특히 학교를 중심으로 한 변화는 그 폭이 매우 컸다.

1) 학교형태의 변화

서원 중심의 교육은 당대부터 약 천여 년 동안 중국에 존재했다. 그러던 것이 1898년에 이르러 선교사들에 의해 새로운 변화를 맞이하였다. 물론 이전에도 선교사들은 중국에 많은 학당을 설립하여 서구학문을 소개하고 중국교육의 근대화를 촉진했다. 예를 들어 1864년 미국의 장로회에서 설립한 산동(山東) 등주(登州)의 문회관(文會館), 1866년 영국 침례회가 청주(靑州)에 설립한 광덕(廣德)서원(후에 두 개의 학교를 합병하여 광문廣文서원으로 고친 뒤, 1917년 제로濟魯대학으로 발전함) 등이 있다. 또한 중국에서 세운 것은 1895년(광서 21)에 설립된 천진중서학당(북양서학당이라고도 함)이다. 이것은 1900년도에 문을 닫았다가 1903년에 중국 최초의 공과 대학인 북양대학으로 세워졌다. 그 후 다시 천진대학으로 개명하였다. 1896년(광서 22) 상해에 설립한 남양공학도 중국 최초의 대학 중 하나이다. 이 대학도 몇 번의 변천을 통해 개명을 했는데, 1921년 당산(當山) 공업전문학교 등 몇 개의 학교와 합병하여 교통대학으로 개명하였다.

근대 중국의 최초 고등교육기관으로 꼽을 수 있는 것은 청나라 말기 광서(光緒) 4년(1898)에 세워진 경사대학당(京師大學堂, 현재의 북경北京대학)이다. 이것은 일본의 대학 체제를 모방해서 설립한 중국 근대 최초의 국립대학이다. 경사대학당의 뒤를 이어 독일과 일본의 대학을 모방한 대학들이 설립되었고, 미국에서 귀국한 유학생들의 여파로 서양 고등교육이 유행하였다. 경사대학당은 그 후 1912년 경사동문관(京師同文館)을 합병하여 지금의 북경대학이 되었다.

1912~1913년에 공포된 <대학령(大學令)> 조례에 의하여 고등교육을 예과(豫科), 본과(本科), 대학원(大學院)으로 분류하였다. 또한 고등교육관련 규정으로 공·사립대학, 전문학교, 고등사범학교 등으로 나누었다. 20년대 말에 이르러 대학(專科), 대학교(本科), 대학원(研究院)으로 분류하였다. 대학교에는 문과, 이과, 농과, 의학 등의 단과대학을 설립하고 이에 대한 전공으로 철학, 세계문학, 역사, 정

치, 경제, 법률, 교육, 신문, 회계, 공상관리, 국제무역, 도서관, 당안
(檔案), 수학, 물리, 화학, 공정(工程), 농업, 삼림, 양잠업, 음악 등을
개설하였다. 이러한 결과로 중국의 교육체제는 근대 대학교의 특징
을 갖추게 되었다. 그러나 신해혁명(辛亥革命)의 실패와 함께 교육
개혁도 본래의 취지를 달성하지 못했다.

　1921년 10월 <전국교육회연합회>는 광주에서 7차 대표대회를 열
어 '학제계통안'에 대해 토론하면서 신학제체계를 제시하였다. 이어
서 1922년에는 '임술학제(壬戌學制)', 이른바 '신학제(新學制)'를 실시
하였다. 그동안 비록 작은 변화는 있었지만 기본적인 체제는 이 시
기에 결정된 것이다.

　1900년대 초 중국의 대학교육은 서양의 영향 아래 신학제를 개편・
정리하여 중국의 전통교육에서 벗어나 서구의 영향에서 이루어졌다. 따
라서 1949년 10월 중화인민공화국 수립 당시 대부분 고등교육기관은
외국인이 운영하는 교회학교나 사립학교가 큰 비중을 차지하였다.[87]

---

87) 1921년 10월 <전국교육회연합회>는 광주에서 7차 대표대회를 열어 '학
　제계통안'에 대해 토론하면서 신학제체계를 제시하였다. 1922년 9월 북
　양정부교육부는 제남에서 학제회의를 개최하고 <전국교육회연합회>에
　서 제시한 신학제에 대해 토론하고 이것을 다소 수정한 후 11월 북양
　정부 대총통 서세창(徐世昌)명의로 공포하였다. 이때 공포된 <학교계통
　개혁안>은 7개의 교육표준이 열거되었다. 첫째 사회진화의 수요에 적응
　하는 것, 둘째, 평민교육정신을 발휘하는 것, 셋째, 성의 발전, 넷째, 국
　민경제력을 중시하는 것, 다섯째, 생활교육을 중시하는 것, 여섯째, 교
　육을 보급시키는 것, 일곱째, 각 지방의 남겨진 토지를 잘 활용하는 것
　이다. 이러한 개혁은 듀이 실용주의 교육사상을 영향 받은 것이다. 또
　한 중・소학을 7・4제에서 6・3제로 바꾸었는데, 이것도 미국의 영향을
　받은 것이다. 이것은 기본적으로 자산계급의 요구를 반영한 것이다. 고
　등교육에 대한 <개혁안>규정에는 대학 수업연한은 4년에서 6년으로 하
　고 의과 및 법과는 적어도 5년, 사범대학은 4년으로 하였다. 구학제에
　의해 설립된 고등사범학교를 사범대학교로 고쳤으며 고급중학 졸업생
　을 대상으로 모집하였다. 그리고 대학교는 선과(選科)제를 택하였다(蔡
　克勇. ≪高等敎育簡史≫. 武昌: 華中工學院出版社. 1982: 135).

민국 초기에 학제를 수정하고, 대학교육과 관련된 법을 제정하여 반포했지만 당시 정치적으로 불안정하고 경제도 낙후되어 고등교육의 발전이 제대로 이루어지지 못하였다. 민국 5년의 통계에 의하면 국립대학은 단지 북경대학 한 곳 뿐이었고, 성립대학은 북양(北洋)대학 산서대학 두 곳이었다. 국립전문학교는 북경에 4곳, 각 성립에는 모두 22곳이 있었다. 사립대학은 북경에 겨우 4곳, 무창에 중화(中華)대학 1곳이 있었다. 고등사범학교가 민국 원년에 국립으로 고친 이후, 청말의 우수한 사범학교는 크게 감소하였다. 당초 계획은 전국을 6개의 구로 나누어 각 구에 1개를 설립하려고 했으나, 경비가 매우 부족하여 민국 5년 이전에는 북경, 무창 두 곳, 민국 5년 이후에는 남경에 1곳만 설립하였다. 성립의 고등사범으로 남아 있는 곳은 직례(直隷), 사천, 산동, 호남, 광동, 하남, 강서 모두 7곳이다. 후에 성립의 각 고등사범학교는 정지되었고, 교육부의 계획에 의해 설립된 국립사범이 건립되기 시작하였다.[88]

2) 학제의 변화

청광서 28년(1902)에 장백희(張百熙)가 제정한 <흠정학당장정(欽定學堂章程)>은 이른바 '임인학제(壬寅學制)'라고도 하는데, 이것은 중국 정부가 반포한 최초의 학제이지만 실행되지 못했다.

그리하여 1902년 청정부는 학교를 흥성시키도록 조서를 내려 당시 일본학제를 토대로 하여 <흠정학당장정(欽定學堂章程)>를 제정(壬寅學制)하고 1904년에 정식으로 반포하였는데, 이를 <주정학당장정(奏定學堂章程)>, 즉 '계묘학제(癸卯學制)'라고 하며, 이것은 중국 정부에서 반포하고 시행한 학제다. '계묘학제'는 서양의 과학지식과 기술

---

88) 熊明安, 앞의 책, 367쪽.

을 교육에 도입시켜 교육의 양적 질적 발전을 도모했으며, 다양한 유형의 학당에 지위와 작용을 규정하고, 많은 학당을 통합하고 의무교육 연한을 규정했다. 이와 함께 고등학당(高等學堂), 분과대학당(分科大學堂), 실업학당(實業學堂), 통유원(通儒院)에 각각 고등교육을 실시할 것을 명시하였다. 계묘학제는 전국에 보급된 최초의 학제로, 중국 봉건시대의 구교육제도가 형식상으로나마 폐지되었고, 이로 인하여 근대 고등교육에 관한 제도가 확립되었다. 계묘학제의 실행으로 1905년 과거제도가 폐지되었다.

신해혁명이 끝나고 난 뒤, 민국정부는 1913년에 계축학제를 반포하였다. 계축학제에서는 학당을 학교로 고치고, 초등학교를 남녀공학으로 바꾸면서, 과거처럼 경전읽기를 폐지하고 수업연한도 단축시켰다.

1915년에 일어난 신문화운동과 1919년에 일어난 5·4운동은 기존의 전통 교육 사상과 이념적으로 많은 대립을 일으켰다. 이 운동이 내세운 것은 민주와 과학으로서 결국 이러한 사상과 조류는 이후 중국의 큰 흐름을 좌우하게 되었다. 외국에서 유학하여 귀국한 중국학생들뿐만 아니라 1916년에는 미국의 교육가 듀이(John. Dewy)와 몬로(Paul. Monroe) 등이 중국을 방문하면서 중국에는 민주와 과학에 더하여 실용주의 교육이론, 아동중심이론, 미국의 교육 제도 등이 대거 소개되었고, 중국의 고등 교육에 많은 영향을 미쳤다.[89]

1922년에는 '임술학제(壬戌學制)'라는 '신학제(新學制)'를 시행하였다. 이것은 중국에서 10년 정도 시행되었는데, 이는 미국의 학제

---

89) 5·4 시기를 전후하여 미국과 유럽의 교육이 중국에 많이 소개되었다. 특히 헤르바르트(J. F. Herbart), 몬테소리(M. Montessori) 등의 교육학설, 교육제도, 교육방법 등이 소개되면서, 동시에 많은 외국학자들이 중국에 초빙되었다. 그러면서 듀이(J. Dewey)의 실용주의 교육학, 몬로(P. Monroe)의 교육사상이 중국에 소개되어 학제, 교육과정, 교재, 교학법 등의 교육개혁에 커다란 영향을 주었다.

를 응용해서 제정한 것이다. 미국학제인 6·3·3·4제를 채택하여 초등 6년(초급소학 4년, 고급소학 2년), 중등교육 6년(초급중학 3년, 고급 중학 3년), 고등교육 3~6년(대학교 4~6년, 전문학교 3년 이상)으로 나누어 구성하였다. 일부에서는 상황에 따라 5·4·3(소학 5년, 초급중학 4년, 고급중학 3년)학제 또는 5·3·3(소학 5년, 초급중학 3년, 고급중학 3년)학제를 시행하기도 했다.

청말에 생겨났던 근대 교육기관의 산물로 20세기 초 중국 사회를 구성하는 새로운 계층이 탄생했는데, 이들 대부분은 외국 기업에서 일하면서 산업 노동자로 성장했다. 근대교육 과정을 공부한 학생들은 5·4운동을 비롯하여, 그 이후 발생한 중국의 혁명적인 운동에 많은 활동을 하였다. 그 가운데 몇몇 지식인들은 노동운동과 농민운동에 직접 관여하는 적극성도 띠었다.

근대 교육은 중국의 전통문화와 생활을 크게 바꾸었다. 외국문물의 수용이 자본주의의 장악에 의해 반강제적으로 이루어졌듯이, 중국 교육 역시 보이지 않는 것이든 보이는 것이든 수동적이고 피동적으로 자생적 능력과 자주적 정신을 상실한 채 이루어졌다. 당연히 과거 전통교육은 어떠한 비판과 반성도 없이 서구 자본주의에서 요구하는 교육체제 속에서 사라졌다. 세계대전이 끝나고 외세의 세력과 간섭이 사라진 뒤에도 교육은 중국의 국내문제와 정치적 상황에 맞물려 자기 자리를 잡지 못하였다. 그러면서 근대 교육은 지극히 이념적인 영향을 받게 되었다.

3. 중화인민공화국 건국 이후부터 90년대까지의 고등교육[90]

건국 이후부터 문화대혁명까지, 문화대혁명이 발생했던 때, 끝으로 문화대혁명 이후부터 90년대까지의 중국의 고등교육의 흐름을 살펴보면 다음과 같다.

1) 건국에서 문화대혁명 이전까지의 고등교육

1949년 중화인민공화국 건국 이후부터 1966년 문화대혁명이 시작되기 전까지 중국의 고등교육은 내적·외적으로 많은 변화가 있었다. 1949년 10월 중화인민공화국이 탄생한 후, 중국교육은 정치적·사회적·문화적으로 새로운 발전단계에 들어섰다. 새로운 교육방침을 확립하여 사회주의가 전면적으로 발전할 수 있도록 인재를 배양하고 학제를 개혁하여 사회주의 교육체계를 세웠다.

먼저 온고지신(溫故知新)적 자세를 택하여 건국 이전의 교육상황을 개선하고 일부 수정하면서 중국의 교육 사업을 발전시키고, 국민경제와 국가경제를 발전시키려는 목적으로 교육에 대한 개혁을 감행하였다.

둘째, 국가중심의 교육을 표방하였다. 국가를 중심으로 이루어지는 교육을 표방하면서 건국 이전의 교육을 받아들였다. 중국공산당과 인민정부는 혁명과 건설의 수요를 위해 적극적으로 고등교육사업을

---

90) 이하의 글은 이미 필자가 발표한 ≪중국의 대학입시 제도≫ (≪한국교육학연구≫, 2005, 제11권 제1호) 와 ≪중국대학교육 개혁의 동향≫ (≪비교교육연구≫, 2006, 제16권 제1호)를 기초로 수정·보완 했음을 밝힌다.

발전시켰다. 1951년 8월 10일 정무원은 제97차 정무회의에서 <학제 개혁에 관한 결정> 및 중화인민공화국 학교 계통도를 통과시켰다. 특히 건국 이후부터 1956년까지 약 7년 동안 사립을 공립으로 바꾸고, 교회·학교 등을 국가가 관리하는 것으로 정리하면서 국가의 교육주권을 회복하려 하였다. 이후 점차적으로 과거의 교육적 폐단을 제거하면서 마르크스주의의 정치이론을 개설하고 교육과정을 개혁하였다. 더불어 대학과 대학원의 정원 조정과 교학 개혁을 진행함과 동시에, 학생모집뿐만 아니라 졸업생 진로에 대하여 통일된 제도를 시행하였다. 이로써 교육 사업을 국가의 계획에 의하여 진행되는 것으로 바꾸어 놓았다. 국가는 '교육은 생산을 위한 것, 학교는 공농(工農)에게 문을 열어야 한다'는 방침을 제시하고, 공인, 농민, 간부 및 그 자녀들이 입학하도록 우대정책을 제시하였다. 또한 과거 외세에 의해 통제되었던 학교와 사립학교를 인수하여 국가주도 아래 두면서 교육은 국가의 통일된 학제, 통일된 교학계획, 통일된 교재에 따라 계획대로 실행되고 일괄적으로 관리되었다. 건국 이전에 중국의 교육은 공립과 사립으로 구분되었다. 사립학교 가운데 외국에서 보조금을 받은 교회대학은 그 비중이 가장 높았으며, 그 영향력도 컸다. 예를 들면 1947년에 교회대학에서 배양한 학생이 전체 중국학생 가운데 15%~20%였다.[91]

셋째, 소련의 교육을 모방했다. 건국 이전의 자본주의적 사상과 미국과 일본을 모방하던 태도에서 벗어나, 중국은 사회주의 국가 건설을 위해 서양식 교육을 부정하고 소련식 교육이론과 교육제도를 채택하였다. 즉 과거 통합적 인재배양에서 전문 인재를 양성하는 소련식 방법을 따랐다. 현재 북경대학이 문과중심 교육, 청화대학이 이공계중심교육, 북경사범대학이 교사양성기관으로 특성화되어 성장하

---

91) 宋恩榮·呂達. ≪當代中國敎育史論≫. 北京: 人民敎育出版社. 2004: 234.

게된 것도 이러한 것과 관련이 있다.

50년대 초, 중국은 교육제도를 변화시키고자 소련의 전문가를 초빙하여 새로운 교육계획에 대해 도움을 받고, 1952년 하반기부터 소련의 고등교육 모델을 배우기 시작하였다. 당시, 정부의 대학·학부 조정에 따라 전국의 고등교육기관이 대규모 개혁에 들어갔는데, 이러한 개혁은 먼저 북경(北京)과 천진(天津)에서 시작하여 전국 대도시로 파급되었다.

개혁의 방침은 공업건설 인재와 사범교사 배양을 중점으로, 종합대학을 정돈하고 강화하는 것이었다. 소련의 대학 모델에 따라 종합대학에 단과대학 성격의 학원(學院)을 설치하지 못하도록 하였다. 대신에 독립학원과 전문학교를 설립하였다. 또한 공업, 농업, 의학, 사범, 정법, 재정 등과 관련된 유사 학과를 통합하거나 전문학교를 세우고, 이미 있는 비슷한 단과대학들을 통합했다. 1952년에 이르러 전국에 있는 3/4의 고등교육기관이 모두 정리되었다. 종합대학은 크게 문과와 이과로 구분하고, 사범대학을 확대하였다. 1952년 가을, 대학에서는 1학년부터 소련의 교학계획과 교학대강을 채택하였다. 그래서 1952년에서 1956년 말까지 당시 많은 교육자는 소련의 고등학교 교재를 1393종이나 번역하였다. 1954년부터 4년에서 5년으로 대학의 학제를 1년 더 연장하였다. 일찍이 미국의 교육모델을 따르던 학생모집, 과목선택, 학점제, 유급제 등의 제도를 모두 폐지하였다. 또한 서양이나 유럽으로 유학을 보내기보다 소련이나 동유럽으로 유학을 보내는 사회적 분위기가 형성되었다. 따라서 유학생 중 90%가 소련으로 파견되었다. 당시 중국은 소련의 교육모델에 따른 새로운 고등교육제도를 마련하였다.[92] 또한 국가건설계획에 따라 국·공립 및 사립 고등교육기관을 모두 국유화하였다. 모든 교회학교를

---

92) 宋恩榮·呂達, 앞의 책, 243쪽.

철폐하고 소련과 같이 국가에 의해 고등교육을 설립하는 체제를 따랐다. 이렇듯 대학이 각 전문 분야별로 통·폐합되면서 고등교육기관의 수가 일시적으로 감소하기도 했지만, 과학 및 기술관련 대학들은 오히려 질적·양적으로 크게 성장하는 계기가 되었다.

소련의 영향으로 일어난 교육개혁의 기본적인 특징은 계획교육과 계획경제를 밀접하게 관련시켜 국가가 교육에 대해 통일된 계획관리를 하는 것이다. 산업부문, 직업부문 심지어 생산품에 의해 학원(단과대학), 학과와 전공과목을 개설하였다. 예를 들면 농기학원, 전차학과, 발동기학과 등이다. 교육은 경제건설, 과학기술 교육과 관련되었다. 대학 조정 후 전문가를 배양하는 능력과 효율은 높아졌고, 초보적으로나마 학과에 전공과목들이 생겼다. 공업단과대학이 18개에서 38개로 증가했고, 공과학생이 1949년 3만 명으로 학생수의 26.2%를 차지했다. 1953년에는 8만 명으로 전체 학생수의 37.7%를 차지했다. 그 후 고등교육기관에서 공과계열은 매우 빠르게 발전했고, 비중이 커지게 되었다. 1965년 공과계열 학생은 전체 학생 비율의 43.8%를 차지하였다. 다른 한편으로 빠르게 발전한 것은 사범교육이다. 사범대학이 12곳에서 37곳으로 늘어났고, 학생비율도 1949년의 10.3%에서 1953년에 18.8%로 늘어났다. 전국의 종합대학은 대학 조정 전에 55개에서 14곳으로 감소하였다. 조정 후의 종합대학은 이미 세계에서 말하는 진정한 대학의 이념을 가진 단과대학이 아니었으며, 문과·이과로 구분된 종합성 대학이 아니었다. 게다가 소련의 모델에 따라 대학 이외의 연구기관으로 중국과학원(中國科學院)이 생기면서 점차 대학의 연구기능이 사라졌다. 이것은 결과적으로 대학을 단순한 교학기구로 전락시켰다. 따라서 대학과 단과대학의 구분이 불명확해지고 대학의 발전도 저해하였다.[93] 소련 교육에 대한 모

---

93) 宋恩榮·呂達, 앞의 책, 244쪽.

방에 따라 대학을 통합하면서 과거의 우수한 전통은 무너졌다. 예를 들면, 당시 개교 28주년을 맞이하던 청화대학의 경우 이미 종합대학 체제를 갖추고 있었지만, 정책에 의해 공과 위주의 대학으로 전문화 되었다. 이에 따라 문과, 이과 계열의 학과들은 대부분 북경대학에 통합되었다. 50년대 단과대학 발전위주의 '전문화' 추구는 '지식의 상아탑'인 본연의 대학 이념과 대학의 의미를 변질시키고, 문과와 이과를 구분하여 이공계열을 독립시켰으며, 대학의 전공을 더 구체 화하고 다양화시켰다.

50년대에 중국이 소련의 교육체제를 모방한 것은 중국 사회에 적 합하지 않았다. 고등교육기관에서 통일적으로 학생을 모집하는 것은 계획경제와 잘 맞았지만 50년대 중국의 사회분위기, 문화배경은 소 련과 같지 않았다. 계획경제 아래 대학 신입생모집과 졸업생에 대한 분배제도의 특징은 '계획분배(統包統分)'이다. 즉 통일된 학생모집, 통일된 시험으로 학생들을 선발·분배하는 것이다. 기업은 이러한 지정된 분배에 의해 사람들을 고용하였다. 따라서 졸업생은 모두 국 가에 의해 배정되었다. 이러한 분배제도는 계획경제체제 아래 국가 경제건설에 필요한 각종 전문인재 양성을 보장하였다. 그러나 사회 주의 시장경제체제의 건립과 교육개혁의 끊임없는 심화로 '계획분 배'제도는 사회와 경제발전의 요구에 적합하지 않았다.[94] 1953년

---

94) 졸업생 취업분배는 1989년부터 '양자선택(雙向選擇)'으로 바뀌었다. 즉 계획된 분배에 의한 것만이 아니라 스스로 직업을 선택할 수 있는 체 제이다. '양자선택'은 학교의 추천에 의해 학생들이 직업을 선택하기도 하고, 인력을 필요로 하는 기업이 우수한 인력을 자율적으로 선택할 수 도 있다. 동시에 좀 어려운 직업과 변방 지역에서의 학생모집은 분배정 책을 따랐다. 현재 '양자선택' 제도는 이미 고등교육을 받은 졸업생이 점점 이 제도를 수용하여 고등교육을 마친 학생들은 직업을 자율적으 로 선택하였다. 이러한 정책 후, 졸업생의 취업시장이 좋아졌을 뿐만 아니라 졸업생이 자율적으로 직업을 선택하는 새로운 분배체제가 수립 되었다. 이것은 학생의 적극적인 참여와 경쟁기구, 자연도태기구와 더

스탈린이 죽고 난 후, 소련은 새로운 상황을 맞이하였다. 모택동(毛澤東)과 당중앙(黨中央)은 스탈린과 소련의 경험을 계속 계승하는 것은 중국의 국정에 적합하지 못하다고 지적하였다. 따라서 모택동은 1955년 '소련을 거울삼자'는 문제를 제기하고 외국의 선진 문물을 배우도록 하였다. 영국, 프랑스, 스위스, 노르웨이를 막론하고 만약 학생들이 원하면 원하는 국가에서 배울 수 있도록 하여 더 이상 소련의 미신을 배우지 말라고 하였다. 즉 올바르면 즉시 배우고 그렇지 않으면 배우지 말라고 하였다.[95] 이러한 모택동의 주장으로 중국의 고등교육은 소련의 영향에서 벗어나 중국의 형태로 발전하기 시작했다.

50년대 말에 이르러 중국 내에서는 소련의 모델을 모방하지 않으려는 사회적 분위기가 형성되었다. 1960년대에 이르러 중국과 소련의 관계가 악화되자 소련의 교육경험을 '가짜 사회주의, 진짜 자본주의'라고 말하기도 하였다. 소련의 교육모델을 따른 것은 중국의 실제상황과는 맞지 않는 면도 있었지만, 중국의 고등교육 발전을 촉진하였다. 그리고 전국 대부분의 성(省)에 농업대학, 공업대학, 의과대학, 사범대학 등 전문학원을 설립하여 교육을 보급시키는 토대가 되었다. 그러나 이것은 문과교육을 경시하고 현대교육의 중심축 역할을 하던 종합대학의 기능을 약화시켰다.

중국의 현행 대학입학시험은 1952년에 전국통일 대학입학 시험을 실시한 이후로 수험생 수가 끊임없이 증가하였다. 1949년 중화인민공화국이 성립되고, 1951년 10월에 <학제개혁에 관한 결정(關于改革學制的決定)>이 반포되었다. 이것은 중국학제의 새로운 발전이었다.

불어 학생들의 능력을 계발하는 제도에 유리하였다. 또한 인력자원 개발을 위한 좋은 토대가 되었다(吳松·吳芳和, 2001: 119).
95) 宋恩榮·呂達, 앞의 책, 241쪽.

이 학제는 1922년의 학제와 소련 학제의 합리적인 요소를 반영하여 중국 단층학제의 전통을 살려 다양한 학교가 서로 관련되도록 했으며, 노동자의 자녀들도 교육을 받을 수 있는 평등권리를 보장하였다.

이러한 학제 개혁 후 유아교육, 초등교육, 중등교육, 고등교육을 실시하고 각종 정치 학교와 정치 훈련반을 설치하여 교육했다. 학제 개혁으로 말미암아 중국학제가 초보적으로나마 유아교육, 성인교육, 직업교육을 포괄하는 현대교육을 지향하는 것으로 발전하였다.

1950년 교육부는 <학생모집규정(招生規定)>에서 대학입학 시험에 관한 사항을 다음과 같이 발표했다. 그 지원자격은 첫째, 공·사립 고등학교 졸업자로 졸업증서 또는 상급학교로 진학하기 위한 자격을 갖춘 자, 둘째, 후기 사범학교 졸업자로 졸업증서 또는 졸업 후 만 2년의 경력이 있는 자, 셋째, 공·사립 고등직업학교 또는 중등기술학교를 졸업한 자로 졸업증서 및 졸업 후 경험이 만 2년이 된 자, 넷째, 고등학교에 상응하는 동등학력을 갖춘 자로 현(縣) 이상 인민정부 또는 시(市) 인민정부 교육행정기관의 증명이 있거나 현 이상의 단체, 해방군 단체 이상의 정치기관에서 증명을 받은 자이다. 당시, 시험은 국어(國文), 외국어(영어 또는 러시아어), 정치상식, 수학, 세계역사, 세계지리, 물리, 화학 등 8과목이 공통 필수과목이었다. 이러한 시험과목은 문화대혁명까지 조금씩 변했지만 기본 골격은 거의 비슷했다. 이 <학생모집규정>에서 처음으로 시험 날짜를 7월 21에서 8월 10일로 제시하고 늦어도 8월 25일까지 합격자를 발표하도록 했으며, 1951년에는 7월 15일에서 17일까지 시험을 보고 늦어도 8월 10일까지 합격자를 발표하도록 했다. 그 후 문화대혁명 전까지 학생들은 7월에 대학입학 시험을 치렀다.[96] 문화대혁명 이전의 대학

96) 李國鈞·王炳照. ≪中國敎育制度通史≫. 濟南: 山東敎育出版社 2000: 352~358.

입학률을 보면 ≪표 1≫과 같다.[97]

≪표 1≫ 1952~1965년 대학입학률

(단위: 만 명)

연 도	수험생 수	입학생 수	입학률
1952	5.9	5.32	90.35
1953	8	6.24	77.88
1954	12.5	9.23	73.78
1955	17.5	9.78	55.92
1956	36.1	18.46	51.13
1957	25.2	10.56	41.89
1958	27.4	26.56	96.9
1959	32.7	27.14	83.72
1960	32	28.41	88.73
1961	37.2	16.9	45.44
1962	38.9	10.68	27.43
1963	39.8	13.28	33.36
1964	34.4	14.7	42.74
1965	35	16.42	46.92

위의 표를 살펴보면 1952~1965년, 14년 동안 대학입학 시험에 참여한 수험생 수가 매우 빠르게 증가했음을 알 수 있다. 이러한 고등교육열은 해마다 증가하여, 수험생과 입학률이 비례하여 더이상 증가할 수 없자 더 치열해졌다.

건국 이후, 90년대까지 중국의 고등교육은 양적으로 눈부신 성장을 하였다. 1949년 전국에 있는 대학교의 전임교사는 1만 6천 명에 불과했지만, 1980년 통계에 의하면 전국에 교사가 24만 7천 명에 이

---

97) 劉海峰 等. 『中國考試發展史』. 武昌: 華中師範大學出版社. 2002: 343.

르렀다. 그중 교수가 4천2백12명, 부교수가 1만 3천7백88명, 강사는
11만 9천 명이 있었으며, 중등전문학교의 교사는 12만 9천 명에 이
르렀다. 1980년도에 대학원생을 모집한 대학교가 316곳이고, 학생은
114만 명에 이르렀다. 1949년에서 문화대혁명이 발생하기 직전까지
중국의 고등교육은 건국 전에 비하여 대학 졸업생 수가 8.4배 성장
하였고, 대학교수는 7배 성장한 13만 8천 명이 되었으며, 1949년부
서 1980년도까지 약 8배 증가하였다. 중등전문학교는 3069곳으로,
학생은 124만 3천 명, 성인교육으로 대학과 직업대학에서 교육을 받
는 학생이 모두 45만 5천 명에 이르렀고, 방송통신대학에 재학 중인
학생은 32만 4천 명에 이르렀다.

2) 문화대혁명 시기의 고등교육(1966 – 1976)

1966년부터 1976년까지 10여 년간에 걸쳐 진행된 '문화대혁명(文化
大革命)'은 중국의 고등교육발전에 엄청난 충격과 영향을 미쳤다.[98]
먼저 문화대혁명 기간 동안 인적 타격이 매우 컸다. 학교의 운영
및 학교에서의 교육활동이 마비되었다. 많은 지식인이 숙청당하고
대학이 폐쇄되어 학생이 배출되지 못했다. 대학은 몇 년 동안 학생
을 모집하지 않았으며, 학생들의 외국 유학도 전면적으로 중단되었

---

98) 1965년 문예비평가 요문원(姚文元)이 상해(上海)에서 발간하는 <문예보
    (文藝報)>에 '신편 역사극 해서의 파직을(海瑞罷官)을 논함'이라는 논
    문을 발표하여 당시 북경시 부시장으로 있던 오함(吳含)의 '해서의 파
    직'을 비판함으로써 시작되었다. 이러한 비판은 당시 모택동(毛澤東)의
    지지를 받아 정치적 투쟁으로 확대되었다. 10여 년간의 문화대혁명은
    건국 이후 중국의 경제, 사회, 문화, 사상, 교육 등에서 막대한 손실을
    가져왔다. 이것은 단순히 요문원과 오함의 관계가 아니라 당시 모택동
    을 중심으로 한 프롤레타리아 노선과 실용주의 노선 간의 권력 투쟁으
    로 평가되고 있다.

을 뿐만 아니라 사회주의 국가의 학생들조차도 중국으로의 유학이
허용되지 않았다.

둘째, 교육의 질이 저하되었다. 설령 학생을 모집하는 대학이 있
다 하더라도 입학시험에 의한 선발이 아니라 '공농병학생'으로서, 이
들은 노동경험이 있거나 추천에 의한 입학생으로 문화대혁명 이전의
학생들과 비교해 볼 때 그 수준이 상당히 낮았다. 대학에서의 교육
내용도 모택동 사상을 중심으로 한 정치, 군사 훈련 등으로 당시 대
학의 기능은 학문을 하는 곳이기보다 실제 훈련을 하는 장소에 불과
하였다. 1970년에 이르러 북경대학과 청화대학 등에서 학생을 모집
하기 시작했는데, 시험에 의한 학생모집이 아니라 원하는 사람이 입
학원서를 내거나, 대중의 추천, 지도자의 인정과 학교의 심사를 통해
학생을 선발했다. 나이는 대체로 20세 전후였으며 대부분 노동자,
농민, 해방전사와 청년간부, 농촌의 지식청년으로 당시 이들을 '공농
병학생(工農兵學員)'이라고 하였다.[99] 이로 인해 원래 고등학교를 졸
업해야 대학에 입학할 수 있었던 것이 중학교 심지어 초등학교만 졸
업하고도 대학에 들어갈 수 있었다. 이러한 시험제도로 자격을 갖추
지 못한 학생이 입학하는 등 입시 부정이 만연하였다. 또한 신입생
의 수준 저하로 교학에 있어 많은 어려움을 가져왔을 뿐만 아니라
대학교육의 본래 취지를 상실했다. 통계에 의하면 이 10년이라는 기
간 동안, 국가는 단지 10만 명의 연구생과 대학생 100여 만 명을 배
양하는 데 그쳐 사회의 발전을 저해하였다.

셋째, 교육사업의 객관적 규율을 부정하고 17년 동안 쌓아 놓은
교육제도와 방법을 파괴하였다. 대학에서의 시험은 폐지되고, 1969
년에는 수백 개의 교육기관이 강제로 폐쇄되거나 다른 학교에 통합
되었으며, 다른 지역으로 학교가 이전되기도 하였다. 또한 정상적인

---

99) 李國鈞 · 王炳照, 앞의 책, 8쪽.

학제는 파괴되고 많은 학교가 교육규율을 어기고 학제를 단축하였다. 결국 교육의 질은 떨어지고, 지식이 결핍되는 국면을 맞이하였다. 당시 대학의 학제는 문화대혁명 전 4~5년에서 2~3년으로 단축되었다. 예를 들면 1970년 북경대학, 청화대학에서는 학생 모집에 학과마다 요구 조건이 조금씩 차이가 있었는데, 수업연한은 대체로 2~3년이었고, 그 밖에 1년 정도의 진수반(進修班)도 있었다. 학습내용은 주로 모택동(毛澤東) 저서를 중심으로 정치, 교학실습, 과학연구와 생산이 결합된 실무과목과 전략기술을 중심내용으로 하는 군사체육 과목이었다.[100] 이렇듯 문화대혁명이 제시한 '학제단축', '편협된 교육내용'으로 인해 문화대혁명 기간 동안 교육발전은 거의 이루어지지 못했다. 이 시기에 그동안 이어져 내려왔던 중국의 학제와 교육이 거의 파괴되었다. 당시 교과의 불균형, 학제의 단축 등으로 대학들이 문을 닫고 인재를 배양하지 않아 많은 사람들이 문화수준이나 지식을 넓힐 수 있는 기회를 잃었다.[101]

넷째, 과학을 멸시하고 이론연구를 반대하면서 선진문물을 부정하여 중국교육 및 중국의 사회발전에 장애가 되었다. 중국은 상당 기간 고등교육을 받은 전문인력이 부족하여 국가적 차원의 산업활동에 막대한 장애를 초래하였다. 이 기간 동안 중국의 대학교육은 국가정치수요에 좌우되어 발전하지 못했다. 1976년 10월 문화대혁명이 끝난 뒤부터 정상적인 대학운영이 시작되었고, 이때부터 중국의 고등교육은 국가입시제도의 부활, 대학원 교육의 재개와 함께 점진적인 발전을 이룩하였다.

---

100) 李國鈞・王炳照, 앞의 책, 380쪽.
101) 이경자. "중국의 대학입시 제도", 『한국교육학연구』 11(1). 2005: 83.

3) 대학교육의 회복 및 개선기(1976-1990)

1976년 이후 중국은 문화대혁명의 잘못된 점을 바로잡고 새로운 교육계획을 논의했다. 예를 들어 대학입학시험의 부활, 학위제도의 개혁, 대학의 재설립 등 교육제도를 재편하고, 개혁개방을 통한 경제성장과 외부와의 접촉을 통하여 교육에 대한 투자와 지도를 강화하였다.

먼저, 시험을 통한 학생 선발이 다시 이루어졌다. 1977년 겨울, 등소평(鄧小平)의 지지 아래 10년 동안 중단되었던 대학입학 시험제도를 부활시키자는 움직임이 일어났다. 따라서 1977년 11월, 12월 두 차례에 걸쳐 전국에서 대학입학 시험이 행해졌다. 수험생은 25세 미만으로 고등학교 졸업생 또는 이와 동등한 학력의 소유자, 신체가 건강한 미혼청년으로 제한을 두었다. 통일된 시험과목으로는 문과계열로 정치, 국어, 역사, 지리, 외국어 등 6과목이고, 이공(理工)계열로 정치, 국어, 수학, 물리, 화학, 외국어, 생물 등 7과목이었다. 예술단과대학은 독립적으로 학생을 모집했는데, 시험과목은 정치, 국어, 외국어와 전공과목이었다. 체육단과대학도 단독적으로 시험을 출제했는데 체육, 문화과목으로 시험을 보았다. 통일된 시험은 매년 한 번 치르고 교육부 아래에 설치된 고등교육기관에서 위원회를 소집하여 주관하도록 하였다. 각 성, 시, 자치구에는 이에 상응하는 학생모집에 관한 일을 처리할 수 있는 기관을 설립하였다.[102] 이러한 대학입학시험의 부활은 그동안 정치적·경제적인 이유로 대학에 입학하지 못한 사람들에게 교육의 기회를 제공하였다. 시험을 준비하기 위해 각 지역에는 검정고시(自學考試) 복습반도 생겼다. 그 밖에 '문화대혁명' 중 농촌으로 쫓겨나거나 학업을 중단한 청년들을 돕기 위한 대학입

---

102) 汪石滿.『中國教育』. 合肥: 安微教育出版社. 2002: 155.

시반이 마련되었다. 일부 퇴직한 선생님들이 주동적으로 조직한 대학 입시 준비반도 사립교육기관의 형태라고 할 수 있다. 동시에 취업준비를 위한 외국어 학교, 의상디자인 학교 등도 부활되었다.

둘째, 1978년에 개최된 중국공산당 제11차 전국회의를 계기로 중국의 학위체제를 정비하였다. 중국의 학위체제는 1954년 도입된 이래 1954년부터 1957년까지 그리고 1961년에서 1964년과 1965년까지 세 차례 학위제도를 실행했다. 그러나 성숙되기도 전에 '문화대혁명'이 발생하여 이 제도는 계속 유지될 수 없었다. 1979년 11월 등소평(鄧小平)이 중국에 '학위제도를 건립'할 것을 제시하였고, 1980년 전국인민대표상무위원회(全國人民代表常務委員會)의 <중화인민공화국학위조례(中華人民共和國學位條例)>를 통해 1981년에 국무원에서 이 안건을 비준하였다. 이때부터 중국의 학위제도가 정식으로 제정되었다. 이것은 고급인재의 배양이 본격적으로 시작되었다고 할 수 있다. 중국의 학위를 수여하는 전공 종류는 철학, 경제학, 법학, 교육학, 문학, 역사학, 이학, 공학, 농학, 의학과 군사학 등으로 다양한 국가와의 비교를 통해 통행되는 방법을 채택하였다.

중·고등학교의 학습연한을 연장시키고 전문대학과 기술전문학교를 회복시켰으며 직업고등학교를 세웠다. 또한 전문대학과 대학교라는 양 체제를 두고 전문학과를 설립하였다. 이에 따라 학위제도와 대학원 교육제도를 확대하고 다양한 성인교육기관을 중건하였다. 이때부터 중국의 학제는 점점 체계적으로 발전하기 시작했다. 조건과 환경이 비교적 좋은 대학은 전문학원과 과학연구기관에 대학원을 설립하기도 하였다. 석사생은 수업연한이 2~3년이었다. 석사과정은 학사학위 수여자나 이와 동등한 학력을 소지한 자를 모집하여 학업을 마치면 석사학위를 수여하였다. 박사생은 수업연한이 3년으로 석사학위 수여자나 이와 동등한 학력을 갖춘 자를 모집하고 학업을 마치면 박사학위를 수여하였다. 직업연구생도 학업을 마치면 이에 상응하는 학위를 주었다.

셋째, 문화대혁명 기간 중에 폐쇄되었던 대학들을 재설립하면서 대학교육이 다시 활기를 띠기 시작하였다. 예를 들면 정규대학 외에 여가 대학, 방송통신대학, 야간대학, 직업대학 등이 설립되었다. 1982년부터 1986년까지 청년들은 단순한 '배움'의 욕구보다 대부분 '학력열(文憑熱)'에 대한 욕구가 강하였다. 따라서 지식과 학력에 대한 강렬한 욕구로 당과 국가는 다양한 교육 모형을 제정했는데, 검정고시(自學考試) 제도는 당시 학구열에 불타는 사람들에게 새로운 교육의 기회를 주었다. 이 시기에 학벌은 사람들에게 직업을 마련해 주는 '안정된 자산'이나 마찬가지였다. 1986년 4월 12일, 제6회 전국인민대회 제4차 회의에서 <중화인민공화국 의무교육법(中華人民共和國義務敎育法)>에 9년의 의무교육을 실행할 것을 규정하였다. 이 법에 의해 국가, 사회, 학교와 가정은 학생들이 의무교육을 받을 수 있는 권리를 보호해야 했다. 따라서 만 6세가 된 아동은 성별, 민족, 종족을 구별하지 않고 제한된 의무교육을 받아야 했다. 이때부터 법에 의한 9년의 의무교육이 실시되었다.

넷째, 시장경제의 발전에 따른 인재 양성에 치중하였다. 고등교육은 시장경제의 발전과 사회의 다원화에 따라 각 사회의 인재를 배양하고, 다양한 지역에서 필요한 인재를 배양하는 것에 중점을 두었다.

1978년 개혁·개방 이후 사회주의 제도를 일부 수정하여 자본주의의 합리적인 내용인 시장경제를 받아들이면서 교육체제도 크게 변하였다. 80년대 초부터 시장효과에 대해 제시했지만 시장화는 서서히 진행되었다. 1982년 9월 중국공산당 제12차 대표회의에서 '계획경제를 중심으로 시장경제를 조절하여 보충하자'는 방침 이후, 1984년 10월에 중국공산당 12회 3차 중국인민대표 전체 회의에서 '계획적인 상품경제'를 통해 1987년 10월의 제13차 대표대회에서 '국가가 시장을 조절하고 시장이 기업에 침투하는' 등의 방침을 밝혔다. 그 후 1992년 10월의 중국공산당 제14차 대표대회에서 '사회주의 시장경제'의 방침을 최종 확정했다.[103] 이러한 시장경제체제의 전환은 중국 사회의 각 영역에 커다란 영향을 주었는데 교육도 예외는 아니었다. 교육 영역에서 가장 전형적인 시장경제체제의 영향은 사립대학의 설립을 중심으로 한 비공립교육기관의 탄생이다. 이러한 움직임은 90년대에 더욱 활발해졌으며, 그동안 세계와 고립되었던 중국이 정치·경제·사회 등 다방면에 걸쳐 교류를 하면 세계와의 조류에 합류하게 되는 전환점이 되었다.

---

103) 宋恩榮·呂達, 앞의 책, 396쪽.

제 10 장

90년대 이후의 고등교육104)

---

104) 본 10장은 필자가 발표하였던 ≪중국 대학교육 개혁의 동향≫에 관한
소고(≪비교교육연구≫, 2006, 제16권 제1호)를 기초로 수정·보완하여
구성했음을 밝힌다.

1. 시대적 배경

21세기에 들어서 중국은 국내외적으로 새로운 상황에 직면하고 있다. 국내적으로는 수천 년 동안 이어져 온 전통과 현대 사이에 빚어지는 신·구 문제, 사회주의 실현과정 속에 생기는 이념 간의 갈등, 경제 성장으로 인한 계층 간의 갈등, 소수민족을 둘러싼 민족갈등, 개발과 발전을 둘러싼 지역적 갈등 등 중국에는 커다란 국토만큼이나 다양한 문제가 존재하고 있다. 이와 더불어 국외적으로는 다양한 문물의 유입으로 인한 내외적 갈등, 중국 문화와 서양문화 간의 갈등, 경제 무역 마찰, 중국특색사회주의와 다른 이념 간의 갈등 등이 존재한다.

세계는 지금 정보화·민주화·세계화의 트렌드 속에 살고 있고, 중국도 이러한 영향을 깊게 받고 있다. 강택민(江澤民) 전 국가주석도 인지하였듯이, 정보화와 세계화의 상호 작용은 중국에도 거대한 변화를 불러일으키고 있다. 그는 "오늘날 세계는 정보기술을 과학기술의 주요 상징으로 삼고 있으며, 이는 날마다 눈부신 발전을 하고 있다. 고급 과학기술은 생산력의 전화(轉化)를 점점 빠르게 바꾸어 나아가는 성과를 이루고 있고, 새로운 지식경제는 인류의 경제사회 생활에 새롭게 발생할 거대한 변화를 보여주고 있다"고[105] 언급하였다. 정보화는 지식경제와 세계화에 좋은 환경을 제공할 것이다. 중국이 2001년 11월 11일 세계무역 기구에 143번째로 정식 가입하면서 세계화는 더욱 가속화되었다. 특히 교육 분야에서 점진적 개방이 요구되고 있다. <서비스 무역 총 협정(服務貿易總協定)> 관련 규정을 보면, 교육 서비스에는 "원격교육 서비스 제공, 외국 유학 장려, 해

---

105) 中華人民共和國 教育部. ≪面向21世紀教育振興行動計劃≫. 1988.

외 학습 권장, 전문 인재 교류 장려"와 같은 네 가지 종류의 사업이 있다.[106] 이에 기초하여 중국은 특별한 서비스(예를 들어 군사, 경찰, 정치와 공산당학교 교육)와 국가 의무 교육을 제외한 기타 교육서비스 영역을 점진적으로 개방하는 협정을 맺었다. 이에 교육 방면에서도 국내에만 국한된 시스템에서 벗어나, 국제화를 향한 준비를 철저히 요구하고 있다. 특히 고등교육 방면에서의 변화와 개혁을 국내외적으로 강도 높게 요구하고 있다.

고등교육이 시작된 근대 이후 현재까지 중국은 고등교육의 사회적 기능과 지위에 대해 무관심하였다. 현대에 이르러 고등교육의 범위와 역할은 대학교육으로 모아졌다. 그러므로 현대 고등교육을 논하면서 그 의미를 대학교육으로 구체화시켜 언급해도 큰 무리는 없을 것이다. 대학교육 중심의 고등교육을 받는다는 것은 얼마 전까지만 해도 소수 세력이 누리는 일종의 특권이라고 생각했지, 고등교육이 경제발전에 영향을 미치고 국력을 키우는 힘이라고 생각하지 않았다. 따라서 국가적인 차원에서 고등교육에 대한 투자는 빈약하였다. 이로 인해 중국 고등교육은 오랫동안 개성과 창조성이 있는 우수한 인재를 배양하지 못하였다.

중국의 대학교육이 100여 년 동안 끊임없는 개혁과 발전을 거듭했지만 아직도 사회에서 어떻게 필요한지, 국가경쟁력 강화에 적합한 인재를 어떻게 배양할 것인지, 교학방법, 교육형식, 교학관리, 훌륭한 교사의 배양 등에 있어 전통문화와 전통교육의 제약을 받고 있다. 따라서 중국의 고등교육은 근대 이후 100년이라는 역사를 거쳤음에도 불구하고 고등교육의 관리체제를 과감하게 개혁하기가 어려웠다. 그러나 개혁·개방 이후 20여 년의 노력을 통해 중국의 대학

---

106) 中國駐美大使館敎育組·岑建君. ≪加入 WTO, 敎育事業需主動應對≫. 中國敎育部. 2002.

교육은 급속히 발전하고 있다. 중국의 새로운 움직임에 대한 배경을 살펴보면 다음과 같다.

첫째, WTO가입에 따른 시대적 요구이다. WTO가입에 따른 각 분야에서의 시장개방은 중국뿐만 아니라 세계가 주목하고 있는 화제(話題)이다. WTO가입을 계기로 중국은 교육 분야에서도 외국으로부터의 도전에 직면하는 시대에 들어서게 되었다. 따라서 교육의 근본적인 개혁 없이 자국의 경쟁력을 키울 수 없게 되었다. 그동안 중국의 학교교육은 교과서 위주, 교사 중심, 기계적인 암기위주로 진행되었으며, 교육내용은 엄격하게 통제된 환경에서 구성되었다. 그러나 과거 지식중심, 학과중심의 교육은 세계화·정보화 시대에 적합하지 않을 뿐만 아니라, 급격하게 변화하는 현대사회에 직면하고 있는 학생들에게 비현실적인 것으로 받아들여지고 있다. 또한 국제 경쟁력에 맞서 이미 대학 위주의 고등교육은 외면당하고 있는 실정이다. 따라서 WTO가입 후 세계적인 교육개혁의 동향에 따라 중국의 대학교육도 자구책을 구하지 않을 수 없다. 앞으로 중국의 대학에도 인적 자원의 개발과 지식기반 사회를 구축하기 위한 선도적 역할이 중시될 것이다. 이에 외국의 교육개혁 동향에 주목하고 있으며, 세계적인 경쟁체계에서 뒤떨어지지 않기 위해서는 대학교육 개혁이 요구되고 있다.

둘째, 국제경쟁력 강화를 위한 세계 일류수준 대학의 양성이다. 중화인민공화국이 성립된 후 대학교육은 비록 외형적인 발전은 했지만 그 수준은 높지 않다. 강택민(江澤民) 주석은 일찍이 "현대화를 실현하기 위해 중국은 선진국 수준의 일류대학을 갖추어야 한다. 사회주의 현대화 강국을 건설하기 위해 훌륭한 인재를 많이 배양하고 세계민족 중 현대화된 강국을 건설하기 위해 강대한 문화와 교육에 있어 실력이 필요하다"고 하였다. 그러나 중국에는 아직도 진정한 의미의 세계 일류수준의 대학이 없다. 중국에 있는 어떤 대학도 세계 10대 대학에 포함되어 있지 않다. 아시아의 10위권 대학 중에 중국의 북경대학이 5위에 머물고, 나머지 중국의 대만대학이 이에 속한다. 이러한 상황은 중국이 세계에서 인구가 가장 많은 국가라는 점을 감안하고, 또한 5천 년의 오래된 문명역사의 교육고국이라는 것을 생각해 볼 때 부끄러운 일이다.[107] 이에 중국은 국제 경쟁력 강화를 위해서 세계 일류 수준의 대책을 시급히 양성해야 한다고 판단하고 있다.

셋째, 시장경제 체제로의 전환이다. 중국은 9 · 5 기간(1996~2000)에 고등교육의 학생 규모를 두 배로 증가시키는 정책을 채택하였다. 80년대 이후 계획경제체제에 따른 사회주의 시장경제체제로의 전환은 고등교육에 있어 커다란 영향을 불러일으켰다. 이때, 고등교육은 고등교육인구를 확대하는 동시에 학교에서 학비를 받는 민영화, 시장화의 방향으로 점점 바뀌기 시작하였다. 건국 초기부터 사립대학 관리에 실패한 이후, 중국은 사회주의 체제 아래서 민간의 역량을 오랫동안 간과해 왔다. 현재 중국 정부는 고등교육의 중요성을 인식하고 발전방안을 적극적으로 모색하고 있다. 국가와 지방정부에서 설립한 대학 이외에 사립대학도 세계화 추세에 맞게 발전하고 있다. 개혁은 변화이자 발전이다. 이러한 개혁은 위로부터든 또는 아래로부터든 현 상황에서의 변화요, 발전이다. 중국의 대학교육 개혁은 커다란 정치적 · 사회적 변화와 그 흐름을 같이 한다. 정치적으로는 사회 안정을 위한 요구이자, 사회적으로는 시장경제 체제에 대한 움직임이다.

---

107) 汪石滿, 앞의 책, 157쪽.

2. 대학교육의 변화와 개혁

1) 211공정: 세계 수준의 100대 중점대학 및 중점학과 육성

1995년 11월 국무원은 <211공정 총체적인 건설계획>을 비준하고 세계적인 수준의 '100대 중점대학'을 육성하기 위한 계획으로 '211 공정'을 제시하였다.108) 이에 2000년 말에 국가 교육부는 이미 99개의 대학을 비준하고 모두 602개 학과를 확정하여 중점학과 건설항목을 만들었다. 그중 북경대학(北京大學), 청화대학(淸華大學), 복단대학(復旦大學), 남경대학(南京大學), 중국과학기술대학(中國科學技術大學), 절강대학(浙江大學), 남개대학(南開大學), 상해교통대학(上海交通大學), 서안교통대학(西安交通大學) 등 15개 대학교에 중점지원을 하도록 하고, 세계 일류대학과 경쟁하도록 하였다.109) 동시에 중점학과를 선정하여 정부 차원에서의 적극적인 재정 지원을 통해 교육 수준을 개선하도록 강화하고 있다. 이는 과학기술과 교육을 통해 이공계 인력을 양성하고 고등교육의 질을 향상시키는 발판으로 삼겠다는 것이다.

이러한 211공정 대학 선정 원칙은 첫째, 우수 교수진의 확보, 둘째, 교육·연구 수준의 조건, 셋째, 고급 전문인재의 양적·질적 양성 현황(석·박사 과정, 중점학과 보유 여부), 넷째, 연구비 및 연구성과, 다섯째, 경비의 염출(捻出) 가능성 및 활용성, 여섯째, 국내외 학술적 영향력, 일곱째, 대학건설과 개혁 목표의 명확성 및 경비 확

---

108) '211공정'에서 공정(工程)이란 계획 혹은 프로젝트란 중국말로서 21세기 초에 세계적 수준의 '100대 중점대학'을 육성하자는 계획을 줄여 지칭한 것이다.

109) 汪石滿, 앞의 책, 158.

보성 등을 들고 있다. 한편 중점학과 선정 원칙은 학과 발전의 의의
가 크고 학과 나름의 특성을 지녀야 하며, 중국 내에서 인정을 받아
야 한다. 국제적으로는 영향력을 지닌 학자와 높은 수준의 학술환경
을 갖추어야 한다. 그리고 연구수준이 뛰어나야 하며 국제적으로 영
향력을 지니고 중국 내·외적으로 학술교류가 원활하게 이루어질 수
있도록 준비되어 있는지 등을 근거로 선정한다. 211공정 대학 선정
에 있어 방법상의 원칙은 다음과 같다. 먼저 중앙의 행정기관이 중
점 지원하는 대표적인 우수한 부문의 중앙소속 대학이나 중점학과
그리고 지방정부 소속의 우수한 지역대학이나 중점학과를 1차 선정
한다. 그 후 교육, 연구, 경영 등에 있어 조건이 좋고 경비를 확보할
수 있는 대학, 학과를 선별한다. 이것은 중국을 대표할 수 있는 수
준인가, 지역분포가 적절한가 그리고 대외적으로 학술교육에 기초를
구비한 학과인가 등을 감안하여 선정하고 있다.[110] 이처럼 대규모의
고등교육 건설은 중국 교육사상 처음 있는 일이다. 211공정은 '과학
과 교육으로 나라를 부흥시키자(科敎興國)'는 전략적인 기초프로젝
트로 중국을 강국으로 만들기 위한 계획이기도 하다. 중점대학에 선
정된 대학은 국가 예산이 우선적으로 배분되기 때문에 중점대학에
선정되기 위한 대학 간의 통합 작업이 빠른 속도로 진행되고 있다.

　이러한 211공정과 더불어 전국에 있는 고등교육기관은 이미 100개
의 국가중점실험실을 만들고 27개 국가 공정과 기술 중심, 250여 개
대학이 국제 교류망을 형성했다. 각 학과의 연구 및 과학기술성과는
이미 현저한 경제적·사회적 효과를 거두었다. 특히 북대방정(北大方
正)을 대표로 하는 새로운 학교기업형태는 고급기술 산업개발 방면에
서 고등교육기관의 새로운 가능성을 제시했다. 과거 기업이 학교를

---

110) 최영표 외. "한국과 중국의 고등교육 수월성 프로그램의 추진체계와
　　전망비교".『비교교육연구』13(2) 2003: 78.

세우던 것에서 학교가 기업을 세울 수 있다는 가능성을 보여줬다. 중국의 고등교육은 이미 강택민 주석이 바랐던 것처럼 '과교흥국의 강대한 활력소'가 되었다. 동시에 중국의 고등교육은 이미 교육과 과학연구의 기지로 그 작용이 점점 커지고 있으며, 우수한 자국 문화를 세계 선진문명과 교류하며 좋은 본보기와 교량역할을 하고 있다.[111] 개혁·개방과 경제발전을 최우선 과제로 설정해 온 등소평의 노선과 이를 계승하여 실사구시(實事求是)를 표방하면서 '과학과 교육으로 나라를 부흥시키자'고 강조하는 강택민 전 주석의 지도방침이 시대적·사회적으로 어울릴 수 있었던 것이다.

중국의 대학교육 발전은 선택과 집중에 의해 이루어졌다. 강택민 전 주석은 1998년 5월 북경대학 개교 기념식 행사에서 211공정에 선정된 100여 개 대학도 많다는 판단에 근거하여 우선 몇 개의 대학을 선정해 집중·육성하겠다고 발표했다. 이것이 바로 '985공정'이다. 985공정에 따라 1999년 9개 대학을 1차 선정하고, 2003년 12월에 25개 대학을 추가 선정하였다. 2004년에 1개 대학이 추가됨으로써 총 35개로 211공정이 1/3로 축소·재선택되었다. 중점대학 및 중점학과 건설을 강화하고 중점학과의 국제경쟁력을 강화하기 위해 중국 대학들이 세계 일류대학 수준으로 진보하기 위한 초석을 마련한 것이다. 211공정 사업을 통해 중국은 새로운 대학체제가 수립되어 가고 있으며, 과학기술의 발전과 고급인재 육성을 위한 대대적인 노력을 하고 있다. 이러한 211공정 및 985공정은 정부 차원으로 운영되면서 대학의 교육환경과 수준이 제고되고, 관리 체제에 있어서도 변화를 일으켰다. 이것은 대학별 경쟁력에 따라 지원에 차별을 두어 우수한 대학은 육성하고 그렇지 못한 대학은 도태시킨다는 정책으로, 대학 간 경쟁을 불러일으킨 것이 효과적으로 이루어졌다고 평가받고 있다.

---

111) 汪石滿, 앞의 책, 159쪽.

2) 대학의 통합

현재 한국에서도 대학의 구조개혁으로 대학 간의 통합이 추진되고 있다. 이미 고려대와 고려대 병설전문대가 통합되고, 경북대가 상주대와 2004년 12월 18일 구조개혁 공동연구단을 발족하였으며, 공주대와 천안공대가 2004년 11월 23일 교육부통합 승인을 받아 2005학년도 통합신입생을 선발하였다. 그 밖의 국립대학과 사립대학들이 '경쟁력 강화'를 위한 통합을 시도하고 있다.

중국도 이미 대학 간의 경쟁력 강화를 위한 통합이 재빠르게 이루어지고 있다. 1994년 이후 지금까지 600여 개의 대학이 통합되었는데, 이러한 추세는 더욱 확산되고 있다. 예를 들면 북경대와 북경의대(北京醫大)가 북경대로, 청화대와 중앙공예미대(中央工藝美大)가 청화대로, 복단대와 상해의대(上海醫大)가 복단대로, 절강대·항주대(杭州大)·절강의대(浙江醫大)·절강농대(浙江農大)가 절강대 등으로 통합되었다. 그 밖에 일부 고등교육기관에서 학교 간 상호교류 및 학교기업체를 세우는 등 여러 방면에서 개혁을 단행하고 있다. 통합조정을 통해 일부 지역의 고등교육기관이 다시 설치되거나 단과학교가 많아지고 학교의 규모도 개선되어 비교적 좋은 종합대학으로 바뀌었다. 또한 최근 대학의 통합화와 더불어 새로운 대학의 유형이 형성되고 있다. 이것은 외국 대학과 합작해서 중국대학 내에 생긴 제도로, 2년은 중국에서 공부를 하고 2년은 외국대학에서 공부해 졸업하는 새로운 형태의 대학이다.

이러한 통합은 대학뿐만 아니라 초·중·고등학교도 해당된다. 북경일보(北京日報)에 따르면 2004년 현재 베이징 시내의 초·중학교 수는 2479개에 달하며, 그중 초등학교 1652개, 중학교 401개, 고등학교 66개, 중·고등학교 263개, 직업고등학교 97개이다. 이에 앞서 북경시 교육당국은 2002년 9월 이래 규모가 작고 교육시설이 낙후한 216개 초·중학교를 통폐합했다.[112] 최근 이러한 통합화의 추세로 중국도 한국과 같은 '학벌'조성이 우려되고 있다. 사회에서 좋은 대우를 받기 위해서는 좋은 대학에 들어가야 하고, 그러기 위해서는 좋은 유치원, 초등학교, 중학교, 고등학교에 들어가야 한다.

3) 국제경쟁력 강화를 위한 변화

2001년 12월 10일 WTO가입은 중국이 교육 분야에서도 세계화의 경쟁에 참여했음을 나타낸다. 특히 211공정의 실시는 세계일류 고등교육기관을 양성하여 세계 속의 경쟁력을 증강시키는 실력을 키우는 것을 의미한다. 이에 따른 국제 경쟁력 강화를 위한 대학 내의 변화는 다음과 같다.

첫째, 전공의 다양한 개설이다. WTO의 가입은 중국 고등교육의 전공개설에 영향을 미쳤다. 따라서 중국교육의 구조 및 인재배양에 변화를 가져왔다. WTO가입 후 선진국가의 대기업, 은행, 보험회사 및 기타 많은 직종이 중국에 들어왔다. 이것은 중국 인재시장의 치열한 경쟁을 불러일으켰다. 그러나 중국의 대학은 이에 상응한 인재들을 배출할 수 없었다. 기업들이 요구하는 수준과 개인의 수준은 상당히 많은 차이가 났기 때문이다. 이러한 추세에 따라 해외 전문인력에 대한 요구가 급증하고 있는 반면에 전통 과목 예를 들면 역사학, 고고학, 철학 등의 사회적 수요는 줄어들었다. 이러한 상황에서 중국의 대학 교육 전공개설에 대한 개혁이 실행되지 않을 수 없었다. 따라서 한편으로 예전에 있던 전공과목의 목록을 세분화하고 인재양성에 초점을 두었다.

---

112) 北京日報, 2004.

둘째, 대학의 시설 및 교육의 질 개선이다. 중국 근대 초기 대학들은 학교를 설립하는 이유가 대부분 동일하였다. 자선기구나 종교단체가 설립했기 때문에 학교 재정은 대부분 사회 기부금으로 조성되었다. 사립학교는 모두 공익성이 있었으며 자금을 준 사람, 받은 사람 모두 학교 소유권이 없어 경제적인 수익권도 없었다. WTO가입 후 세계화를 위한 국제교류가 증가하자 중국의 교육시장도 세계와 경쟁하는 국면을 맞이하였다. 이와 같은 경쟁국면에 맞서 새로운 교육발전 추세가 나타났다. 사회에서 우수한 인재, 특색 있는 교육자원을 위해 좋은 교육환경, 교육과정, 교육관리, 입학, 취업 등 다양한 방면에서 학생 및 학부모의 관심을 끌고자 노력하고 있다. 또한 전통적인 학교교육 외에 원격교육을 실시하는 것도 중요한 변화 가운데 하나다.

셋째, 국제교류의 활성화이다. 21세기에 진입한 후, 중국은 교육 특히 고등교육의 국제협력과 교류가 끊임없이 증가하고 있다. 이미 154개 국가와 지역에 교육교류와 협력관계를 맺고 있으며, 103개 국가와 지역에 32만 명의 유학생을 보냈다. 164개 국가와 지역에서 온 유학생만 해도 34만여 명이다. 국외에 파견한 교사, 전문가가 1800명, 외국교사의 초빙과 전문가의 초빙도 4만여 명에 이르고 있다.[113] 한·중 교육관계는 20세기 들어 한때 정치적 이념의 차이로 소홀해지기도 했지만 중국의 개혁·개방정책, 세계정세의 변화, 그리고 1992년 수교 이후 한국의 정치·경제적 변화를 통하여 다양한 교육교류를 추진하고 있다.

중국이 근대 이후 외국 유학생 교육을 시작한 것은 1950년부터지만 본격적으로 외국인 유학생을 받은 것은 개혁·개방 이후이다. 급증하는 유학생들을 특성에 따라 다양하게 분류하고 있는데, 대학교

---

113) 汪石滿, 앞의 책, 160쪽.

만 하더라도 언어 연수생, 학부생, 석사 연구생, 박사 연구생, 보통 연수생, 고급 연수생, 연구학자 및 단기 학습반 등이 있다. 최근 주목할 만한 사실은 중국의 많은 대학교가 외국에 대한 문호를 개방하여 많은 외국 유학생을 유치하고 있다는 것이다. 21세기에 들어서 중국의 고등교육은 세계 속에서 거듭나고자 각국의 선진적인 교육을 끊임없이 배우고 세계 각국으로 하여금 중국 고등교육의 개혁과 발전을 알리면서 다방면으로 국제교류와 협력을 도모하고 있다.

4) 대학입학제도의 개혁

첫째, 입학시험의 개혁이다. 1952년 처음으로 전국통일 대입시험을 실시하였다. 그리고 1966년~1976년 문화대혁명 기간 동안 중단되었다. 그러나 1977년 대학입학 시험이 부활된 이래로 대학입학 시험제도는 계속 변화되었다. 중·고등학교의 '시험만을 위한 교육(應試教育)'을 극복하기 위해 1983년 교육부에서 고등학교 졸업 예정자에게 졸업시험(會考)을 제시하고, 1985년 졸업시험제도를 실행한 후 대학입학 시험과목 수를 줄였다. 먼저 이과 7과목, 문과 6과목을 각각 '3+2' 모두 5과목으로 줄였다. 졸업시험의 토대에서 대학입학 시험과목에 대해 개혁하기 시작했다. 따라서 1987년 국가위원회에서는 상해에서 모두 4과목을 시험 보는 '3+1' 방안을 시도하는 것을 비준하였다. 1991년 호남(湖南), 해남(海南), 운남(雲南) 등 세 개의 성에서 시험 과목을 개혁하는 등의 총체적인 경험을 근거로 1995년 상해 이외에 전국 기타 지방에서 문과에서는 어문(語文), 수학, 외국어에 역사, 정치를 시험 보고 이과에서는 어문, 수학, 외국어와 물리, 화학을 시험 보는 '3+2' 방안을 실행하였다.

1998년 하반기에 교육부는 '3+X'라는 '대학입학 시험과목을 설

치하라'는 개혁방안을 제시하고, 1999년 광동성(廣東省)에서 '3 + X'
과목 설치방안을 시행하였다. 즉 어문, 수학, 외국어 3과목을 필수과
목으로 하고, 1과목을 선택하는 일종의 3 +1을 실행했다. 2000년에
는 이러한 방안을 더욱 확대하였다. 2000년 1월 북경, 안휘(安徽) 등
성시(省市)에서는 봄과 여름에 대학입학 시험을 보았다. 과거보다 시
험의 횟수가 증가되었는데 그 목적은 학생들에게 '시험 한 번으로
인생이 결정된다(一考定終身)'는 정신적 억압감을 줄이기 위한 것이
다. 이것은 중·고등학생들이 균형적으로 배우고 그들의 개성과 장
점을 계발하며 더불어 이것을 통해 현 중·고등학교에서 특정 과목
에 치중하여 가르치는 단점을 없애려는 의도이다. 2004년에는 700만
명의 수험생이 모두 15유형으로 된 대학입학 시험을 보았다. 시험과
목도 전국 각 성시에서 '3 +2', '3 + X', '3 + X +1' 등 다양한 양식
이 병존하였다. 이것은 수험생이 공부할 때 보다 구체적인 목표를
지니고, 공부한 내용과 시험출제 내용이 서로 적합하도록 해서 좋은
성적을 받도록 한 것이다. 이렇듯 80년대 중반 이후 대학입학 시험제
도는 '3 +1', '3 +2' 또는 '3 + X', '3 + X +1' 등의 시험방안이 시행
되었다. 여기서 3은 어문, 수학, 외국어로 필수 시험과목이며, 1, 2,
X는 각 학교의 전공의 요구에 따라 1과목, 2과목 또는 3과목을 추
가하는 것이다. 이렇게 하여 과거보다 학생의 시험부담이 줄어들었
다. 이는 과거의 '시험만을 위한 교육'에서 일부 벗어날 수 있었으
며, 학교 교육개혁과 수험생의 질을 개선할 수 있었다.114) 입학시험
의 개혁은 신입생 모집인원을 각 성, 직할시, 자치구별로 합격인원을
배정해 놓고 있는데, 북경이나 상해 등 일부 지역 출신자가 다수를
차지하지 않도록 통제하는 효과와 함께 소수민족 학생들이 대학에
입학할 수 있도록 유도하기 위한 목적이다.

---

114) 이경자, 2005: 87.

둘째, 교육투자에 대한 개혁이다. 1986년 국가에서는 전문적인 교육부가세를 징수하여 교육경비를 투입하였다. 이때부터 교육투자에 대한 개혁이 시작되었다. 중국은 1997년 전면적으로 융통성 있는 입학제도를 실행하였다. 이때부터 중국의 입학방식 및 졸업생 취업제도에 대한 개혁이 크게 세 방면에서 이루어졌다.

(1) 일부 '자비'로 학교에 들어가는 것이다. 이것은 '두 가지 제도가 병존하는 것'인데, 즉 자비, 공비이다. 학비를 받는 것이 기본적으로 확립되자 국가 투자 이외의 새로운 방법, 즉 '개인이 투자하는 통로'가 되었다.

(2) 학교를 세우고 기업을 창설하고 광범위한 과학기술 서비스를 위해 학교투자 원천을 확대하는 것이다. 고등교육기관에서 활동과 사용자금을 모금하는 것에 대해 자주권을 준 이래로 중국의 대부분 학교 특히 고등교육학교는 자신들의 우세함을 이용하여 과학교육 연구에 관한 것과 함께 다양한 형식의 과학기술 개발, 기술문의와 인재배양 훈련 등의 활동을 겸하도록 하였다. 그리고 고등교육의 잠재력을 발굴할 뿐만 아니라 과학교육 연구를 촉진하고 학교의 수입을 증가시켰으며 경비의 출처를 확대하였다.

(3) 개인이 설립한 학교에서 기부금을 받는 것을 법으로 허락하였다. 이에 해외 화교들이 투자한 자금으로 학교를 발전시키게 되었고, 국내 기업가들이 투자하여 설립한 사립 고등교육기관이 점점 증가하게 되었다. 이러한 교육투자의 변화로, 국가가 학생의 학비와 취업을 책임지던 체제도 변하였다. 즉 1990년대에 들어와 학생 스스로 학비를 부담하고, 스스로 일자리를 찾는 제도가 시행된 것이다. 이와 같은 제도는 개혁·개방 이후 심화된 빈부격차로 결국 사회 소외계층 및 농민, 노동자 출신 자녀들에게 커다란 부담으로 다가와 또 다른 사회문제를 낳았다.

3. 한계와 시사점

교육개혁은 교육체제 발전의 결과이기도 하지만 사회 전체의 요구에 따른 것이기도 하다. 중국은 아편전쟁 이후, 교육적인 측면에서 지속적인 변화와 발전을 모색해 왔다. 20세기 초기에는 일본과 미국을 모방하여 교육발전을 계획했고, 50년대에는 소련의 교육모델을 토대로 교육 발전을 모색했다. 그리고 개혁·개방 이후에는 선진국의 교육을 본보기로 자국의 실정에 맞게 수정·보완해 가고 있다.

이것은 과거 일본, 미국교육의 모방과 50년대 초 소련을 배우자는 움직임과 다른 특징을 가지고 있다. 소련을 모방한 경우, 국가적인 측면에서 소련의 교육이론, 교재, 교육방법 등을 체계적으로 그대로 따르려고 했다. 따라서 소련의 교육제도 도입은 점진적이고 융합적인 과정을 거친 것이 아니라 국가의 강제적인 계획과 주도로 단기간 내 성급하게 진행되었다. 이것은 자국 내 교육이 자생력을 갖고 주체적으로 변화를 모색한 것이 아니라 국가 권력에 의한 강제적 집행이었다. 비록 이러한 방법이 단기간에 중국의 대학을 발전시키기도 했지만, 많은 문제를 낳기도 했다.

현재 중국의 교육은 인재양성 및 과학연구 부문에서 질적·양적으로 비약적인 발전을 이룩하고 있다. '211공정 및 985공정'의 실시는 중국 고등교육에 커다란 활력을 불러일으켰다. 이것은 세계 일류대학으로 진입하고자 하는 교육자들의 거대한 포부이자 희망을 반영한 것이다. 또한 중국의 대학교육이 세계 경쟁 속에서 도태되지 않고 살아남기 위한 대책이라고도 할 수 있다. 그래서 대학의 구조 조정에 따fms 대학과 대학의 조정·통합 등을 통하여 경쟁력을 높이도록 하였다. 또한 중국의 높은 경제성장과 외국에서 학습한 귀국 유학생에 대한 우대정책은 대학교육의 체계와 질적 수준을 높이는 데 중요한 역할을 하고 있다.

대학교육 개혁의 한계와 시사점을 정리해 보면 다음과 같다.

첫째, 개혁·개방 이후 중국의 경제체제는 사회주의 시장경제체제로 전환하고 있다. 이에 따라 교육체제도 서서히 변화하고 있는데 이 과정에서 여러 가지 부적응 현상들이 나타나고 있다. 과거와 달리 학생들은 일부 학비를 지불해야 하고, 졸업 후 직장도 스스로 찾아야 한다. 이로 인해 상호 경쟁력이 강화되고, 취업이 잘되는 일류대학 인기학과에만 학생들이 몰리고 있어 많은 우려를 자아내고 있다. 또한, 중국 저소득층 자녀의 명문대학 진학은 어려워지고 있다. 한국 못지않은 중국의 교육열은 대학입시 시험을 '전국민시험(全民高考)'라 할 정도로 중국 사회에서 많은 관심을 받고 있다. 하지만 수험생은 물론 사회일반에서도 현행 고교제도에 대해 매우 불만스러워하고 있다. 가장 큰 폐단은 '시험 한번으로 일생이 결정된다'는 사람들의 인식이다.

둘째, 사립학교에 대한 정부차원의 투자이다. 현재 중국의 사립대학은 정부 차원에서의 지원이 없다. 국·공립 및 사립대학의 균형적인 발전으로 상호 견제를 해야 하지만 현재 사립형학교는 국·공립대학에 비해 상당히 적다. 따라서 사립학교의 활성화를 통한 상호견제와 정부의 지원이 필요하다. 이러한 지원을 통해 국·공립대학과 견줄 만한 사립대학을 양성하는 것이 시급하다. 중국교육은 국가 주도적인 경향이 짙다. 이것은 중국이 갖는 정치적 상황과도 무관하지 않다. 13억이라는 인구를 효율적으로 다스리고 55개의 소수민족을 분열 없이 통합하려면 중앙집권적인 통제가 필요하다. 이러한 국가 교육체제의 틀에서 운영되고 있는 중국의 대학교육은 학생들의 자유로운 학문 교류 및 학생의 소질을 억제할 수 있다.

셋째, 중국 대학의 교육개혁이 대학 자체의 필요에 의한 것이기보다는 국가의 주도하에 일률적으로 이루어지고 있다는 것이다. 대학의 교육은 대학 고유의 특성에 따라서 끊임없이 변화·발전해야 한다. 그러나 중국의 대학 교육개혁은 대학 자체의 변화와 필요에 의해서이기보다는 국가의 일괄적인 주도하에 이루어졌다. 따라서 각 대학 자체의 자율성과 독립성을 지키기가 어려웠다.

넷째, 공자 이후 2천 년 이상 내려온 전통교육을 뒤로하고 미국이나 소련의 교육을 받아들여 중국의 교육을 개혁하려고 한 것은 전통교육과의 단절을 불러일으켰을 뿐만 아니라 외국의 교육도 중국에 제대로 뿌리내리지 못하게 했다. 1990년대 초기에 '국학(國學)'을 연구하는 분위기가 다시 대두하고 있지만, 전통과 현대 가치에 대한 서로 다른 관점이 팽배하다. 고속 경제성장, 정보화, 국제시장의 개방, 세대교체가 이중삼중으로 겹친 중국 사회의 급격한 변화는 전체적인 교육의 발전에 무거운 부담을 안겨주고 있는 것이다. 그러나 중국은 세계 속의 중국으로 웅비하려고 다양한 노력을 기울이고 있고 실제로 그 노력이 서서히 가시화되고 있다. 중국은 아직까지도 사회주의 국가로 폐쇄성을 띠고 있지만 이것은 우리에게 도전과 재도약의 기회로 볼 수 있다. 앞으로 중국 교육의 변화를 어떻게 연구하고 활용하느냐가 우리의 고등교육에도 커다란 변화를 줄 것이라 생각한다.

참고문헌

≪十三經注疏(禮記正義)≫(2000). 北京: 北京大學出版社.

[漢] 班固(1962年版). ≪漢書≫. 北京: 中華書局.

[漢] 許愼(1963年版). ≪説文解字≫. 北京: 中國書局.

[漢] 司馬遷(1982年版). ≪史記≫. 北京: 中華書局.

[晉] 陳壽(1982年版). ≪三國志≫. 北京: 中華書局.

[后晉] 劉向等(1975年版). ≪舊唐書≫. 北京: 中華書局.

[唐] 杜佑(1998年版). ≪通典≫(校点本). 北京: 中華書局.

[唐] 房玄齡等撰(1974年版). ≪晉書≫. 北京: 中華書局.

[唐] 魏徵、令狐德棻撰(1973年版). ≪隋書≫. 北京: 中華書局.

[南朝] 蕭子見(1972年版). ≪南濟書≫. 北京: 中華書局.

[南宋] 範曄(1975年版). ≪後漢書≫. 北京: 中華書局.

[南宋] 徐天麟(1978年版). ≪西漢會要≫. 上海: 上海古籍出版社.

[南宋] 徐天麟(1978年版). ≪東漢會要≫. 上海: 上海古籍出版社.

[宋] 朱熹(1983年版). ≪四書章句集注≫. 北京: 中華書局.

[宋] 鄭樵(1995年版). ≪通志≫. 北京: 中華書局.

[宋] 歐陽修·宋祁等(1975年版). ≪新唐書≫. 北京: 中華書局.

[北宋] 李昉等(1960). ≪太平御覽≫. 北京: 中華書局.

[元] 馬端臨(1999). ≪文獻通考≫. 北京: 中華書局.

[明] 宋濂等(1997年版). ≪元史≫. 北京: 中華書局.

[明] 黃佐(1997年版). ≪南雍志≫. 濟南: 濟魯書社.

[淸] 張延玉等(1997年版). ≪明史≫. 北京: 中華書局.

[淸] 皮錫瑞(1959). ≪經學歷史≫. 北京: 中華書局.

[淸] 陳立·吳則虞点校(1994年版). ≪白虎通疏証≫. 北京: 中華書局.

[淸] 王先謙(1988年版). ≪荀子集解≫. 北京: 中華書局.

[淸] 王聘珍(1983年版). ≪大戴禮記解詁≫. 北京：中華書局.

[淸] 錢儀吉(2006年版). ≪三國會要≫. 上海: 上海古籍出版社.

高時良(1993). ≪中國敎育史綱≫(古代之部). 北京: 人民敎育出版社.

曲士培(1993). ≪中國大學敎育發展史≫. 太原: 山西敎育出版社.

郭濟家・李庚子譯(2004). ≪중국의 고대학교≫. 서울: 원미사.

敎育部發展規劃司・上海市敎育科學硏究院(2003). ≪中國民辦敎育綠皮書≫. 上海: 上海敎育出版社.

毛禮銳(1961). "虞夏商周學校傳說初釋". <北京師範大學報>. 第4期,

欒開政(2003). ≪山東高等敎育發展史≫. 濟南: 山東敎育出版社.

射靑・湯德用主編(1995). ≪中國考試制度史≫. 合肥: 黃山書社.

孫培靑(2000). ≪中國敎育管理史≫. 北京: 人民敎育出版社.

孫培靑主編(2000). ≪中國敎育史≫(修訂版). 上海: 華東師範大學出版社.

宋恩榮・呂達(2004). ≪當代中國敎育史論≫. 北京: 人民敎育出版社.

吳松・吳芳和(2001). ≪WTO與中國敎育發展≫. 北京: 北京理工大學出版社.

熊明安(1983). ≪中國高等敎育史≫. 重慶: 重慶出版社.

熊明安(1997). ≪中華民國敎育史≫. 重慶: 重慶出版社.

兪啓定・施克燦(2000). ≪中國敎育制度通史≫. 濟南: 山東敎育出版社.

李國鈞・王炳照主編(2000). ≪中國敎育制度通史≫(第七卷). 濟南: 山東敎育出版社.

李國鈞・王炳照主編(2000). ≪中國敎育制度通史≫(第八卷). 濟南: 山東敎育出版社.

李才棟・譚佛佑・張如珍・李淑華主編(1996). ≪中國敎育管理制度史≫. 南昌: 江西敎育出版社.

汪石滿(2002). ≪中國敎育≫. 合肥: 安徽敎育出版社.

周全華(1999). ≪"文化大革命"中的敎育革命≫. 廣州: 廣東敎育出版社.

王炳照主編(1997年版). ≪中國古代私學與近代私立學校硏究≫. 濟南: 山東敎育出版社.

王炳照・郭濟家・劉德華・何曉夏・高奇(1998). ≪簡明中國敎育史≫. 北京: 北京師範大學出版社.

何曉夏・史靜寰(1996). ≪敎會學校與中國敎育近代化≫. 廣東: 廣東敎育出版社.

<北京日報>. 2004年 2月13日.

교육인적자원부(2004). 한・중 교육교류 약정 체결로 양국간 교육협력 가일층 증진. 국제교육협력과.

이경자(2005). 중국의 대학입시 제도. ≪한국교육학연구≫ 11(1). 77-98.

이경자(2004). 漢代의 孝敎政策에 관한 연구. 한국교육학연구. 10(2). 63-84.

李春植(1991). ≪中國史序說≫. 서울: 敎保文庫.

차석기・김귀성공역(1990). ≪近代中國敎育史≫. 서울: 교학연구사.

최영표・김남순・구자억・손계림(2003). "한국과 중국의 고등교육 수월성 프로그램의 추진체제와 전망비교". <비교교육연구> 13(2). 267-294.

韓國史硏究會編(1987), ≪古代韓中關係史의 硏究≫, 서울: 三知院.

http://learning.sohu.com/20040331

http://learning.sohu.com/20040810

http://learning.sohu.com/20050106

색 인

이경자　•학력·경력•

고려대학교 및 동 대학원 졸업 후 중국 북경사범대학(北京師
範大學)에서 박사학위 취득. 고려대, 경희대, 명지대, 세종대
등 강사 및 고려대학교 교육문제연구소 연구조교수 역임. 현
재 한국청소년정책연구원 연구원.

•주요논문•

「韓·中教育交流에 관한 研究」(2007)

「타오싱즈의 교육론에 나타난 '생활'의 의미」(2007)

「중국 청소년 교육의 역사적 조망」(2006)

「중국 漢代의 太學교육 연구」(2006)

「중국 대학교육 개혁의 동향」(2006)

「孝思想體系的集大成-<孝經>」(2005)

「漢代의 孝教育연구」(2005) 외.

•저·역서•

『대학입시와 교육제도의 스펙트럼』(학지사, 2007)

『대학교육개혁의 철학과 각국의 동향』(서현사, 2007)

『중국의 전통 가정교육』(경인문화사, 2005)

『현인들이 말하는 효』(시간의 물레, 2005)

『중국의 고대학교』(원미사, 2004) 외.

중국고등교육사

- 초판 인쇄   2008년 2월 29일
- 초판 발행   2008년 2월 29일

- 지 은 이   이경자
- 펴 낸 이   채종준
- 펴 낸 곳   한국학술정보㈜
  경기도 파주시 교하읍 문발리 513-5
  파주출판문화정보산업단지
  전화 031) 908-3181(대표) · 팩스 031) 908-3189
  홈페이지 http://www.kstudy.com
  e-mail(출판사업부) publish@kstudy.com
- 등   록   제일산-115호(2000. 6. 19)
- 가   격   16,000원

ISBN   978-89-534-9263-9 93370 (Paper Book)
            978-89-534-9264-6 98370 (e-Book)